全球价值链网络嵌入与企业知识权力关系研究

RESEARCH ON THE RELATIONSHIP BETWEEN GLOBAL VALUE CHAIN NETWORK EMBEDDEDNESS AND KNOWLEDGE POWER

康淑娟◎著

中国经济出版社
CHINA ECONOMIC PUBLISHING HOUSE
北 京

图书在版编目（CIP）数据

全球价值链网络嵌入与企业知识权力关系研究／康淑娟著．—北京：中国经济出版社，2021.7

ISBN 978-7-5136-6551-3

Ⅰ．①全…　Ⅱ．①康…　Ⅲ．①制造工业-工业企业管理-供应链管理-研究-中国　Ⅳ．①F426.4

中国版本图书馆 CIP 数据核字（2021）第 147569 号

责任编辑　耿　园
责任印制　巢新强
封面设计　华子图文

出版发行　中国经济出版社
印 刷 者　北京九州迅驰传媒文化有限公司
经 销 者　各地新华书店
开　　本　710mm×1000mm　1/16
印　　张　17
字　　数　261 千字
版　　次　2021 年 7 月第 1 版
印　　次　2021 年 7 月第 1 次
定　　价　78.00 元
广告经营许可证　京西工商广字第 8179 号

中国经济出版社 **网址** www.economyph.com **社址** 北京市东城区安定门外大街 58 号 **邮编** 100011

出版说明

本书出版得到国家社科基金资助项目“供给侧结构性改革视角下提高我国制造业全要素生产率的路径研究”（16BJY070）、河南省软科学研究计划项目“基于TRIZ理论的河南省智能装备产业高价值专利培育与运营策略研究”（20210106011）、河南省软科学研究计划项目“技术创新、要素质量与要素配置效率视阈下河南省经济增长质量测度研究”（172400410013）、河南省高校人文社会科学研究一般项目（指导性计划项目）“基于TRIZ的河南省智能制造装备业创新能力提升研究”（2021-ZDJH-0118）资助。

绪　言

全球价值链（global value chain，GVC）网络是一种新兴的跨组织形式。生产的碎片化和非一体化过程为分散在价值链网络中的企业获取外部资源提供了机会，而在获取外部资源的同时降低对全球价值链权力结构中核心企业的依赖并提升自身对关键资源即知识资源的影响力和控制力，对这些企业而言则至关重要。实践表明，全球价值链带来的引致效应不能一概而论，全球价值链网络内不同价值链环节、不同区域、不同国家的企业在获得全球资源的过程中表现出极大的不平衡性。解释这种不平衡现象需要深度剖析全球价值链网络嵌入对企业产生影响的背后机制。

然而微观视角下全球价值链网络嵌入对制造企业地位的影响如何产生？全球价值链网络嵌入特性对企业地位影响的内在影响机制是什么？又受到哪些情境因素的制约？我的博士生导师安立仁教授从事知识管理和创新的研究，为我解决上述问题指明了方向。他引领我展开对全球价值链和知识权力的相关研究。在国际贸易进出口额宏观数据增长的背后，企业作为国际贸易进出口宏观数据的来源，是全球价值链网络框架内的真正参与者；作为制造企业发展的关键性战略资源，知识资源的价值性、稀缺性和不可替代性决定了知识供应方在网络中的控制力和影响力，由知识形成的非强制性权力则更能获得认可和遵从，被视为软地位的象征。因此，本研究尝试利用知识权力从微观层面考察全球价值链网络嵌入对企业地位影响的内在机制。

无论学术界还是管理界都普遍认为，企业知识权力提升过程伴随着知识带来的影响力和控制力的提升进而实现其在价值链网络中的总体地位的提升。全球价值链中的核心企业之所以掌控了全球价值链中的价值分配规则，就在于对资源的占有和控制。它们将不可编码的隐性知识和可编码的显性知识以具有企业特色的产品或服务形式提供给价值链其他成员，从而掌控了全球市场的话语权。显然，知识作为重要的高级要素，成为全球价值链竞争中最重要的因素，知识经济时代下的资本逐利特质终将知识塑造成为能带来更高利润的资源。知识权力是因占有知识资源形成的对其他企业的影响力和控制力或支配力。作为权力的一种独特形式，知识权力首先就代表着地位，知识权力高，通常意味着具有更高的分工水平。全球价值链内企业的知识权力可以作为企业全球价值链地位的象征，因此，可以利用知识权力概念代替宏观或中观层面的全球价值链地位概念，从微观角度探及全球价值链参与者本身，以揭示制造企业嵌入全球价值链对企业知识权力的影响，并基于网络视角进一步揭示在全球价值链网络结构中，企业全球价值链网络嵌入特性对知识权力影响的内在机制。

基于以上对全球价值链网络嵌入和知识权力概念的理解，本书展开对中国制造业的访谈和调研，围绕全球价值链网络嵌入与知识权力的关系，在对中国制造企业调研的基础上，以“网络—能力—权力”为逻辑，结合资源依赖理论、社会网络理论、动态能力理论，对网络嵌入、创新能力、知识权力等理论的相关文献进行整理与归纳，探讨全球价值链网络嵌入对企业知识权力的影响以及创新能力在全球价值链网络嵌入和知识权力关系间的中介作用，并将知识距离这一情境因素纳入这一机制，以期打开全球价值链网络嵌入作用于企业知识权力的“黑箱”。期望本书能够为更多中国制造企业融入全球价值链网络并提升在网络中的地位提供一点支持。由于作者研究水平有限，书中难免存在不当之处，恳请广大读者和同行不吝指教，作者诚意接受批评指正。

目 录

第一章 绪论 / 1

第一节 研究背景 / 1

一、现实背景 / 1

二、理论背景 / 5

第二节 研究问题、研究目的及意义 / 8

一、研究问题 / 8

二、研究目的 / 10

三、研究意义 / 11

第三节 研究内容与研究方法 / 14

一、研究内容 / 14

二、研究方法 / 16

第四节 研究思路与技术路线及创新点 / 18

一、研究思路 / 18

二、技术路线 / 20

三、创新点 / 22

本章小结 / 23

第二章 理论基础 / 24

第一节 资源依赖理论 / 24

第二节 社会网络理论 / 26

第三节 动态能力理论 / 28

第三章　文献回顾与理论综述 / 31
第一节　知识权力研究综述 / 31
一、知识权力观的历史演变 / 31
二、知识权力概念的内涵 / 34
三、知识权力的研究进展 / 36
四、研究述评 / 42
第二节　全球价值链研究综述 / 43
一、全球价值链概念 / 43
二、全球价值链核心理论 / 47
三、全球价值链网络嵌入研究 / 51
四、研究述评 / 54
第三节　创新能力研究综述 / 55
一、创新能力的内涵 / 55
二、创新能力的结构 / 58
三、创新能力的测量 / 60
四、研究述评 / 62
第四节　相关研究综合述评 / 63
本章小结 / 65
第四章　网络嵌入与知识权力关系的构念模型 / 66
第一节　核心概念界定 / 66
一、全球价值链网络嵌入 / 66
二、知识权力 / 67
三、创新能力 / 68
四、知识距离 / 70
第二节　理论分析与假设提出 / 72
一、全球价值链网络嵌入与知识权力 / 72
二、全球价值链网络嵌入与创新能力 / 75
三、创新能力与知识权力 / 80

四、创新能力的中介作用 / 81
五、知识距离的调节作用 / 84
第三节 构念模型 / 88
本章小结 / 91

第五章 研究设计与数据采集 / 95

第一节 研究设计 / 95
一、研究设计结构 / 95
二、研究设计过程 / 96
三、问卷的偏差控制 / 98
第二节 变量测量 / 99
一、全球价值链网络嵌入测量 / 99
二、知识权力测量 / 101
三、创新能力测量 / 103
四、知识距离测量 / 105
五、其他控制变量测量 / 107
第三节 预调研与问卷净化 / 108
一、预调研 / 108
二、测量量表题项净化 / 109
第四节 数据收集及描述性统计 / 116
一、正式调研的数据收集 / 116
二、样本的描述性统计 / 118
三、变量的描述性统计 / 123
第五节 数据分析方法 / 125
本章小结 / 126

第六章　模型检验与结果 / 127

第一节　测量模型检验 / 127

一、全球价值链网络嵌入测量模型检验 / 129

二、创新能力测量模型检验 / 131

三、知识权力测量模型检验 / 134

四、知识距离测量模型检验 / 136

五、测量模型区分效度检验 / 138

第二节　结构方程模型检验 / 140

一、全球价值链网络嵌入对知识权力影响的结构模型检验 / 141

二、全球价值链网络嵌入对创新能力影响的结构模型检验 / 144

三、创新能力对知识权力影响的结构模型检验 / 149

四、中介效应检验 / 153

第三节　线性回归模型检验 / 161

一、线性回归模型的三大问题检验 / 161

二、全球价值链网络嵌入与知识权力回归模型检验 / 163

三、全球价值链网络嵌入与创新能力回归模型检验 / 164

四、创新能力与知识权力回归模型检验 / 171

五、创新能力的中介效应检验 / 174

六、知识距离的调节效应检验 / 181

第四节　研究结果讨论 / 189

一、全球价值链网络嵌入与知识权力 / 189

二、全球价值链网络嵌入与企业创新能力 / 191

三、企业创新能力与知识权力 / 194

四、创新能力的中介作用 / 195

五、知识距离的调节作用 / 197

本章小结 / 199

第七章 总结与展望 / 202

第一节 研究结论 / 202

第二节 研究贡献与管理启示 / 205

一、研究贡献 / 205

二、管理启示 / 207

第三节 研究局限与未来展望 / 211

一、研究的局限性 / 211

二、未来研究展望 / 212

参考文献 / 214

附 录 / 249

附录 A 深度访谈提纲 / 249

附录 B 正式调研问卷 / 253

第一章 绪论

第一节 研究背景

一、现实背景

（一）全球价值链网络嵌入的引致效应喜忧参半

快速变化、复杂且竞争激烈的经营环境要求企业不仅仅基于自身的资源进行竞争，更重要的是通过网络捕获更多资源且将外部资源转化为自身竞争力，如战略联盟、价值连锁店、价值商店、价值网络、供应网络等。全球价值链网络是一种新兴的跨组织形式，涵盖了从产品设计到分销为最终消费者带来商品或服务所需的全部活动，已经成为国际商业领域内广为人知的一个概念。在过去20年的技术进步中，贸易壁垒、运输和信息成本的急剧下降改变了商品和服务的生产和交换方式。以前在企业附近进行的相同生产过程的不同阶段已经广泛地分散在全球并形成“无国界生产体系”。随着全球价值链网络在全球经济中的影响力越来越大，它们对经济增长的作用也发生了很大变化。

一方面，20世纪80年代以来，产品内分工推动全球生产非一体化，各领域商品和服务的生产方式均借助全球价值链实现持续发展。日用品巨头宝洁公司正是通过融入全球价值链，通过从外部获取资源，开发出了更丰富、更受消费者欢迎的产品，在行业中占有竞争优势（Rubera et al.，

2016）。苹果公司的全球价值链变化轨迹也体现出全球价值链网络嵌入带来的好处。对于苹果公司而言，全球价值链为其带来了更充裕且成本低廉的全球资源，使其得以不断通过全球资源整合成为价值网络内的佼佼者；同时，其他新兴发展中国家如中国的企业通过嵌入苹果的全球价值链网络也成为全球价值链内不可缺少甚至至关重要的一环，苹果电脑初期的生产特色是“美国技术+美国制造”，随着中国代工企业的发展，逐步变成“美国技术+中国制造”（吕越、刘之洋、吕云龙，2017），而随着中国代工企业的发展，又演变成如今的“美国技术+中国智造”。中国制造企业在融入全球经济的过程中，以劳动力规模、自然资源规模等低端方式高速且全方位地建立全球网络，在极短的时间内以“飞跃”的姿态实现“中国制造”的规模化扩张，遍地开花地融入西方发达国家主导的全球价值链网络。中国企业逐步升级为制造业全球价值链网络的核心（天阳等，2018）。从企业发展实践看，新兴经济体的企业普遍可以利用全球价值链机遇成为全球价值链条的一个环节或价值网络中的一个节点从而实现跃升（张天顶，2017；刘磊，2019）。

另一方面，由于比较优势差异，GVC 形成了典型的核心—外围的结构特征。欧美等发达国家的企业通常居于核心地位，而新兴经济体的企业则居于外围，核心企业占据研发设计、零部件生产和销售服务等凝聚复杂知识的环节，而将生产、制造、包装等简单重复性或可操作性高的环节留给外围企业（余东华、水冰，2017），导致外围企业陷入“追赶，落后，再追赶，又落后”的循环锁定或出口额增长但地位下降的“悲惨增长”困境（彭新敏等，2017）。通常，新兴发展中国家的企业提供劳动力资源、自然资源，受限于技术创新能力、产品层次等因素，只能作为全球价值链中的卫星企业存在；而发达国家的跨国企业提供知识资源，因技术创新投入大、产品质量优良以及战略决策科学等最终发展成全球价值链中的核心企业。

同样是网络嵌入，实践表明，全球价值链带来的引致效应不能一概而论，全球价值链网络内不同价值链环节、不同区域、不同国家的企业在获得全球资源中表现出极大的不对称性。亚洲发达国家如韩国凭借其知识优势在研发、设计等环节占据重要地位，同样处在全球价值链网络内的亚洲发展中国家中国则依靠低级生产要素如劳动力、自然资源等，因低知识优势而处于被动地位。解释这种不平衡现象需要深度剖析全球价值链网络嵌入对企业产生影响的背后机制。

（二）知识改变了价值链网络内企业间权力格局

在价值链网络中，权力网络节点在自身追逐利益的过程中动态获取利己条件。价值链企业间的合作是企业对抗竞争的必由之路，其中客户—供应商关系通常很复杂，以分工的地理全球化和权力不均衡化为特色的全球价值链企业间的网络关系更为复杂，尤其是随着高新技术的发展，全球化的产品内分工障碍越来越小、分工越来越细化，能够形成竞争力的资源既包括具有绝对优势的资源如自然资源、人力资源，也包括具有比较优势的资源。由于资源的稀缺性和异质性，全球价值链网络成员间需要通过合作来满足资源需求或实现互补。正因为基于利己主义争夺价值链网络内更多的合作价值，网络内的合作关系存在依赖关系，而依赖关系的强弱又决定了讨价还价能力的大小。在全球价值链内，企业因为资源依赖受到网络约束，进而产生组织间权力，这种权力成了与外部环境中的资源控制者进行互动和谈判的核心。企业资源要素的丰裕程度，决定了其在全球价值链内的权力。如果一个小企业想与大客户合作，就必须倾听大客户的意见，这个大客户就是相对权力大的节点，它有权为其价值链其他企业指定产品规格和质量标准。相反，对于处在网络权力低地位的企业而言，其订单的数量对核心企业而言并不是很大，当核心企业的产能不满足所有客户时，它便会首先满足其他对营业额贡献更大的大客户的需要，而放弃所谓的小客户。

资本追逐利润最大化的本质决定了全球价值链内企业成员要最大限度利用全球资源实现盈利。显然知识作为重要的高级要素，成为全球价值链竞争中最重要的因素。知识经济时代下的资本逐利特质终将知识塑造为能带来更高利润的资源，并最终导致了全球价值链内企业因知识引发的权力不平衡现象。权力不平衡性导致价值链上下游企业间进行商业交流时通过使用各种形式的商业惯例来制定规则，包括供应商根据零售商的需求进行业务变更，零售商发起的财务压力和利润贡献，有利于零售商的风险转移和成本转移，以及零售商在不经告知的情况下对合同协议进行修改。但网络权力依赖暴力和强制的手段难以持久，权力的长期、顺利运作更需要依靠其从权力对象那里获得认可与遵从。显然基于知识形成的非强制性知识权力更容易获得认可和遵从。保时捷在设计和工程技术方面的专业知识正是其核心竞争力的持久来源。中美贸易摩擦事件中，美国敢于肆无忌惮地颁布长达7年的拒绝激活命令的“制裁”，正是缘于它对芯片的关键核心技术和科学前沿的控制和占领，缘于它掌握着产业链上游芯片和元器件供应的主导权。这一现实说明，拥有独特经验、诀窍等隐性知识和技术及标准等显性知识并以产品或服务形式展现出来，便可形成对其他企业的影响力和控制力，即知识权力，基于这种知识权力可使企业控制企业间各种形式的商业规则如价格、利润、风险和成本。采购者驱动型的全球价值链主导企业如大型零售商（如沃尔玛）和品牌营销商（如耐克）虽然并不曾拥有自己的工厂（即使有也很少），但借助其先进的市场知识、信息知识和技术知识在全球价值链网络内可以主导甚至决定在何时何地如何进行交易并获得价格优惠。生产者驱动型的全球价值链主导企业如苹果公司和IBM等大型制造企业，依赖其生产技术、产品知识和营销知识外包了更多的活动，虽在外包中与竞争对手建立了合作战略联盟，但其知识权力带来了更有利于其获利的价值分配规则。

全球价值链作为典型的网络形态，链内企业初始资源的绝对优势造就了全球价值链典型的“核心—外围”等级制权力结构特征，其中核心企业通过配置和共享自身关键性知识资源，影响和控制周围企业的行为和决策，产生权力，尤其是产生知识权力，而外围企业只能被动地接受由核心企业决定的价值分配规则。这种“核心—外围”的权力结构特征使新兴经济体的企业长期处于被动地位。但深入剖解“核心—外围”的权力结构可以发现，其内部企业格局常常处于微观变化中，一些原本处于核心地位的企业可能被边缘化，如柯达、诺基亚、摩托罗拉等曾经处于全球价值链霸主地位的企业，如今正面临“无可奈何花落去”的困境。

全球价值链内企业位势关系的变化为中国企业改变弱势地位带来了希望。全球价值链“核心—外围”结构具有的动态演化特性以及其开放性、共生性和合作共享等机制有助于企业获取全球化资源，避免地方知识锁定，进而跨越全球价值链知识网络中的不平等层级。这些网络联结直接影响企业在国内市场、国际市场的盈利能力，直接提升企业的生产力以及国际谈判的影响力，直至跃迁到更有利的网络位置。

二、理论背景

（一）知识权力的相关研究需要扩充

从权力来源的资源依赖对象看，可以将企业价值链中的网络权力划分为以企业在价值链结构上的空间位置为特征组成的结构权力以及由企业在价值链上所拥有的知识元素组成的知识权力两种类型。在网络中，对知识的拥有和对知识的控制至关重要，任何网络节点可以运作的基础均是对知识的掌握。Pérez-Nordtvedt 等（2010）认为知识的价值、稀缺性和不可替代性决定了知识供应方在网络中的吸引力。随着知识的强化作用，由知识资源产生的权力强弱越来越成为价值链成员企业依赖关系的决定因素，知识的获取被认为是企业在市场上的竞争力和生存能力的关键（Imbert et al.，2019）。现有研究多围绕两种权力对网络治理特别是网络惯例（维系网络运行的核心）的影响展开。徐可、何桢、王瑞（2014）提出，在技术创新网络内，知识权力通过关系承诺的规范性承诺和工具性承诺积极影响组织惯例，相比之下，结构权力只能通过工具性承诺而无法通过规范性承诺对组织惯例产生积极影响，但结构权力对组织惯例能产生积极影响。魏龙、党兴华（2017）在考察网络权力、网络搜寻和网络惯例间关系时，发现网络权力与网络惯例呈正向关系，但相比结构权力，知识权力对网络惯例的正向影响更强。在网络权力中，依赖性、规模或专业知识的差异常常导致价值链网络内成员间关系不对称，如拥有关于消费者购买和供应链产品流动的独特信息以及占有重要市场份额会有更强大的知识权力，能够获得更高比例的利益。由于这种权力转移，中小供应商在与零售商打交道时可能处于不利地位（Maglaras et al.，2015）。

Dacin 等（2007）研究表明，网络内更具领导力、更具风范效应的也往往是网络权力更高的节点企业尤其是知识权力更高的节点企业。网络惯例的形成如规范共识、合作行为模式、目标共识需要建立在信任基础上，知识权力正是基于情感认同和基于独有知识依赖形成的辐射力。从网络角度看，知识权力即网络节点基于自身知识资源形成的对其他节点行为决策的影响力及控制力，可有效协调伙伴间的利益分配、化解矛盾和消除分歧。知识权力提升可提高企业在全球价值链网络和国内价值链网络内知识信息获取、传输和处理等方面的主导性和控制力。

现有文献多数关注知识权力对网络治理及网络内核心企业的影响，如网络权力对网络治理绩效的影响（党兴华、查博，2011）、网络惯例的形成（卢艳秋、叶英平、肖艳红，2017；魏龙、党兴华，2017）、技术标准的扩散（李庆满、戴万亮、王乐，2019）以及核心企业利用知识权力如何激发集群知识创造（Lipparini et al.，2014；李宇、陆艳红，2018），但事实上知识权力如何得以提升却鲜有文献涉及，仅有少量文献关注全球网络中由企业网络位置导出的企业间权力动态（Kähkönen and Virolainen，2011），更缺少对全球价值链框架下的知识权力前因关注。作为网络权力的重要构成，知识权力的相关研究需要扩充。

（二）缺少微观视角的全球价值链网络嵌入的引致效应研究

全球价值链的研究非常广泛，涉及全球各类行业，而全球价值链框架也已被关注经济发展的重要国际组织采用，如世界银行、世界贸易组织、经济合作与发展组织（OECD）、国际劳工组织、美国国家间发展局以及美国国际贸易委员会。从管理角度看，全球价值链与供应链上的产品效率和及时分配有关；从行业角度看，全球价值链与如何根据主导厂商及其供应商的规模和所有权进行组织的问题有关；从国家角度看，全球价值链与一个国家能否获得并维持生产、销售、研究能力，以培育和生产低成本、高质量或高技术的产品有关。全球价值链也关系到国家的全球发展，国家繁荣依赖于其在全球经济中的参与度，即在全球价值链中扮演的角色。

近几十年来，在全球价值链发展的刺激下，用于测量 GVC 链接的数据和方法取得了快速的进步。衡量 GVC 的宏观方法主要是通过利用双边贸易数据构建全球投入产出表，与国家投入产出表联系起来进行评估；中观方法则是使用企业级进出口数据通过记录企业输入采购决策、进出口参与方式等将跨国公司如何组织其生产网络结合起来进行评估（Johnson，2018）。但通过综合评估对全球价值链的引致效应的理论研究，发现对这一问题始终站在宏观和中观层面看，宏观层面主要依靠投入产出表测量全球价值链地位，中观层面主要测量行业嵌入全球价值链后对行业生产力、产业竞争力、集群产业级别、国家竞争力等的影响。

从全球价值链地位的宏观测评研究看，主要有两类评价方式，即进出口产品复杂度和 GVC 地位，数据分别以投入产出表为主和以增加值贸易为主。测评结果表明，中国制造业嵌入全球价值链后的全球地位整体上均呈上升态势（赖伟娟、钟姿华，2017），尤其是基本金属制造业、食品加工制造业、饮料制造业（康淑娟，2018）。国外研究也显示全球价值链有助于制造业升级，如印度和印度尼西亚确实受益于最终装配活动的转移（Vries et al.，2019）。从嵌入全球价值链带来的影响看，中观研究得出了近似结论，如成为全球价值链的一部分可以立即或随着时间的推移提高企业的生产力（Mohiuddin and Su，2014）、产业竞争力（曾珣，2017）、集群产业级别（余东华、水冰，2017）、国家竞争力（陈立敏、周材荣、倪艳霞，2016）等，影响的程度和时间因工业部门、国际化进程以及进口来源/出口目的地国而异。从宏观层面（国家）或中观层面（行业或产业）研究全球价值链网络嵌入带来的结果均表明，全球价值链网络嵌入带来了正向影响，然而宏观研究所依据的数据基础即出口产品的国内增加值的变化并不一定有助于全球价值链的升级，因为国内含量的变化可能来自与升级无关的变化（例如，国内增加值份额的增加可能来自制造活动的扩大或工业结构的变化，如转向自然资源出口，而自然资源出口通常在国内含量中所占份额较高）（Vries et al.，2019），因此宏观研究掩盖了微观层面的异质性。国际贸易进出口额宏观数据变化的微观主体是企业，企业作为国际贸易进出口宏观数据的来源，是全球价值链网络框架内的真正参与者，但鲜有文献从微观层面探讨全球价值链网络嵌入带来的影响。

第二节 研究问题、研究目的及意义

一、研究问题

在全球产业和产品国际梯度转移的背景下，企业提升竞争力或地位或获益能力的关键取决于资源要素的深度和宽度。毫无疑问，“知识”资源的重要性显而易见。知识的获取被认为是企业在市场上的竞争力和生存能力的关键（Imbert et al.，2019）。但知识资源来自哪里？显然依赖企业自身的知识资源和能力难以应对高速发展的新技术环境与日趋激烈的行业竞争，缺少知识资源的更新更是难以形成恒久的核心竞争优势，尤其是企业对冗余知识与既有能力的高度依赖将形成“核心刚性”以致陷入成长陷阱。要突破既有资源制约并打破“能力陷阱”，制造企业需依赖外部知识网络为其提供新的资源与能力所需的基础，因此需实施跨界合作，如与竞争对手、合作对象以及上下游环节的各种企业或机构建立必要的合作来突破自身资源禀赋的制约。社会网络理论提出，网络中存在资源且可以被网络成员获取（Krishanduth and Chan，2012），因此网络嵌入作为知识转移的工具可以成为竞争优势的有效来源。通过广泛的网络链接以及培育网络关系可以扩宽资源获取途径并提升资源利用效率，因此，嵌入特定网络对企业有效获取资源以实现转型升级至关重要。

全球价值链网络嵌入本质上属于企业主动探寻规避“能力陷阱”的行为，通过偏离固有知识轨迹的学习行为探寻独特创新路径以防止“锁定效应”的发生。有效地跨界捕获全球价值链内来自发达国家技术领域以外的新知识，成为决定制造企业提升价值链地位的关键。在产品分工全球化、生产过程国际化的背景下形成了具有“核心—外围”结构的全球价值链，为新兴经济体融入全球经济活动既提供机遇，也带来了挑战。全球价值链就像是企业建立的共同知识库，链内上下游企业间通过复制合作伙伴的知识，有助于新兴经济体以较低的成本快速获得大量来自价值链上的外部稀缺资源尤其是知识资源（屠年松、曹宇芙，2019）。

在知识经济时代，全球价值链为新兴经济体利用全球价值链资源提升“价值链资质”提供了机会，但如何在获取外部资源的同时降低对全球价值链“核心—外围”结构中核心企业的依赖并提升自身对关键资源即知识资源的控制力和影响力至关重要。将机遇转化为影响力和控制力以避免低端锁定的升级过程并不自动发生，有必要进一步从微观层面研究企业全球价值链网络嵌入如何影响其在全球价值链治理中的网络地位。因此，本研究试图解决的核心问题是：从微观层面考察，全球价值链网络嵌入和企业地位之间到底有着怎样的关系？二者之间的影响机制又是什么？

知识权力为解决这一问题提供了一个有效手段。无论学术界还是管理界都普遍认为，企业知识权力提升过程伴随着知识带来的影响力和控制力的提升，进而实现其在价值链网络中的总体地位的提升（李宇、陆艳红，2018）。全球价值链中的核心企业之所以掌控了全球价值链中的价值分配规则，就在于聚集了对资源的占有和控制，将不可编码的隐性知识和可编码的显性知识以具有企业特色的产品或服务形式提供给价值链其他成员，从而掌控了全球市场的话语权。显然，知识作为高级要素，成为全球价值链竞争中最重要的因素，知识经济时代下的资本逐利特质终将知识塑造为能带来更高利润的资源。知识权力是因占有知识资源形成的对其他企业的影响力和控制力或支配力。作为权力的一种独特形式，知识权力首先就代表着地位，知识权力高，通常意味着具有更高的分工水平，全球价值链内企业的知识权力可以作为企业全球价值链地位的象征。故本书利用知识权力概念代替宏观或中观层面的全球价值链地位概念，从微观角度探及全球价值链参与者本身，以揭示制造企业嵌入全球价值链对企业知识权力的影响，并基于网络视角进一步揭示在全球价值链网络结构中，企业全球价值链网络嵌入特性对知识权力影响的内在机制。因此，围绕“从微观层面考察，全球价值链网络嵌入和企业地位之间到底有着怎样的关系”这一核心问题，本研究提出以下三个问题：

问题一：从微观层面考察全球价值链网络嵌入带来的影响，即企业的全球价值链网络嵌入和知识权力之间有着怎样的关系。

问题二：全球价值链网络嵌入对企业知识权力的内在影响机制是什么？

问题三：情景因素如何影响全球价值链网络嵌入和知识权力之间的关系？

二、研究目的

现有文献为知识权力研究提供了不同的视角，本书从社会网络角度研究处于网络结构中劣势地位的弱势企业如何提升知识权力，以及企业自身能力在促进知识权力提升中的作用。目的是基于微观视角，以知识权力代替升级，实证检验全球价值链网络嵌入是否提升了以知识权力为代表的全球价值链地位，并进一步检验提升价值链地位即知识权力的内在理论机制。

具体而言，本研究从社会网络理论出发，将全球价值链网络嵌入分为结构性嵌入和关系性嵌入两个维度，分析不同维度的全球价值链网络嵌入如何影响企业知识权力。从动态能力理论出发，将企业创新能力分为变异感知能力、信息诠释能力、创新决策能力、实施实现能力四个维度，深入剖析全球价值链结构性嵌入、关系性嵌入对创新能力四个维度的影响，剖析不同创新能力维度对知识权力的影响，在此基础上进一步分析创新能力在全球价值链网络嵌入与知识权力关系间的中介作用，深刻揭示“网络—能力—权力”的具体内在逻辑关系。同时进一步将知识距离这一情景变量引入“网络—能力—权力”逻辑内，检验其在网络嵌入与知识权力关系间的调节作用，构建出全球价值链结构性嵌入、全球价值链关系性嵌入、企业创新能力、知识距离与企业知识权力关系的构念模型，并利用中国制造企业全球价值链参与实践的调研数据进行实证检验，从微观层面给出全球价值链网络嵌入对制造企业价值链地位影响的解释，并揭开全球价值链背景下网络嵌入、创新能力与知识权力之间的关系“黑箱”。

三、研究意义

本研究基于社会网络理论、资源依赖理论、动态能力理论等将全球价值链网络特性、创新能力、知识权力等置于同一框架内，以“网络—能力—权力”为逻辑，构建全球价值链网络嵌入特性与企业知识权力的理论模型，并提出创新能力在二者间的中介作用、知识距离在二者间的调节作用，深入企业实践，通过问卷调查获取一手数据对理论模型进行实证检验，从微观角度揭示全球价值链网络结构中新兴经济体的弱势企业知识权力提升的内在机制，对处在全球价值链网络中的边缘企业的知识权力提升有一定理论和实践意义。

（一）理论意义

本书将资源依赖理论、社会网络理论、动态能力理论等运用到中国制造企业的全球经营管理中，具有重要的理论意义。

第一，扩展了全球价值链网络嵌入对全球价值链地位影响的微观理论机制研究。有关全球价值链网络嵌入影响的理论研究多是从宏观层面（国家）或中观层面（行业或产业）展开的，缺少深入底层的微观层面的研究。企业是底层的微观参与主体，是进出口数据背后的真正力量，微观上全球价值链为新兴经济体的企业尤其是制造企业既带来了机遇，又带来了使其陷入低端陷阱的可能。要充分利用好全球价值链带来的资源优势，需要从微观视角剖析全球价值链网络嵌入对企业影响的内在机制。本书从微观层面考察全球价值链网络嵌入对企业产生的影响，将全球价值链网络嵌入的影响研究从宏观转至微观，扩展了全球价值链网络嵌入对全球价值链地位影响的理论范围。

第二，围绕知识权力的研究丰富了网络权力相关理论。在全球价值链结构内，核心企业与边缘企业间形成专业分工、资源互补的竞合关系，由于全球价值链核心企业掌握更多网络资源，在全球价值链内拥有更大的权力，现有关注网络权力的研究多是围绕社会网络如技术创新网络、供应链网络中的核心企业展开的，且多是围绕网络权力的后续研究，较少关注到全球价值链中的弱势企业以及弱势企业的知识权力问题，更缺少动态下企业在网络内知识权力提升的前因研究。本研究基于社会网络理论考察全球价值链网络嵌入对知识权力的影响，突破知识搜索狭窄化的牢笼，在从外部获取知识的过程中，突出强调知识带来的影响力和控制力，这一视角也有利于企业重新认识外部知识的获取与内部知识的交融过程。

第三，拓宽对弱势企业获取网络资源的理论研究视角。现有文献主要依据知识基础理论和学习理论来探讨全球价值链网络中核心企业的合作伙伴多样性对企业技术创新的影响，急需扩宽理论视角或与其他理论相融合，以便更全面深入地挖掘全球价值链网络结构性和关系性特征对中国制造企业的积极影响。同时，网络嵌入带来的效应还受情境因素，特别是知识距离的影响。来自新兴经济体的制造企业有别于来自全球价值链其他国家的企业尤其是来自发达国家的企业，如企业历史轨迹、发展理念、企业规模、员工素质等，因此，本研究以新兴经济体的中国制造企业为研究对象，突破以思维定式、惯例、路径依赖等理论为基础解释价值链中企业竞争力提升的研究局限，将网络嵌入、创新能力、知识距离、知识权力纳入同一框架，补充和扩展弱势企业获取网络资源的理论研究视角。

（二）实践意义

本研究对转型期中国制造企业以及其他新兴经济国家的企业如何提升全球价值链地位具有一定的实践意义。虽然全球价值链中其他因素会对企业嵌入行为产生制约，但企业依然可以降低环境的不确定性和对核心企业的依赖，也就是说，企业有机会通过自身努力改变社会网络中知识权力的大小。将机遇转化成能力并进一步转化为影响力和控制力以避免低端锁定的升级过程并不自动发生。本研究对于中国制造企业在全球价值链网络中如何克服“人微言轻”的处境并在分工活动越来越“精细切割”的空间中占据一席之地的实践意义主要体现在以下三个方面：

第一，有助于企业充分利用价值链上下游的全球资源。通过对全球价值链结构性嵌入、关系性嵌入影响知识权力的机理研究，有利于企业对全球价值链合作伙伴的结构性选择、明确合作伙伴间关系质量的处理和维系，有助于企业把握和权衡全球价值链网络嵌入带来的机会和障碍。全球价值链网络嵌入能否带来升级的根本性的问题就是如何“挖掘”出嵌在全球价值链网络中的知识资源，同时如何将价值链中的知识资源为我所用，本研究有助于制造企业在实践中更好地利用全球价值链网络资源尤其是知识资源，有效提升企业的知识权力。全球价值链权力结构的重构不仅意味着企业之间的权力转移和兴衰更替，也意味着全球价值链网络惯例、网络秩序的瓦解和重构，甚至关系到国际规范、交往准则的重新界定，因此企业应不时地评估与全球价值链企业间的组织网络，以便制定和执行有效的创新战略。全球价值链背景下企业需要投入额外的资源来与全球供应商或客户建立强有力的组织网络，发展强大的学习文化，关注企业创新以及致力于组织内不断发展的创新过程。

第二，有助于建立从“要素驱动”转向“创新驱动”的内在发展理念。本研究在建立网络嵌入与知识权力的理论模型时，引入二者之间的中介要素即创新能力，并验证了网络嵌入对知识权力的提升作用需要通过创新能力作为中介。这一发现有助于制造企业进一步充分认识到创新驱动的重要性，建立从“要素驱动”转向“创新驱动”的内在发展理念，尤其有助于中国企业实现由“中国制造”向“中国智造”的转变。只有提高生产、加工各环节的技术含量，提高研发设计能力，尤其提高自主创新能力，才能提高全球价值链地位。

第三，有助于认识知识距离的影响的重要性。本研究考虑到知识距离对创新能力的不同影响，将其引入全球价值链结构性嵌入、关系性嵌入、创新能力、知识权力的理论模型中，并发现全球价值链结构性嵌入、关系性嵌入对创新能力的积极作用受价值链上下游企业间知识距离的负向影响。这一发现有助于企业在融入全球价值链情境下，充分意识到与价值链上下游企业间知识距离的重要性。全球价值链网络嵌入对企业知识权力的影响过程并不自动发生，只有在开放市场条件下锐意学习努力缩小与先进企业的知识距离，才能有效发挥西方成熟市场体制的桥梁作用，使其与创新能力的正向关系不会被企业间知识距离所削弱，最终更大程度提升其影响力和控制力，提升企业在国际市场中的话语权。

第三节　研究内容与研究方法

一、研究内容

全球价值链网络嵌入的过程是外部环境和内部企业因素相匹配的过程，在匹配的过程中，考虑到全球价值链网络嵌入带来的引致效应不能一概而论，有的企业成功，有的企业失败，如何探寻网络嵌入对企业地位提升的内在机制是本研究关注的核心问题。围绕这一问题，本研究延伸出三个问题，主要内容如下：

（一）从微观角度考察全球价值链网络嵌入带来的影响，即企业的全球价值链网络嵌入和知识权力之间有着怎样的关系

从宏观层面（国家）或中观层面（行业或产业）研究全球价值链网络嵌入带来的结果，多以进出口产品复杂度或全球价值链地位进行测评，多数结果表明全球价值链网络嵌入带来了正向影响，然而宏观研究掩盖了微观层面的异质性，且微观上企业实践表明，全球价值链带来的引致效应不能一概而论，全球价值链网络内不同价值链环节、不同区域、不同国家的

企业在获得全球资源上表现出极大的不平衡性，这种不平衡现象需要深度剖析全球价值链网络嵌入对企业产生影响的背后机制。GVC 分析框架旨在了解全球行业的组织方式，它们如何随着时间的推移而演变以及各国企业如何在价值链中甚至全球市场中提升其地位（Lee and Gereffi，2015），全球价值链治理外在表现为跨区域、跨行业的企业间合作与竞争而形成的产品链、供需链治理，但本质是以知识为核心的全球价值链知识权力的追逐。因此，本研究尝试以知识权力为微观指标衡量企业地位，进一步考察全球价值链网络嵌入和知识权力之间的关系。

（二）全球价值链网络嵌入对企业知识权力的内在影响机制是什么

在知识经济时代，“资质”提升可通过更多的途径来实现，全球价值链的开放共享特征为新兴经济体提供了机会和风险，企业既可以通过全球价值链网络嵌入获取来自全球更先进企业的资源，也有掉入发达国家领先企业设置的“技术天花板陷阱”的风险，因此，全球价值链网络内弱势企业或边缘企业如何既能获取价值链内资源又能避免对“核心企业”的依赖，提升自身对关键资源即知识资源的控制力至关重要。知识资源具有的专有性与共享性、显现性与隐含性、生成性与累积性、依赖性与独立性等复杂特性使其具有矛盾特征，因此，在企业网络地位提升过程中单纯谈知识对其地位的影响作用显然是不够的，能否将内部知识和外部知识、显性知识和隐性知识最大限度地融合在一起并形成企业的独特能力，将成为企业全球价值链地位提升的关键。

网络内存在“网络—能力—权力”的逻辑，依据这样的逻辑，结合社会网络理论、资源依赖理论、动态能力理论，本研究拟从中国制造企业知识权力入手，通过调研企业获取一手数据，实证检验能力在全球价值链网络嵌入与知识权力关系间的作用。

（三）情景因素如何影响全球价值链网络嵌入和知识权力之间的关系

在全球价值链中，链内企业动态能力提升不仅受自身的影响，也与链内企业相互影响，全球价值链内上下游节点企业间尤其是核心企业与边缘企业间由于受本国经济、社会、历史、文化、政治环境和自身发展历程、规模、能力等多方面影响，彼此间会存在较大的差异，如政治距离、制度距离、知识距离等。结合本书研究目的，本研究特别关注企业全球价值链网络嵌入对知识权力的影响，就企业融入全球价值链的背景而言，将知识距离这一特殊的情景因素引入全球价值链网络嵌入与企业知识权力关系中也成为本研究的主要内容。

二、研究方法

研究方法取决于研究对象、研究目的和研究问题，根据具体内容采用差异化方法。围绕“全球价值链网络嵌入对企业知识权力产生何种影响”这一核心问题，本研究涉及现象分析法、归纳演绎法、实地访谈法、问卷调查法以及统计分析法，具体的研究方法如下：

（一）现象分析法

通过全球价值链网络嵌入对企业带来的不同影响的现实研究，发现全球价值链带来的引致效应不能一概而论，全球价值链网络内不同价值链环节、不同区域、不同国家的企业在获得全球资源中表现出极大的不对称性。通过现象学分析，笔者对这种不平衡现象进行深度剖析，探寻全球价值链地位测评的微观替代指标。

（二）归纳演绎法

通过对全球价值链网络嵌入与知识权力的相关文献进行系统梳理，提出研究全球价值链网络嵌入特性与企业知识权力间关系的基本思路，在理论梳理过程中，将创新能力、知识距离纳入全球价值链网络嵌入与知识权力的关系研究中并建立理论模型。通过对全球价值链结构性嵌入、全球价值链关系性嵌入、知识权力、变异感知能力、信息诠释能力、创新决策能力、实施实现能力、知识深度距离、知识宽度距离等共计 9 个变量的相关文献研究，提出相应的测量量表。

（三）实地访谈法

本研究从网络嵌入的视角考察全球价值链网络嵌入对知识权力的影响，由于不同视角下学者的研究背景和研究问题存在很大差异，同名变量的界定也存在很大差异，因此需预先拟定访谈提纲对领域专家和企业实践进行深度访谈，修订符合中国制造企业全球价值链活动的测量量表，并再次进行深度访谈以保证被调研者对问卷的正确理解。

（四）问卷调查法

在梳理文献和深度访谈的基础上，通过发放相关问卷获得数据。首先通过对企业界人士和相关领域的专家进行预调研，测试问卷初稿，并完善问卷，删除冗余或不相干或不合理的题项，最终形成正式问卷。正式问卷调查通过关系企业、相关高校 MBA 以及中国制造业展销会进行集中调研，多采用纸质方式进行，以提高调研问卷回收率。保质保量的问卷调研是实证检验结果可靠性的基础。

（五）统计分析法

根据研究对象的不同要求，需要在数据分析方法选择过程中根据变量间关系的差异采取差异化方法。在对本研究提出的概念模型及相关假设进行实证检验时，用了多种统计分析方法。首先利用 AMOS 检验了测量模型的解释效果。其次以结构方程模型与多层次线性回归模型，利用 AMOS 21. 0、SPSS 21. 0 对全球价值链网络嵌入与创新能力、知识权力之间的关系进行了假设检验。最后利用 SPSS 21. 0 软件以多元回归分析方法检验知识距离在全球价值链网络嵌入与企业创新能力之间的调节作用。

第四节　研究思路与技术路线及创新点

一、研究思路

本研究遵循“提出问题—分析问题—解决问题”的思路，通过从实践现实和理论研究提炼本研究的核心问题，探寻全球价值链网络嵌入与知识权力关系的内在影响机制，建立囊括全球价值链网络嵌入、创新能力、知识权力、知识距离的理论模型，通过调研获取数据对模型进行检验，最后总结本书研究结论，分析实证检验结果并提炼研究意义。本书研究思路如图 1-1 所示。

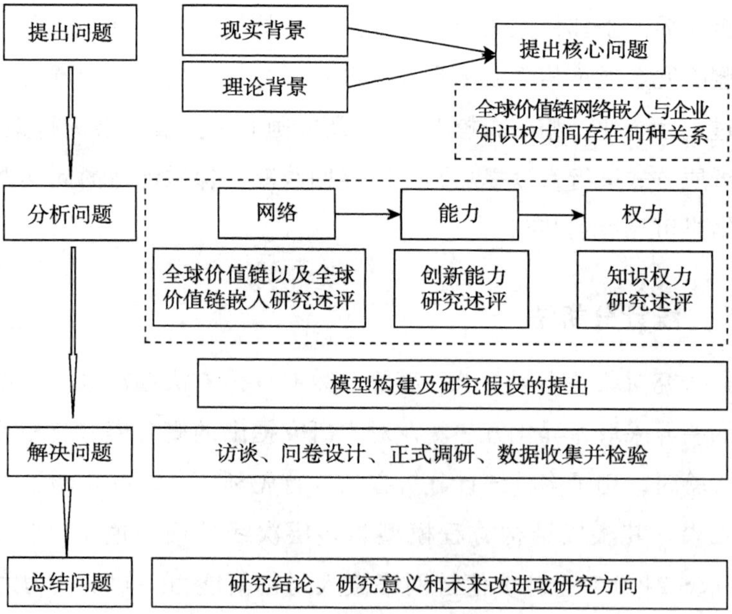

图 1-1　本书研究思路

（一）提出问题：从实践现实和理论研究提炼本研究的核心问题

从企业全球价值链网络嵌入的实践结果看，全球价值链为新兴经济体利用全球价值链资源提升“价值链资质”既提供了机会，又带来了风险，因此，如何在获取外部资源的同时降低对全球价值链“核心—外围”结构中核心企业的依赖并提升自身对关键资源即知识资源的控制力至关重要。从企业全球价值链网络嵌入的理论研究看，对全球价值链网络嵌入带来影响的研究主要围绕进出口产品和全球价值链地位进行测评，均是从宏观层面（国家）或中观层面（行业或产业）展开研究。然而宏观研究掩盖了微观层面的异质性，国际贸易进出口额宏观数据变化的微观主体是企业，企业作为国际贸易进出口宏观数据的来源，是全球价值链网络框架内的真正参与者，且微观层面全球价值链网络嵌入对不同企业产生的引致效应不能一概而论。微观层面全球价值链网络嵌入到底对企业全球价值链地位有何影响？又如何从微观层面考评全球价值链地位？考虑到知识权力为知识资源的控制力和影响力，这一概念有助于探索这种经济现象，本研究尝试利用知识权力解决这一问题，以知识权力代替其他宏观评价方式，从微观层面考察全球价值链网络嵌入带来的影响。

（二）分析问题：探寻全球价值链网络嵌入与知识权力关系的内在影响机制

将机遇转化为影响力和控制力以避免低端锁定的升级过程并不自动发生，通过文献研究，发现“网络—能力—权力”的逻辑可作为全球价值链网络嵌入与知识权力关系的内在机制，将其具体化为“全球价值链网络—创新能力—知识权力”，将全球价值链视为网络，通过企业自身调整获取价值链网络资源从而提升创新能力，对相关概念即知识权力、全球价值链网络嵌入、创新能力以及知识距离进行明确界定，提出了本研究的构念模型和研究假设。构念模型主要围绕五个层面，即全球价值链网络嵌入与知识权力的关系、全球价值链网络嵌入与创新能力的关系、创新能力与知识权力的关系、创新能力在全球价值链网络嵌入和知识权力间的中介作用、知识距离在全球价值链网络嵌入和知识权力间的调节作用。

（三）解决问题：通过调研获取数据对模型进行检验

为印证理论模型的合理性，需要通过数据进行检验。考虑到各变量指标的复杂性，需结合中国制造企业全球价值链网络嵌入的发展实践，通过访谈、专家调研、团队讨论等方式，形成本研究涉及的 9 个变量的测量量表，并经小范围的预调研进行测量量表净化形成正式量表。采取传统方式进行大规模的人工调研获取一手数据，通过各种途径克服各种困难，获取了 498 份有效问卷。以 SPSS 21.0、AMOS 21.0 软件对正式问卷调研的数据进行实证检验。

（四）总结问题：分析实证检验结果并提炼研究意义

通过理论分析和实证检验，进一步对实证检验结果逐一进行分析，并对结果进行解释，总结本书的研究贡献及对企业的管理启示，并针对中国制造企业的现实提出相应的对策，最后提炼出本研究的理论贡献以及研究局限和未来研究展望。

二、技术路线

本研究通过对全球价值链网络嵌入与企业知识权力相关理论的国内外文献的梳理提炼观点，并结合中国制造企业的实际访谈，确定具体的研究问题即全球价值链结构性嵌入、关系性嵌入与知识权力的关系，结合“网络—能力—权力”的逻辑，提出“全球价值链网络—创新能力—知识权力”的关系，提出创新能力可能在全球价值链网络嵌入与知识权力间起到中介作用，同时考虑到全球价值链内企业创新能力也会受到链内企业间的相互影响特别是企业间知识存量的差异影响，因而进一步考察知识距离在全球价值链网络嵌入与企业知识权力间所起的作用。通过大规模企业调研数据，运用因子分析和结构方程模型对各变量的信度和效度进行检验、运用结构方程模型检验中介效应、运用多层线性回归检验调节效应，最终得出研究结论和相关启示。本书技术路线如图 1-2 所示。

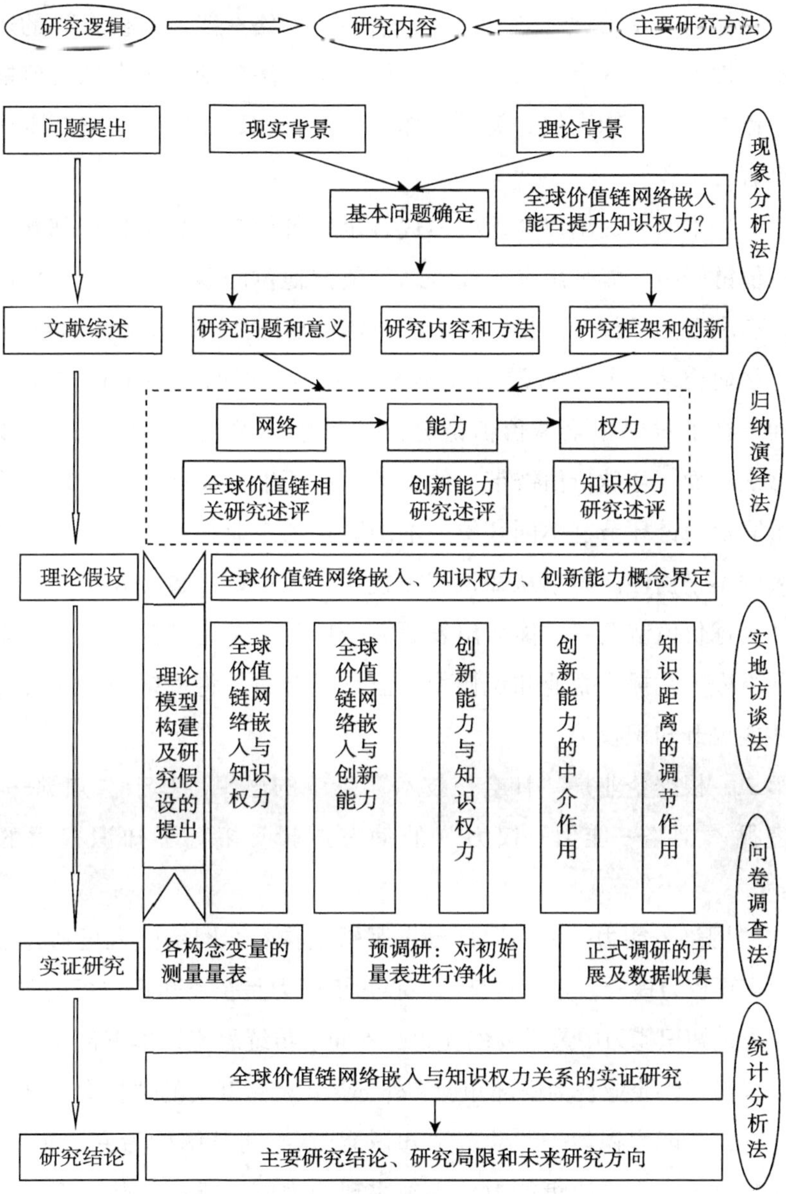

图 1-2 本书技术路线

三、创新点

本研究在梳理相关文献的基础上构建了全球价值链网络嵌入、创新能力、知识权力关系的理论分析框架，借助“网络—能力—权力”的逻辑思路，从定性和定量两个方面分析了各层关系，深刻阐明了全球价值链网络嵌入、创新能力、知识权力关系的作用机理，相较于已有文献，本研究的创新点有三个：

第一，本研究提出以知识权力代替全球价值链地位指标，创新性地从全球价值链网络、能力出发研究全球价值链地位问题，发现全球价值链网络嵌入有利于知识权力的提升，但能力转化是提升知识权力的途径。

以往研究多是从宏观层面（国家）或中观层面（行业或产业）展开的，而忽视了对中国全球价值链分工体系参与的真正力量——企业的研究。微观层面，全球价值链带来的引致效应不能一概而论，全球价值链网络内不同价值链环节、不同区域、不同国家的企业在获得全球资源上表现出极大的不平衡性。本书从知识权力视角，以中国制造企业为对象，创新性地从全球价值链网络、能力出发研究全球价值链地位问题，发现全球价值链网络嵌入能提升企业知识权力，但是需要通过将网络内资源转为内在能力才能提升知识权力。

第二，根据企业是“社会—技术”系统的思想，基于“知觉—响应”模型遵循“网络—能力—权力”的动态逻辑，拓宽了知识权力的前因研究。

从“网络—能力—权力”的动态逻辑结构看，网络嵌入可通过能力提升进而实现权力提升，企业自身的核心知识能力是企业知识权力的基础，而创新能力是知识能力中最重要的能力。不同于传统思想，本书借鉴“知觉—响应”模型，将企业视为内部知识和外部知识交融互动的“社会—技术”系统，并将创新能力视为一种动态“知识能力”，将其解构为变异感知能力、信息诠释能力、创新决策能力、实施实现能力四个维度，凸显企业对来自网络的知识搜索、知识内化、知识组合以及知识再创造的“社会—技术”

的系统理解。本研究提出创新能力在全球价值链网络嵌入与知识权力间的中介作用模型，并实证检验创新能力构念的不同构成维度的中介效应。填补了全球价值链背景下，对网络嵌入特性与创新能力和知识权力的相互作用进行综合探讨的空白。

第三，考虑到情景变量的影响，提出将知识距离引入全球价值链网络嵌入与知识权力的关系内，并发现知识距离阻碍了全球价值链结构性嵌入、关系性嵌入对企业创新能力的促进作用。

尽管已有大量文献研究指出网络嵌入从根本上打破了企业间的资源壁垒，为企业获取创新能力提供了稀缺、互补的知识资源，但全球价值链内核心企业与边缘企业之间由于受本国经济、社会、历史、文化和政治环境及自身能力等方面影响，会存在较大的知识距离。本研究将知识距离这一特殊的情景变量引入全球价值链网络嵌入与知识权力关系的模型中，研究发现知识距离降低了全球价值链网络嵌入对企业创新能力的提升作用。

本章小结

本章基于现实背景和理论背景，提出知识权力可以替代增加值贸易和产品复杂度的全球价值链地位宏观指标，但目前文献研究中缺少对新兴经济体的企业知识权力研究，更缺少对企业知识权力的前因研究。提升企业全球价值链地位的关键在于企业嵌入全球价值链过程中如何更好地利用外部资源，并随时警惕价值链网络内核心企业设置的“技术陷阱”。首先，本章通过对现实背景和理论背景的分析，提出本研究关注的核心问题，围绕核心问题，提出本研究的三大问题。其次，本章对本研究三大问题的具体内容和研究方法、研究思路和技术路线进行了概述。最后，从三个方面提炼出本研究的创新之处。

第二章　理论基础

本章对理论基础进行简要概述，资源依赖理论是本研究中知识权力概念及动态知识权力的形成基础，社会网络理论则是本研究对全球价值链网络嵌入维度的研究基础，动态能力理论是企业创新能力及“网络—能力—权力”的具体内在逻辑关系的理论基础。

第一节　资源依赖理论

为通过外部视角和框架解释企业战略选择行为，Pfeffer 和 Salancik 于 1978 年提出资源依赖理论（resource dependence theory，RDT），认为组织关系中的一方无法完全掌握某项活动或某种结果所必需的资源时会产生依赖，组织对环境的依赖这一事实使得组织行为的外部约束和控制成为可能且不可避免。组织可以尝试通过政治手段改变约束，也可以通过组织间关系来控制或接受不确定性。资源依赖理论被认为是理解组织—环境关系的首要框架（Drees and Heugens，2012），后续研究基本上遵循他们的观点并进行扩展。Barney 将经济理论中的关键性和不可替代性引入组织间依赖研究，认为有价值、稀有、不完全可模仿和不完全可替代的资源是竞争优势的来源（Barney，1995）。

资源依赖理论有两个要点：一是资源依赖理论所依据的基本假设为组

织间的资源是异质的且可随着时间的推移而持续存在，只有异质性资源才能形成依赖，但不同学者对资源依赖产生依据的认识存在差异。Madhok 和 Tallman（1998）等主要从组织对异质性资源需求的角度认识组织间依赖，随着资源依赖理论的研究深入，组织间依赖从资源的依赖扩展至基于关系的依赖（Suh and Houston，2010）、基于网络结构的依赖（徐建中、朱晓亚，2018）。二是资源依赖理论强调组织主动控制外部环境以改变依赖约束，如通过强制性政治手段、通过组织间关系来控制或接受不确定性。资源依赖理论更重要的影响力在于强调企业因资源依赖而主动控制外部环境的反应过程（吴小节、杨书燕、汪秀琼，2015；吕文晶、陈劲、汪欢吉，2017）。权力是资源依赖理论的核心，资源依赖下的组织也总是在试图将依赖程度降到最小，提高自己对资源的控制（Hillman，Withers and Collins，2015）。组织生存的关键在于其从外部环境获取必需资源的能力，所有组织都会采取各种措施减少这种资源需求对自己的约束，来改变和管理原有的依赖模式。Lambe、Spekman 和 Hunt（2002）进一步提出资源互补（resource complementarity）理论，合作企业相互结合能促使彼此获得更多专有资源和更独特的资源组合。Gulati 和 Sytch（2007）进一步提出从双边视角认识组织间依赖，并把组织间依赖划分为依赖非对称性和联合依赖，更加细化和完善了资源依赖理论。由此，资源依赖理论已经建立起了资源依赖结构影响企业行为的理论逻辑。

资源依赖理论为组织间权力关系形成提供了基础，权力来自对关键资源的控制，对资源的依赖结构导致了组织内外权力。企业被视为寻求管理影响企业发展的不确定性的相互依赖的实体，但这种依赖不是对等的，依赖的强度视资源的稀缺和重要程度而定，拥有或控制有价值稀缺资源的企业对寻求这些资源的企业拥有权力（Pugliese，Minichilli and Zattoni，2014）。网络中节点 B 超过节点 A 的权力是基于 A 对 B 的依赖，一个企业的权力取决于它拥有其他单位所依赖的资源的程度。Caniëls 和 Gelderman（2007）认为依赖是相互的，一个组织对另一个组织的力量依赖于两者之间的净依赖性。如果公司 A 更多地依赖于公司 B，而不是公司 B 依赖于公司A，那么公司B的权力大于公司A。

第二节 社会网络理论

1940年英国人类学家Brown首次提出了“社会网”（social networks）的概念，并运用“社会网”理论解释了社会资源的分配问题。具体来说，社会网络指的是社会行动者及其关系的集合，这些关系可以有多种类型如经济、关系、动机、交际、情感和家庭等。社会网络理论是针对彼此互动的社会行动者之间关系问题的一系列因果解释（Wolfe，1995）。作为独特的理论视角，社会网络理论有三大核心理论：异质性理论、结构角色理论以及社会资本理论。黎耀奇、谢礼珊（2013）通过文献梳理，提出社会网络理论发展的根基即本源的理论是异质性理论和结构角色理论。异质性理论研究社会网络节点建立网络连接以获得多样化的知识及其他资源，强调网络互动的作用机制，包括怀特“机会链”理论、二级传播理论、弱连带优势理论、BURT结构洞理论等。“机会链”理论解释了内部劳动力市场升迁现象；二级传播理论解释了非正式社会网络在开发新知识及传播新知识上的价值；弱连带优势理论解释了劳动力市场的求职与转职现象；结构洞理论解释了组织内权力的运作以及升迁过程。结构角色理论关注的是网络内部节点间如何相互影响的问题，基于对群体内行动者关系的分析，研究主要包括嵌入性理论、强连带优势理论、结构洞的权变理论以及小世界理论。嵌入性理论以信任与交易成本解释了组织结构成因以及不同组织关系结构的绩效问题；强连带优势理论解释了网络连接带来的非正式影响力及其对组织行为如离职、工作满意、团队合作等的影响；结构洞的权变理论解释了组织内部结构洞与组织绩效关系间存在的调节因素如文化因素（Xiao and Tsui，2007）；小世界理论指出了社会上的网络组织都表现出小世界网络的特征。关于企业社会资本的社会网络理论研究起步较晚。社会资本指各种社会关系形成的网络为个体提供的新的资源，具体则指社会网络中衍生出来的现实的和潜在的资源如权力、财富、声望等资本（张玉明、李荣、王欣，2018），由此衍生出社会网络关系的资源观与信任观。社会网络被视为企业资源获取的主要来源，组织管理领域的社会网络研究也大都是围绕社会资本进行的（Stam，Arzlanian and Elfring，2014）。

社会网络理论不仅关注网络中行动者的属性，更关注行动者所拥有的社会关系背景及其在网络中的位置及网络的结构（丰超等，2018）。通常学者将社会网络理论研究分为两种研究取向（维度），即关系取向和结构取向。关系取向主要关注网络中节点间联系的差异，如关系质量、关系强度、关系内容、关系对称性、直接性、间接性等；而结构取向主要关注社会网络中节点在网络中所处位置的结构性差异，如网络中心性、结构洞网络声誉、网络效率、网络规模、网络位置和网络稳定性等。社会网络理论强调组织间的各种关系纽带以解释企业的存在、成长等相关问题（Gulati and Gargiulo，1999）。虽然交易成本理论被公认为解释企业何以存在的权威，而资源基础观和组织学习理论被公认为解释企业如何成长问题的权威，但这些经典理论将组织以及组织中的个体均视为机械的原子，忽略了社会情境以及互动关系制约等问题。显然，割裂了个体间互动关系的原子论观点无法解释知识爆炸式增长下组织互动关系中的诸多问题（Burt，2004）。由于组织和组织中的个人都嵌入其所处的网络中，可以通过其网络中有价值的社会连带关系获得社会资源，这种社会资源赋予了组织或个人获得运用金融资本和人力资本的机会（黎耀奇、谢礼珊，2013）。社会网络理论属于 Merton 所提倡的中层理论，连接了大型理论与微观理论之间的鸿沟，成为管理学理论的有效补充而不是替代，有助于管理学者从另一个角度对组织管理问题进行解读。

社会网络理论分析方法可以分为两个分支：自我中心网络分析（ego-center networks）和整体中心网络分析（social-center networks）（张悦、梁巧转、范培华，2016）。自我中心网络分析强调网络节点自身的网络结构特征，探讨网络中的关系特征及结构位置对节点获取资源的影响；整体中心网络分析强调特定边界内的网络节点组成的集合如创新联盟、产学研合作、企业战略联盟、集团企业等整体的网络密度、网络中心性、集中性等，研究整体网络绩效。在全球化背景下，中国制造企业面对科技创新所带来的技术复杂性和产品多样化，不可能独自占有与其发展相关的前沿技术与资源，而全球价值链内的跨越国界的合作可为中国制造企业带来社会资本。本研究关注特定企业的嵌入性特征对企业知识权力的影响，属于自我中心网络分析。

第三节　动态能力理论

动态能力理论被视为企业资源基础观（resource-based view，RBV）的拓展。资源基础观所依据的基本假设是，各组织之间的资源是异质的且随着时间的推移而持续存在，本质上只能解释在静态的环境中企业如何基于异质资源获得竞争优势，但无法解释如何创建可持续的有价值资源，或者如何在不可预见的动态环境中更新异质性资源存量以保持竞争优势（Véronique and Bowman，2010）。动态能力观将环境动态性引入企业内在能力体系中，以应对静态的资源基础观无法解决异质性资源如何提供企业可持续竞争优势的难题。因此，动态能力本质上是对资源基础观的修补与拓展（Linderman et al.，2004；汪涛、陆雨心、金珞欣，2018）。

许多曾经成功的企业在环境发生变化时无法成功适应变化的环境，基于这样的实践，Teece 等（1997）首次明确提出动态能力概念。动态能力是企业整合、建立和重新配置内部和外部资源以应对快速变化环境的能力，明确论证动态能力观点如何克服资源基础观无法解释一些成功的企业为何表现出“及时响应和快速灵活的产品创新，以及有效协调和重新部署内部和外部资源的管理能力”的局限，还强调不仅仅资源是重要的，企业学习和积累新技能是企业应对外部环境不断变化的途径，其机制同样重要。Teece 等提出的动态能力概念引发学者们从不同的角度对动态能力的深度研究。Zollo 和 Winter（2002）指出动态能力是持久的，“一个以创造性但脱节的方式适应一系列危机的组织并不具备动态能力”。Winter（2003）也强调动态能力不是临时解决问题或自发反应，它必须包含一些常规元素，即它必须是可重复的。而 Zahra 等（2006）的定义也清楚地阐明运气不构成动态能力，强调动态能力的使用是有主导意识的。Wang 和 Ahmed（2007）将动态能力定义为“企业的行为导向，不断整合、重新配置、更新和重建其资源和能力，尤其是升级和重建其核心能力以应对变化并获得保持竞争优势的环境”。Teece（1997）将动态能力进一步划分为感知机会与威胁能力、获取能力以及重构能力三种类型，并认为感知能力强的企业，能更好地了解市场变化以及消费者的心理需求，及时推出新产品和技术，从而增强自身的技术优势。Véronique 和 Bowman（2010）提出，动态能力是通过创建有价值的、稀有的、难以模仿和不完全可替代的资源以及在不断变化的环境中更新现有的价值资源库存来扩展基于资源的优势能力。Li 和 Liu（2014）则将动态能力定义为企业系统地解决问题的潜力，这些问题是由其倾向于感知机会和威胁，及时作出决策和实施战略而形成的能力。

无论对动态能力的定义如何，在不同表现形式背后都有一个核心要素：动态能力的作用是影响企业现有的资源基础，并以一种新的资源包或资源配置的方式对其进行转换。动态能力是一个影响资源的过程，特别是“整合、重塑、获取与释放资源从而与市场变革相匹配，甚至创造市场变革的过程”（张军、张素平、许庆瑞，2012）。动态能力的观点侧重于面对快速变化的环境，组织必须具有创建新的资源、更新或修改其资源组合的能力，创建新资源是为了使企业能够维持或增强其竞争优势。动态能力的价值来自其产出，即能创造一套新的宝贵资源。换句话说，不能创建使企业维持或增强其可持续竞争优势的资源的动态能力并无价值。因此，首先，动态能力是企业更新、整合和重构资源的高阶能力或“元能力”，是一种改变低阶能力且可以无限制地发挥作用的能力，是企业超越竞争对手必须部署的能力（Winter，2003）。其次，动态能力是面向未来的，现有竞争优势虽有竞争力，但如果没有部署动态能力来改变现有竞争优势，那么现有竞争优势仅仅是“静态的”。最后，动态能力包括随时间演变的重复过程，动态能力更应该是企业非常稳定的能力。如果动态能力作用于资源基础，那么就会有一个稳定的现象（动态能力）影响另一个稳定现象（资源基础），因此，动态能力对竞争优势的作用不仅表现在变化的环境中，还表现在相对稳定的环境中（Eisenhardt and Martin，2000）。

全球价值链网络是开放式创新环境，企业嵌入全球价值链网络内必须与价值链其他合作者保持密切的联系与沟通，通过外部搜寻满足利益相关者的要求，以获取关键的知识资源。习惯了“窝里横”的中国企业亟须重新解读外部全球环境的快速变化以提升竞争力（魏江、王诗翔、杨洋，2016；程聪、谢洪明、池仁勇，2017）。提升动态能力是指企业主动识别环境变化并调整相应的知识存量策略，通过主动创新克服组织规范中的惯性，巩固知识资源带来的影响力和控制力。动态能力作为一种企业高阶能力，非常适合用于对全球价值链企业对于稀缺性知识资源获取、整合及重构等相关能力诉求的理论研究（杜健、周超，2018），同时也能够为企业嵌入全球价值链过程中的知识搜寻、知识整合、知识更新与知识权力提升的内在互动机制提供理论基础。

第三章　文献回顾与理论综述

本章基于“全球价值链网络嵌入特性对企业知识权力的影响”这一研究主题展开。通过对知识权力内涵和研究历程、知识权力影响因素、全球价值链网络嵌入特性界定与测量的国内外相关文献进行深入研究，系统梳理了全球价值链网络嵌入、创新能力、知识权力等相关变量的内涵、测量维度，为全球价值链网络嵌入与知识权力提升影响的研究奠定理论基础。

第一节　知识权力研究综述

知识权力源于西方学术界对政治权力的引申与推导，如何认识知识与权力间的关系一直是学者争论的问题，存在一元统一、二元分立、二元融合三个发展阶段，但在知识经济时代，知识与权力的合二为一、融合在一起是无可争议的。知识与权力的现代二元融合观为研究企业管理提供了一个新的思路，但不同学者对知识权力概念有不同的理解。通过对各种知识权力概念内涵文献的梳理，提出本研究知识权力概念的核心，并通过对知识权力研究现状的梳理，发现知识权力研究中存在的研究不足。

一、知识权力观的历史演变

“权力”为西方政治哲学中的核心概念（张践明、雷志华，2007），知识权力则源于西方学术界对政治权力的引申与推导。后现代主义学者利奥塔将知识的范畴从“真理标准”的认知和实践扩大至能力范畴，提出知识与权力相互结合的理念（郝明君，2006），并遵循知识权力观时间演变探寻发展规律，开启学术界对知识权力进行广泛研究的大门。从知识权力观的历史演变角度看，其内涵和理论经历了一元统一、二元分立、二元融合三个发展阶段。

（一）阶段一：知识与权力的一元统一

在一元统一阶段，知识与权力具有先天二位一体特征，即拥有同一本原，社会发展由知识为社会治理提供支持，由社会治理为获取知识提供途径。知识是权力的合法性证明，权力是知识的合法性身份。英国著名的唯物主义哲学家弗朗西斯·培根认为知识即权力（knowledge is power），二者同一、同源，是一种“一体间的因果互换性”（培根，1984）。知识是对一切事物的掌控和驾驭的权力（炎冰，2007），权力应赋予拥有真理的知识者，知识维度可证成权力者的垄断能力。古典主义哲学家柏拉图认为政治是依赖合适知识的技术，反映在早期“哲学王”的思想里便是主张政治领域里应该由把握智慧的哲学王（即知识之王）来治理国家（Albæk，1995）。圣西门则更直接地提出，社会秩序即社会统治权力应该由“僧侣阶级和贵族专政”向“科学家和实业者联合专政的”转移（胡春艳，2006），因为科学家和实业者在研究和实验中获得了大量的实证知识，作为社会最有知识的群体，他们拥有掌握世界运行规律的能力。

（二）阶段二：知识与权力的二元分立

随着追求客观、独立、纯粹“完美知识”的科学主义的兴起和发展，知识被认为是唯一真理，对知识的追求应该过滤“被有色眼镜”污染的部分，而权力则被认为是对知识的“有色过滤”，要使知识成为权威的客观真理，需尽一切手段排除干扰以实现对科学知识的精确理解。科学应保持理性才能不被权力所干扰，只有知识与权力的分离才能保持知识的客观中立性。科学学主义要求摆脱任何“有色眼镜”如意识形态、特定语境、游戏规则对知识的扭曲指引，在其客观真理性的驱动下，知识与权力之间的关系进入了相互分离、彼此独立的二元分立阶段。德国著名的哲学家摩里兹·石里克提出，知识应该保持完善和逻辑严谨，历史和文化如权力、政治、习俗等都是对知识有害无益的（郝明君，2006）。当权力介入知识生产的过程中，知识便具有政治倾向，这将失去知识真理的客观实在性。批判理性主义的创始人、证伪主义提出者卡尔·波普尔的知识论认为，知识具有局限性，提出知识应摆脱特定的文化背景而独立。二元分立下的知识与权力的分离是表象主义认识论的结果，将权力局限于政治范畴并被视为对知识的扭曲和压迫，而知识则应是中立的、客观的、普遍的，是经过科学验证的实在的表象，但知识的有效性与权力无关，因此知识与权力间应保持独立以避免非理性主义和相对主义对知识的干扰。

（三）阶段三：知识与权力的二元融合

二元分立下的知识与权力的分离是表象主义认识论的结果，表面上似是维护科学知识不受干扰以保证中立，但本质上也制约了权力在解决知识面临的所知与能知间困境时的作用，缺少具体情境的知识不可避免地陷入片面性和局限性，静态的、普遍主义的知识难以实现有效性和精确度，因此知识与权力具有“内在共生性”。这样的认识使得知识权力观的发展进入二元融合阶段。二元融合阶段的观点认为知识会产生权力，权力也会产生知识，但二者均非彼此的充要条件。二元融合的知识权力观认为二者内在共生，属于同一问题的两个方面且知识在权力运用的过程中产生。知识权力观的提出者 Foucault（1972）基于介入性的、物质性的知识观提出，知识与权力具有密不可分的相关性，并表示这种交织就是知识权力，“没有知识就不可能行使权力，知识不可能不产生权力”，知识（话语、言论）在运用中帮助权力者提高对危险的警惕性，消除或减少难以预测事件的风险并为其合法性辩护，权力同时确定着知识的方向和形式。后现代主义学者利奥塔将知识的范畴从“真理标准”的认知和实践扩大至做事能力、处事能力、倾听能力，涉及效率、公正和快乐，提出知识的合法性决定了权力的合法性，权力的合法性优化了知识的合法性（郝明君，2006）。现代研究多数也认同知识权力的提法。如 Cuny（2018）利用市政债券市场的数据检验债券投资者之间的关系，并证明知识就是讨价还价能力和谈判能力即知识权力的二元融合。Geerlings 和 Lundberg（2018）在研究重新思考高等教育前景的重要性问题时提出全球化知识可能会成为实现软实力的工具。

在知识权力观从一元统一、二元分立到二元融合的不断发展过程中，如何认识二者之间的关系一直是学者争论的问题，但在知识经济时代，知识与权力的合二为一、融合在一起是无可争议的（王元，2015）。知识与权力的现代二元融合观为研究企业管理提供了一个新的思路。

二、知识权力概念的内涵

伴随着各个领域学者对组织间关系的研究，西方政治哲学中的权力概念逐渐被引入经济学领域内。经济学中的经济人假设组织以追求利益最大化为目标，尽管处于网络内的各种利益主体间形成形态各异的网络结构，但网络内资源分配方式具有高度一致性，即建立在利己基础上，而实现利己的自由则在于权力，有了权力就拥有资源分配的“权威性”力量。基于社会学视角的知识与权力的二元融合，Foucault 最先提出知识是获取权力和辩护权力的手段，可以为知识的科学运行提供保障和动力，应用知识的过程就是行使权力的过程，而权力可以为知识的合理性、有效性和规范性提供科学“范式”，并从不同角度对知识权力的概念进行延伸。Mohr 等（1996）认为权力是影响的能力，但已经跳出政治权力的牢笼，将权力扩大至知识，如企业影响其他行为主体决策和（或）行为的能力，或者控制自己或另一实体预期或实际行动范围的能力。在价值链管理研究中，Stannack（1996）进一步将权力定义为“根据预期绩效目标优化供应商和分包商行为的能力”，如取得成功的合同谈判结果的能力，指出权力不仅包括从谈判中获得某些结果，还包括对另一方的决策和行动产生影响。Rajan

和 Zingales（1998）提出对任何关键资源的“获取”（非掌控）均是权力的来源，获得权比所有权更重要，因为获得权更取决于他们是否能作出正确的决策。显然企业因为拥有关键知识资源可以产生知识权力。Ahituv 等（2007）以权变理论为基础，从信息学角度提出将以信息为代表的知识和权力联系起来，并进一步将其分为感知权力、参与权力。

Latiff 等（2008）在研究穆斯林在医学、天文学、数学、科学、文学等诸多领域中占据主导地位及衰败的原因时，初次确切提出知识权力概念及其内涵。他认为知识权力来源于关键核心知识的控制和支配，因此应积极推行高等教育和人力资源开发领域的现实行动计划。Kähkönen 等（2011）进一步提出知识权力是一方能够影响其合作伙伴的决策制定的能力，并且在双方关系中，它基于合作伙伴间资源的不对等而存在。根据资源依赖理论，存在于网络结构中的节点企业间的资源不对等必然产生一方对另一方的依赖进而导致权力的萌生。张巍等（2011），徐可、于淏川、陈卫东（2019）将权力配置来源根据对象不同分为知识权力和结构权力。结构权力指企业凭借其网络中的结构优势对网络其他成员的影响力和控制力，而知识权力则指网络结构中由于节点企业占据独特的知识资源，对网络中其他节点成员的经营决策产生影响，同时指出拥有关键性知识是指拥有与企业关键需求相一致的知识，只有这种知识才能产生权力。

由权力的概念可知，权力的形成必须依赖于一定的资源，在知识经济时代，知识是解决问题和创造解决方案的关键资源，其价值可被认为是在组织中维持和获得相对权力的货币，从而将知识的价值定义为对企业的不可替代性和中心性。一个企业相对于另一个企业的知识重要性越强，前者对后者的权力就越大（Wong et al.，2008）。依据稀缺或不可替代的概念，具有稀缺知识或独特知识的企业依赖其知识的不可替代性而更强大。如烟草工厂的工程师通过垄断如何修理机器的知识可提升他们的权力，假如关于如何修理机器的经验（可以转移的知识）不具有可传授性，便增加了维修工程师的不可替代性，从而增大了他们在工厂中的权力。相反，知识不可替代性低的企业更容易被替代，因为有其他具有相似知识的企业可被利用。与知识关键性一样，即使两个企业之间没有直接的依赖关系，知识不可替代性较高的企业相对于知识不可替代性较低的企业也具有更大的权力。基于组织间权力是不同组织主体间的相互影响关系，Maglaras 等（2015）提出知识权力可以被更强大的合作伙伴用来从更弱的合作伙伴那里获得更有利的商业条款。

本书认为，知识权力与传统网络权力的不同点在于其所对应的资源边界从传统的有形资源拓展到了以知识为表征的无形资源。知识权力是由于占有知识资源包括信息而产生的影响力和控制力，既不同于知识本身，又不同于权力，是知识与权力的二元融合，隐含着通过相关技术对知识的获取和传播、吸收和运用、交换和更新而形成的影响其他组织决策和行动的内在反馈过程。

三、知识权力的研究进展

围绕企业知识权力的研究从企业内部扩至企业外部，企业内部的研究主要体现员工知识权力测度及知识权力损失，企业外部研究则主要围绕组织间知识权力测度以及网络内企业间知识权力效能进行。

（一）组织内知识权力

通常发生在企业内部的交易不是通过价格机制进行管控而是通过权力关系进行治理的。组织内权力是一个多维度的概念，包括结构权力、所有权权力、专家权力和声誉权力（Finkelstein，1992）。结构权力来自组织结构中的科层权威，所有权权力则来自组织的所有权。实物资产的所有权并不是企业内资产管理中唯一的权力来源，也不一定是促进关系的最有效的手段。更重要的是，企业不仅仅是一个简单的资产集合，即使是在一个没有永久契约的环境里。不同于结构权力和所有权权力，专家权力和声誉权力与个体自身有关，分别来自自身在某方面的专业技能和权威。在控制、胁迫或合法性的制度背景下，权力的强制形式是所有组织权力理论关注的焦点，但这些理论强调强制力，常常只涉及组织内强制权力的有害效应，而不包括强制力提供的众多关系优势。组织内非强制权力主要体现为个体如员工、管理者、领导等使用和访问特殊资源的能力以实现其他个体对其的依赖，进而在组织经营活动中有更高的威慑力，如可以影响到组织决策，甚至可能是组织不可或缺的一员。如果关键资源是机器，则获取意味着拥有操作机器的能力；如果关键资源是一个想法，那么获取就意味着完全掌握这个想法的细节。Ahituv 等（2007）则以组织中业务单位为对象研究知识权力中的信息权力，即业务单元依据拥有信息量的大小及其在组织中的位置对处理不确定性问题呈现出的影响力。组织内知识权力的相关研究主要围绕员工的知识权力损失、知识权力配置、知识权力对决策的影响等三个方面展开。

1. 知识权力损失研究

围绕知识权力如何影响员工个体在工作中的态度和行为的研究，多数将知识权力尤其是知识权力损失作为中介变量研究其前因变量与结果变量之间的影响机理。知识权力损失指组织内个体知识被他人感知或被公开后，给其可能带来的自身独特价值和权力被削弱的心理状态（Kankanhalli et al.，2005）。组织内员工知识权力来自其占有且可控制的独特知识，因为只有独特的知识能够为员工提供非结构权力和所有权权力能获取的讨价还价能力，但当组织内个体知识在组织内转移如被传播或被公开时，则会伴随着权力的转移，在一定程度上等同于放弃权力基础。李卫东、刘洪（2014）提出，预期知识权力损失会对组织内知识拥有者知识共享意愿产生负向作用，同时知识权力损失在同事信任与知识共享意愿的关系中起中介作用。潘伟、张庆普（2016）则发现知识权力损失对知识隐藏有正向影响，个体出于对知识权力的保护欲望和被削弱假设，会极力独占知识、控制知识、隐藏知识。组织内的知识隐藏在绝大多数情况下是一种消极活动，可通过完善激励机制和保障机制来降低组织内个体的知识权力损失感，从而抑制个体知识隐藏行为。

2. 知识权力配置研究

Ashkenas 等（1996）研究提出，维持组织高效运行的关键在于组织在动态发展中对组织资源进行整合和对权力配置进行优化。因此，研究组织内权力动态配置的影响因素以及配置方式从而构建合理的组织运行机制是维护组织利益和组织内个体知识所有者利益的重要途径。Wong 和 Boh（2010）指出，组织内知识权力可以减小企业中存在的信息不对称程度以及经营过程中的不确定性。Weng 和 Chen（2017）实证研究发现，以声誉为表现形式的知识权力有利于组织绩效提升，特别是组织内高管知识权力可以有效降低代理成本，其影响更持久、更全面。新技术推动着价值链上下游企业间广泛的互动和沟通，加速组织无边界化的推进和跨界行为（臧维等，2019），组织内权力配置也从传统的统一控制、层级授权模式向动态性分布式演变。秦伟平等（2017）将组织扩大至无边界组织，对团队知识整合与权力优化配置的关系进行研究，发现团队权力向知识资源拥有者转移，权力配置的决定因素更多的是信息和能力而非职位或头衔，且权力不再集中于某一个个体，而是在拥有不同知识资源的成员之间灵活转移。

3. 知识权力对决策的影响研究

权力是决定资源配置效率和实际利益分配的核心因素（Golicic et al.，2011）。不同维度的权力发挥作用的机制是不同的，就知识权力而言，组织内知识权力对组织决策特别是创新决策的影响是学者普遍关注的一个重要问题。组织决策过程具有复杂性和不确定性，处于决策制定和执行层的管理者尤其是高层管理者对企业发展决策起决定性作用。随着管理者知识水平、社会经验和经营能力的大幅度提高即知识权力提升，组织更易作出正确的决策（胡明霞，2015；白贵玉、徐鹏，2019）。史会斌、杨东（2017）则进一步研究了知识权力对创新过程的影响，研究发现高管专家权力和声誉权力使高管能更好地理解和洞察创新的过程和风险，因此知识权力可提升企业的探索式创新水平，并且有利于企业双元创新模式（探索式创新和利用式创新）的平衡。企业的战略决策更多地反映了决策制定者的认知模式与价值观，在有限理性的条件下，决策制定者的背景特征特别是知识和经验潜在地影响着企业的战略决策（Cao，2006），但在中国“官本位”根深蒂固的文化背景下（尉建文、赵延东，2011），知识权力很难独立作用于企业的创新活动，需有效利用以“官本位”为代表的结构权力才能有效促进知识权力作用的有效发挥。

（二）知识权力测量

组织内的知识权力测度相对简单，通常专家权力是组织内知识权力的主要表现，其知识量通常与教育背景、工作经历等相关，因此测量知识权力主要采用任职（Ghosh et al.，2014）、个人职位变化（Bigley et al.，2002）、教育背景（谢荷锋、刘姿、牟腊春，2017）等某一维度作为知识权力的代理变量。

然而权力是多维的，尤其是组织间知识权力呈现多样化特征，通过单维测量显然有失偏颇。现有文献已经提出了多种方法来测量网络内企业间的依赖/相对权力。根据资源依赖理论观点，Rinehart 等（2011）提出用资源的重要性、企业对资源的自由裁量程度以及替代方案的有限程度三个因素来确定交易双方的感知依赖程度，以供应商和买方的权力关系为例，如果现有市场仅有少数供应商供应关键商品或单个供应商垄断市场，那么买方依赖性高于供应商，供应商在这种关系中比买方更强大，因此供应商的权力大于买方。Cox（2010）通过检查买方是否能够获得足够的信息和资源来成功利用其选定的供应商来测量买方和供应商的权力大小，如价值链中供应商组件的主要客户数量、供应商在给定组件中的市场份额、买家购买特定组件的供应商数量以及供应商从单个买方获得的收入金额。Cox（2013）则利用金融规模、资源的关键性、替代资源的可用性以及更换供应商时的转换成本四个交换资源的影响因素来测量价值链中相对权力大小。党兴华、刘立（2014）将权力测度方法总结为权力依赖模型、权力控制方法、权力构成要素和资源要素投入四种，并在对知识权力测度文献进行评述的基础上将知识资源依赖划分为知识结构依赖和知识过程依赖，并以此为依据进行绝对知识权力测评。

但由于现有研究对知识权力的内涵本质理解存在差异，国内外学者主要还是通过开发量表测度知识权力。从知识权力的来源出发，学者们围绕知识关键性、不可替代性、中心性三个方面开发了量表（Wong et al.，2008）。多数学者对企业知识权力的测量从企业对自身知识资源的控制能力和影响力两个维度展开（李宇、陆艳红，2018），但不同学者测量重点有差异。王伟光、冯荣凯、尹博（2015）对知识资源的控制力维度进行测量，主要包括企业所拥有知识的难以替代性、难以模仿性和专业性；谢永平等（2011）对企业知识权力的影响力维度进行测量，主要包括对相关企业行为的约束力、对相关企业的影响，以及对相关企业的知识供给如技术指导、技能培训、咨询建议等；刘立、党兴华（2015）在相关研究的基础上开发了知识关键性和知识不可替代性测量量表；王建军、叶明海、曹宁（2020）以稀缺知识形成的不对等硬权力测量控制力，以知识优势形成的感召软权力测量影响力。

（三）知识权力的效用机制

各种力量交织形成的网络中，既存在领导者，也存在服从者，权力就随之产生。权力被视为网络内企业间“非对称伙伴关系”，网络需要依靠权力来规范和约束，权力的运用影响着网络的形成和发展，网络结构研究可以从全网、个网两个视角展开。

首先，从全网视角看，知识权力对全网的影响是研究重点。全网视角有助于鉴别不同类型的网络，并将知识权力与网络治理的整体绩效分析联系在一起。网络治理是治理主体通过权力实施来影响组织间关系进而实现绩效的提高的过程，是基于权力关系的网络行为者的利益博弈。从全网视角而言，与强迫、压制性的政治权力相比，知识权力具有生成性的效果，网络中企业间存在连接，往往成为信息传递、知识流动的渠道，网络结构可以被视为信息、知识等交换的依托，知识权力对网络整体产生一定的影响。党兴华、查博（2011）提出技术创新网络治理的本质是基于知识权力的网络组织间关系治理，技术创新网络作为知识经济市场环境下合作创新的重要组织形式，是基于知识资源的权力依赖关系的集合，并研究发现企业间关系质量在专家权、奖赏权和强制权三类知识权力与网络治理绩效之间均具有较强的中介作用。网络惯例作为网络治理中的核心要素，其形成与发展都离不开权力，尤其是知识权力。学术界围绕知识权力与网络惯例间关系的研究相对较多。卢艳秋、叶英平、肖艳红（2017）围绕产学研合作网络内核心企业的网络权力对网络惯例展开研究，发现网络权力可以协调分歧、达成共识、促进合作，因此对网络惯例形成有正向影响，并发现网络权力对网络关系有正向影响，核心企业频繁交流与细致沟通，能使合作对象产生信任感与依赖感等。魏龙、党兴华（2017）则将网络权力、网络搜寻和网络惯例纳入同一研究框架，研究网络权力与网络搜寻对网络惯例的直接与交互效应，发现网络权力与网络惯例呈正向关系，且进一步发现相比结构权力，知识权力对网络惯例的正向影响更强。徐可、何桢、王瑞（2014）则发现在技术创新网络内，知识权力积极显著影响规范性承诺和工具性承诺，相对地，结构权力虽然同样显著影响工具性承诺，但对规范性承诺没有影响，两种权力均对网络惯例有积极正向影响，并进一步发现规范性承诺和工具性承诺在知识权力与网络惯例间均起中介作用。He 等（2013）将权力视为网络内知识转移的中间途径，研究合作企业间权力如何影响知识获取进而影响供应链整体绩效，当供应链企业具有有限的备选方案或权力大者行使权力约束时，价值链网络间知识的流动增加，知识获取与供应链绩效之间呈正相关关系。李宇、陆艳红（2018）基于网络治理的角度研究核心大企业如何发挥知识权力的作用以提高集群整体的创新能力。

其次，从个网（网络内节点）视角看，知识权力如何影响节点行为是网络知识权力研究的重点。Liu 等（2016）研究表明，知识权力可以使企业支配更多的资源，如拥有重要研发资源与话语权的关键研发者可显著提升创新能力，知识权力通过吸引价值链其他成员企业与之建立连接进一步实现知识资源优化配置能力及创新能力。杨毅、党兴华（2018）研究发现，占据网络中心位置即网络权力表明企业拥有大量的网络联系和知识流，企业能够享有更多接触新颖性知识的机会，识别并创造更具多样性的知识资源。国内学者党兴华、张巍（2012）提出企业内部的核心知识能力是企业知识权力的基础，是决定企业知识权力最关键也是最重要的因素，而企业嵌入网络是企业获取网络知识资源以及体现其知识权力的基础和条件，并进一步提出创新能力是知识能力中的关键能力。Husain 等（2016）通过对印度的 IT 解决方案开发企业的研究，发现通过组织学习和创新过程产生竞争力，创新（人员创新与过程创新）在组织网络与竞争力关系中起中介作用。除了围绕知识权力对创新的影响外，也有学者展开了知识权力的其他研究。Benton 等（2005）实证检验供应链权力对供应商满意度的影响，结果发现权力影响的买方—供应商关系对绩效和满意度都有显著的正向影响。跨国公司部门或子公司作为独特的全球价值网络，其章程的变化构成了公司“市场”中横向或纵向竞争的一个强大特征（Andersson et al.，2007），因此跨国公司与子公司间存在知识权力博弈，如“对章程的内部竞争”“如何在国外市场竞争”“它们是如何组织的”“它们出国时面临的重要问题是什么”等问题显然与企业知识权力密切相关（Forsgren et al.，2015）。Cox（2013）考察了非领导型企业嵌入全球价值链以获得更多利润的方式及权力关系如何影响获取利润的方式，研究价值俘获的本质以及全球供给的权力关系，以及为适应在全球价值链中俘获更多利润所采取的不同类型的策略。

四、研究述评

通过对知识权力观的历史演变、知识权力概念内涵、知识权力的研究文献的系统梳理，从发展观、过程观、综合观进行文献整理，发现在知识经济时代，知识与权力的合二为一、融合在一起是无可争议的，知识与权力的现代二元融合观为研究企业管理提供了一个新的思路。但综观企业知识权力的研究，仍存在以下问题需要进行深入探讨：

首先，现有文献虽然围绕知识权力展开诸多研究，但对知识权力的概念内涵仍存在较多争议，且大部分知识权力的研究聚焦于企业，尤其是关注知识权力的损失，而对于企业间知识权力以及企业间知识权力提升的研究明显不足。

其次，现有文献虽然围绕网络内知识权力的研究取得了丰富的成果，但网络内知识权力的研究多数关注知识权力对网络治理及网络内核心企业的影响，如对网络治理绩效的影响、网络惯例的形成等，关注的对象多是网络整体或网络内核心企业，对网络内弱势企业知识权力的前因及如何得以提升鲜有文献涉及。但网络内弱势企业知识权力的提升是诸多中小企业关注的问题，对这一问题进行研究更符合多数企业发展要求。

第二节　全球价值链研究综述

全球价值链分析框架关注企业在全球范围内的交互活动和战略作用，为跨区域、跨产品的复杂生产交易活动，具有产品内分工、生产非一体化、地理碎片化、权力集中化的特点，为发展中国家企业国际化提供全新的视角，使研究者从单纯的生产或制造扩展到包含商品或服务所涉及的更加广泛的活动。

一、全球价值链概念

（一）企业价值链

全球价值链理论衍生于1980年波特《竞争优势》著作中价值链的概念。价值链指企业内部生产最终交易产品（或服务）所经历的基本活动（生产、营销、运输和售后服务等）和辅助性活动（原材料供应、技术、人力资源和财务等）。依据三个基本原则（具有不同的经济性、对差异化能产生很大的潜在影响、在成本中占有相当比例和该比例在不断上升）将企业内相互连接的各个环节分解为一些相互分离的活动。波特提出企业竞争优势来源于企业价值链。首先，竞争优势来源于价值活动本身，任何一项价值活动都是差异性的潜在来源；其次，竞争优势来源于企业价值链的内部联系即某个价值活动与另一价值活动的联系，如产品设计（辅助活动）常常影响产品的生产成本（直接活动）、加强对投入部件的检查可降低后续生产工艺过程中的质量保证成本等。企业的竞争优势既可以来源于独具优势的价值链活动本身，也可来源于企业价值链内部联系的协调和优化。

波特还认为，企业内价值链和企业间价值链的相互作用共同构成了价值系统。波特对企业价值创造活动的分析已经拓展至企业间，且波特价值链理论从企业内扩展至垂直一体化的跨国集团并不限于一国范围内，这正是全球价值链的理论基础，但由于当时并未出现大范围的跨国公司浪潮，因此波特的价值链理论的衍生含义并未被挖掘。

与此同时，Kogut（1985）认为，国家禀赋优势和企业的竞争能力的综合作用才能够决定企业和国家融入全球经济中的竞争优势；同时他提出了价值增值链的概念，将微观的企业价值链垂直分离和宏观的全球空间分配相结合，进一步拓展了波特对价值链的定义，为全球价值链理论的提出奠定了基础。

（二）全球商品链

随着全球化的不断发展，越来越多的学者关注到全球供应链和生产链逐步被分割、外包，生产环节日益细化、生产空间逐步分离。全球商品链（global commodity chains，GCC）的概念由 Gereffi 等（1994）提出，他认为，在世界经济体系中围绕某一商品或产品而发生联系的家庭作坊、企业、政府等形成了国际网络关系，商品链的具体工艺流程或部件通常表现为通过网络关系连接在一起的节点或节点的集合，商品链中任何一个节点的集合都涉及组织、劳动力供应、运输、营销和消费等内容，并把主导企业及其对全球化的影响作为全球商品链框架的研究重点。Gereffi 将主导企业的驱动力分为生产者驱动和购买者驱动两种类型。主导企业在供应商、零售商、分销商、经销商、承包商以及中间商品和服务提供商等所组成的全球商品链治理规则构建（如控制生产价格、执行标准、交货时间等）的诸多方面起着决定性作用，以实现利润最大化并设置有利于自身的进入壁垒。

GCC 强调全球化生产存在于商品的不同生产阶段、不同合作组织间的系列跨境交易中。GCC 方法重点围绕特定商品的生产，将其价值环节分割，分析分散于全球空间各环节的附加价值，其研究对象主要为制鞋、服装、电子、汽车等产业。围绕全球商品链的研究，衍生出了价值链驱动理论，该框架聚焦于购买者驱动和生产者驱动的全球商品链治理案例研究（张辉，2004），有助于认清全球化背后的驱动力和交换关系。但在对具体领域和产业进行分析的过程中，学者们发现 Gereffi 关于全球商品链的两种驱动类型过于简单且抽象。Clancy（1998）在研究旅游业的国际化时发现，旅游服务活动与制造业活动以不同的方式国际化，但其组织或治理结构不符合全球商品链两种驱动模型，既不属于生产者驱动，也不属于购买者驱动。Gibbon（2001）的研究也发现，二元驱动理论无法准确解释初级产品所形成的全球商品链治理，全球商品链理论受到挑战。

（三）全球价值链

随着国际分工和国际贸易的深化，特别是 21 世纪初模块化生产和标准化生产的介入，全球商品链理论下的治理二元极端模式无法解释众多发达国家的技术密集型企业将大量的制造环节外包而非留置企业内部的现象。在产品内分工迅速崛起的全球化时代，“商品”概念（通常指大量生产的标准化产品）过于关注差异产品的贸易掩盖了部件和中间产品的生产和交易占比越来越大的事实，是全球价值链治理理论受到限制的根源。在产品内分工出现国际化的背景下，价值创造的内涵、外延和形式已超出“商品”范畴，而价值链的概念能够容纳更广的分析对象，更好地揭示经济活动的一般规律，也更形象地体现了价值增值的过程。以英国 Sussex 大学的发展研究所为阵地的诸多学者开始采用“全球价值链”来代替“全球商品链”进行相关研究（Schmitz，2002；秦升，2014）。

Sussex 大学发展研究所将全球价值链定义为全球范围内产品的设计、

生产、营销、分销、品牌建设以及售后服务等所有可以创造价值的阶段。这一概念重申全球价值链活动既可集中于某一企业的跨国作业，也可分散于全球的多个企业合作完成。通过考虑生产的特定阶段而不是整个生产过程的竞争力，企业可以与全球价值链相结合实现增值与扩张。2002 年，联合国工业发展组织在《2000—2003 年度工业发展报告》中明确提出，全球价值链指在全球范围内为实现商品或服务价值而连接生产、销售、回收处理等过程的全球性跨企业网络组织，涉及从原料采集和运输、半成品和成品的生产和分销直至最终消费和回收处理的过程。强调全球价值链不仅由大量互补的企业组成，而且是通过各种经济活动联结在一起的企业网络的组织集，关注的焦点不只是企业，也关注契约关系和不断变化的联结方式。全球价值链理论有四个关键维度：链的投入产出结构，将有形资源的流动与无形知识的流动联系起来；生产和分配网络的空间结构（属地性）；价值链主体之间的治理结构和相关的权力关系决定了价值链上金融、物质和个人资源的分配；行为者在体制框架内的嵌入性。相应的全球价值链治理理论的核心从最开始的全球商品链的驱动机制，转向全球价值链下企业间协调和连接机制（Gereffi，Humphrey and Sturgeo，2005）。

“价值”概念虽然突破了“商品”概念的狭隘范畴，但学者对全球价值链的概念也不乏质疑。Dicken 认为全球价值链意味着线性的生产流程，而实际生产是环形的且不断反馈的过程。全球价值链涉及的不仅仅是生产过程的垂直分割，零件和组件由不同的企业在不同的国家生产或集成，然后沿链条顺序组装或在最终位置组装，更涉及链条上每个参与者全方位维度。因此全球价值链概念中“链式方法”因为呈现的是价值链上下游间线性关系和过于静态的系统观点而受到批评（Goodman and Dupuis，2002；Raynolds，2002）。“链”代表关系企业间的商品或服务从生产到交货、消费和服务等一系列纵向维度，而“网络”则代表所有参与者涉及的纵向维度和横向维度，从这一角度讲，全球价值网络概念更能准确地覆盖现有全球价值链概念的范畴，但考虑到全球价值链分析工具的适用性，本书中的全球价值链概念包含更广泛的全球价值网络概念。

二、全球价值链核心理论

（一）全球价值链二元驱动理论

价值链的碎片化形成了跨边界生产网络，贸易一体化和生产非一体化促进了跨企业的合作。跨界生产网络的地理空间碎片化和企业集中化日益复杂，如何将碎片化的活动协调起来？Gereffi 提出了链“驱动者”理论对分散化的跨国活动进行治理。根据“驱动者”差异将链分为生产者驱动型和采购者驱动型（Gereffi and Korzeniewicz，1994）。生产者驱动型价值链具有资本集中、知识集中的特点，通常由发达国家的大型制造商扮演主导企业，利用对外直接投资达到向后控制原材料供应商的目的，同时与分销零售商建立前向密切联系，以此实现对全球价值链的控制；采购者驱动型价值链具有品牌优势、设计优势、市场权力等特点，通常由大型零售商（如沃尔玛、特易购）和品牌商（如耐克、锐步）通过使供应商满足某些标准操纵价值链（Dolan and Humphrey，2004），在奉行出口导向的发展中国家建立生产网络，并利用标准优势达到控制目的。

二元驱动价值链理论主要关注初级产品（如农产品、石油、矿产品等）或低附加值产品（如简易服装），制约了价值链与复杂产品之间关联的研究，也因太过简化受到抨击（Talbot，2009；Sturgeon，2013）。Ponte 和 Sturgeon（2014）指出，价值链概念必须反映增加值，需要对经济活动进行全面聚焦，要求将人力资本、自然资本、物质资本转换成经济租金，并通过相互关联的资本系统实现积累。显然二元驱动理论离全球价值链的本质要求还很远。

（二）全球价值链治理五模式理论

随着价值链从狭隘的链驱动者视角转向更复杂环境嵌入下的协作视角，Gereffi 等（2005）利用交易成本理论、生产网络理论、技术能力与企业学习理论识别出决定全球价值链治理模式的三个重要变量：交易复杂度、交易编码能力、供应基础能力。①交易复杂度即维持特殊交易所需信息和知识的复杂度，特别是考虑到产品和工艺。②交易编码能力即信息和知识可被编码的程度，可编码度越高，转移效率越高，交易团体之间也就越不存在交易专用性投资。③供应基础能力即与交易要求相关的实际和潜在的供应商能力。

Gereffi 等（2005）在网络关系类型①的基础上，根据三个维度建构五种价值链治理理论，如表 3-1 所示。每一种治理类型都代表了利益和外包风险之间的权衡。根据买供间的显性协调（explicit coordination）② 和权力不对称性，形成五种治理模式即市场型、模块型、关系型、俘获型、科层型。处于两个极端的是市场型和科层型，市场型有低的买供间显性协调和权力不对称性，科层型则有高的买供间显性协调和权力不对称性。

表 3-1　GVC 治理五模式及其决定变量

治理模式	交易复杂度	交易编码能力	供应基础能力	合作和权力不对称程度
市场型	低	高	高	低
模块型	高	高	高	↓
关系型	高	低	高	↓
俘获型	高	高	低	↓
科层型	高	低	低	高
其他模式 1[a]	低	低	高	
其他模式 2[a]	低	低	低	
其他模式 3[b]	低	高	低	

注：a. 低的信息复杂度与低的交易编码能力下，无论供应商的能力是高还是低，这两种组合均是不存在的。b. 如果复杂度低而可编码性高，供应商却没有能力满足买家的要求，那么这种供应商就会被排除在链外。虽然这种情况不会产生价值链类型，但这是一种相当普遍的情况，随着对供应商要求的提高，很可能会发生。这种情况是发展中国家供应商和产业升级政策需要关注的地方。

① 网络关系类型：模块型网络、关系型网络、俘获型网络（Gereffi，Humphrey and Sturgeon，2005）。

② 显性协调：经济活动中合作的非市场化形式（Gereffi，Humphrey and Sturgeon，2005）。

五种治理模式的显性协调和权力不对称的双图谱可以通过图 3-1 进一步展示。由图 3-1 可知，与组织理论一样，从交易成本到全球商品链，企业间的平行市场关系和企业内的垂直整合科层制关系组成了显性协调图谱的两个极端，网络关系组成了价值链治理的中间模式。在模块型治理模式中，丰富的信息流在企业交界面进行交接时会变窄，使各个交易伙伴在它自己的企业边界上管理隐性知识。在模块型和关系型治理模式中，客户为供应商提供物料投入，两种治理模式与市场型治理模式在产品和服务相关交易方面一样，可以公平地选择交易方式。

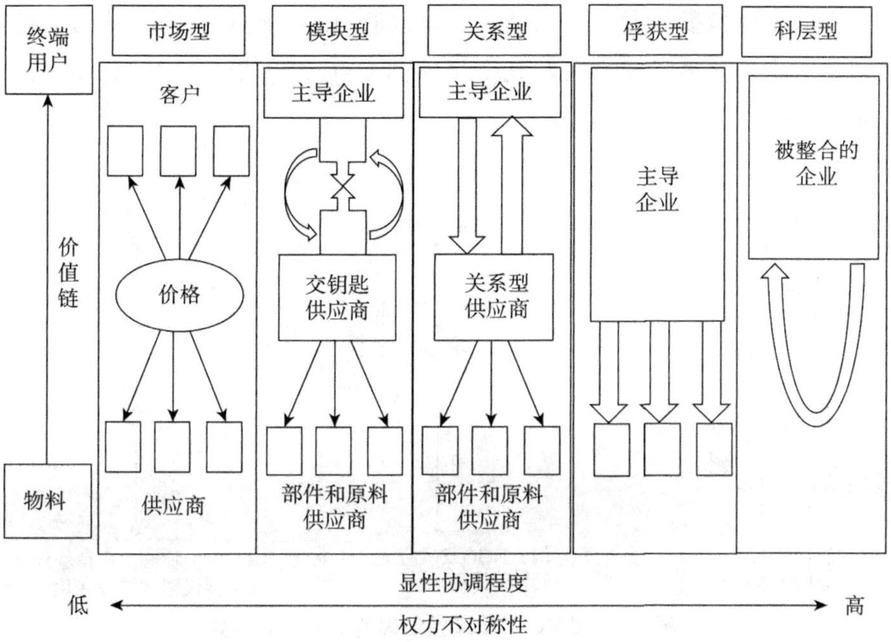

图 3-1 显性协调和权力不对称的双图谱 GVC 治理五模式

注：图中小线箭头代表基于价格的交易，大箭头代表通过丰富信息流的显性协调监管和控制。

（三）全球价值链可持续性理论

Bush 等（2015）首次提出全球价值链可持续性治理概念，将二元驱动机制和五模式所忽略的政府和非企业参与者对链的组织作用纳入全球价值链治理模式中（Yeung and Coe，2014）。Bush 等（2015）基于组织内外二分法视角提出了三种治理模式，如图 3-2 所示。内部视角关注两种关系：第一种强调价值链管理的功能可持续性即链内 GVC 可持续性治理（governing in chains）；第二种强调对链的可持续性管理的控制即链的可持续性治理（governing of chains）。外部视角关注如何通过生产链和生产网络实现可持续性治理即链外可持续性治理（governing through chains），这种视角下的治理通过增加水平连接实现，因此超越了链内合作和管理。通过链外治理可以捕捉到 Ponte 和 Gibbon 在 2005 年提出的所谓的常态型治理，即外部非企业型参与者（如消费者、非政府组织、政府机构）的信息结构性流动以常规的形式反过来对某个特殊的 GVC 产生影响（Ponte and Sturgeon，2014）。

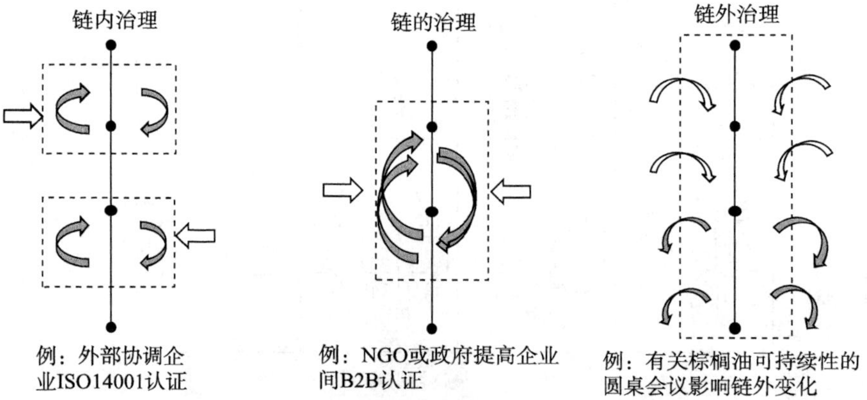

图 3-2　GVC 可持续性治理的三种理想方式

注：空心箭头代表进入链，意味着对企业参与者产生影响的外部治理；实心箭头表示与治理相关的企业影响链的内部和外部。

链内可持续性治理要求链上参与者中的私人企业必须以提高它们的社会绩效和环境绩效为目标，关注私人企业管理系统中的绩效指标要实现对供应商的有效控制以使社会风险和环境风险最小化，尤其是对“绿色生产”（green-products）的关注。链内可持续性治理扩大了企业社会责任的外延（corporate social responsibility，CSR）。

链的可持续性治理与 Gereffi 等（2005）提出的协调分类范式有关，即靠主导企业对链上参与者进行引导。从可持续性视角看，主导企业主要是下游企业，通常来自发达国家，设置市场条件带动下游发展中国家生产活动的改进（Cattaneo et al.，2013），如生产质量和标准、转移知识和技术、供应商的环境绩效改变。

链外可持续性治理涉及一套将链视为影响生产和消费的社会条件和环境条件的规范和规则。与前两种治理不同，链外治理既不是企业层次上的 CRS 系统，也不是链间协调，而是更广泛意义上的治理，涉及更多的网络参与者以及他们推动可持续性生产和消费实践的业务活动，捕捉链和企业参与者间的交互作用，强调社会公民组织在链外治理上扮演的积极角色。链外可持续性治理围绕多群体利益、自愿认证体系等规范、功能和影响后果等诸多治理安排的关键问题，打破了私人治理的局限。

三、全球价值链网络嵌入研究

Granovetter（1985）提出嵌入性理论，用以研究行为和制度如何受社会关系的影响。Uzzi（1996）认为嵌入是一个相对于市场具有独特机会的交换系统，处于网络中的企业比那些保持一定市场关系的企业有更高的生存机会。Nahapiet 和 Ghoshal（2000）则认为嵌入性理论描述的是社会关系影响经济运行的一种形态，它强调的是交易双方持续进行的关系对经济活动所产生的具体影响。"嵌入性"将社会网络理论引入经济领域并将经济与社会更客观地联系在一起，突破了传统经济学对研究对象个体原子化的假设，开拓了经济学、管理学研究的新领域（郑方，2011；张惠琴等，2016；朱丽等，2017），并一致认为网络嵌入有利于企业知识共享和转移知识。

荷兰的一组研究人员将链与网络两条线结合起来，开发了所谓的网络链方法（Lazzarini et al.，2001；Omta et al.，2001）。所谓网络链，即由某一特定行业或集团内的公司之间的横向联系组成的一组网络，因此这些网络（或层）是根据不同层次的企业间的纵向联系顺序排列的。在农业食品研究领域，Raynolds（2002）采用“网络类比”概念，强调各种个人和集体社会主体之间物质、讨论和知识资源的多向流动。社会网络理论中的嵌入理论强调价值链利益相关者之间的横向关系，“全球价值链网络嵌入”在嵌入理论的基础上，将链与社会网络糅合在一起，从而丰富了价值链研究方法。

Johanson 和 Mattsson（1987）等最早利用嵌入理论研究新兴经济体跨国子公司如何通过网络嵌入提升在东道国市场的适应性，将企业所处的产业环境和市场环境视为网络形式，企业国际化的过程正是不断嵌入全球网络联结关系的过程。此后，利用网络嵌入理论探究企业融入全球价值链网络问题日益受到学者的重视。Johanson 和 Vahlne（2009）根据企业业务实践和理论进步的变化，将商业环境视为一个关系网络而非众多独立的供应商客户，强调信任建立和知识创造，并提出新知识是在嵌入国际化的关系中发展的。国内学者许晖、单宇（2018）也基于网络嵌入视角，以 4 家新兴经济体跨国企业子公司进行多案例比较研究，研究全球价值链科层治理模式下子公司在东道国市场的网络嵌入特征、演化路径和演化机理，并提出网络嵌入内部维度间存在一定的耦合性，通过不断调整内部维度间耦合程度以达到相互匹配和协调适应的状态，最终实现对东道国市场的适应。考察全球价值链网络嵌入不仅强调不同参与者之间的关系，还关注价值链中企业之间的关联效应，能够较好地捕捉创新机会（张天顶，2017；郑方、彭正银，2017）。

全球价值链网络嵌入的实证研究，从维度数量看，主要围绕单维度的全球价值链网络嵌入度展开研究。由于生产过程越来越多地涉及遍布全球各国的连续垂直贸易链，每个国家各自专注于商品生产顺序的特定阶段，Hummels 等（2001）首次提出垂直专业化（vertical specialization share，VSS）测算框架，即以进口中间投入品占出口产品价值的比率进行测度，以 10 个经合组织和 4 个新兴市场国家的投入产出表测算垂直专业化，衡量各国全球价值链网络嵌入水平。许冬兰等（2019）、刘宏曼等（2019）研究全球价值链网络嵌入度时均采用基于世界投入产出表的垂直专业化水平作为替代指标。对全球价值链网络嵌入程度的宏观估算研究多基于非竞争性的投入产出表的测算方法，但进一步提出了其他测量方式。耿伟、郝碧榕（2018）在研究全球价值链网络嵌入位置对高低技能的劳动收入差距影响的理论机制时，考虑下游度指标的测算包含了“工序构成”的内涵，采用下游度指标刻画一国特定行业在全球价值链中的嵌入位置。Vries 等（2019）在对 11 个亚洲国家全球价值链的参与程度和升级速度进行研究时，基于国际投入产出表提出结构分解的方法，探讨贸易、消费和技术变化在解释各国参与全球价值链的变化中的作用。但基于投入产出表的宏观测算因受制于产品进出口分类标准过于宽泛所带来的研究局限性，如投入产出表不能反映企业异质性、数据不具有连续性（每隔五年更新）等导致无法对各行业全球价值链网络嵌入程度进行严谨的计量分析。因此，Koopman 等（2010）在“国际投入—产出表”（the World Input-Output Tatiles，WIOTs）的基础上提出国内增加值比例法（trade in value added，TiVA）。TiVA 统计标准与方法建立在 WIOTs 提供的数据基础上，重新核算世界各国贸易额，为重新考察 GVC 内国际分工地位提供了新的研究方法和更加接近现实的、更为准确的统计数据。现有测算全球价值链网络嵌入水平的中观研究多以增加值贸易为其主要指标，尤其是中国学者从增加值贸易角度对其国内制造业、高技术产业等在 GVC 中的地位进行了较为充分的测算与研究。赖伟娟等（2017）、康淑娟（2018）利用 TiVA 数据和增加值贸易测算中国制造业及子行业的全球价值链网络嵌入度，孙学敏等（2016）则利用中国微观企业数据以企业出口国内增加值率衡量价值链嵌入程度。

全球价值链网络嵌入的实证研究，从维度属性看，主要围绕全球价值链网络嵌入特征展开。网络嵌入描述的是社会关系影响经济运行的一种形态。嵌入性是一个复合概念，它强调的是交易双方持续进行的关系对经济活动所产生的具体影响，可以在不同维度上进行分析。刘维林、李兰冰、刘玉海（2014）将全球价值链网络嵌入分为产品嵌入和服务嵌入两个维度，分别考察其不同的嵌入程度，认为产品架构即供应链条上产品制造上、下游环节之间的关系与功能架构即功能链条上制造环节与两端服务环节的关系共同构成了出口制造企业全球价值链网络嵌入的两个维度。Nahapiet 等（2000）根据社会资本理论将嵌入维度划分为结构嵌入、关系嵌入、认知嵌入，嵌入维度对网络间组织关系和网络治理模式产生的影响不同，也使嵌入者获取的知识转移和创新效应不同。Cowan 等（2007）研究创新网络形成的模型时，重点考察出企业选定合作伙伴时只考虑知识生产对网络形成的影响，网络合作的有效性取决于认知、关系和结构的嵌入，因此将网络嵌入分为认知嵌入、关系嵌入和结构嵌入，网络内企业成功实现创新一定程度上取决于企业的知识互补程度，而关系嵌入、结构嵌入增加了创新的可能性。赵文军、王学东（2012）也提出虚拟网络嵌入应包括结构嵌入、关系嵌入、认知嵌入三个维度。Kim（2014）从社交网络视角研究供应商嵌入性时，将网络嵌入仅分为结构性嵌入和关系性嵌入，并进一步研究如何通过关系性嵌入将结构性嵌入转化为企业绩效，发现关系性嵌入可以正向调节企业供应链网络结构配置对企业绩效的促进作用，即关系性嵌入与结构性嵌入存在耦合关系。众多国内学者如张贵、孔月辉、刘泽阳（2017）也基于结构嵌入和关系嵌入视角进行了相关研究。

四、研究述评

通过对全球价值链概念、全球价值链核心理论、全球价值链网络嵌入三个方面相关文献的系统梳理，发现全球价值链治理外在表现为跨区域、跨行业的企业间形成的产品链、供需链和企业链的合作与竞争，但本质是以知识为核心的全球价值链知识权力的追逐。综观企业知识权力的研究，仍存在以下问题需要进行深入探讨：

第一，全球价值链的研究非常广泛，涉及全球各类行业，而全球价值链框架也已被许多关注经济发展的重要国际组织采用。但全球价值链的研究对象和研究内容多以服务发达国家为目的，研究聚焦于领先企业，而对新兴经济体的企业研究相对较少。

第二，在全球价值链发展的刺激下，用于测量 GVC 链接的数据和方法取得了快速的进步，但现有研究多以宏观和中观的数据为依据，忽略了全球价值链微观框架内的真正参与者，特别是鲜有文献从微观层面探讨全球价值链网络嵌入带来的影响。

第三，现有文献对全球价值链网络嵌入的影响进行了有益探索，但文献对全球价值链网络嵌入带来的引致效应存在“生产率效应”和“技术陷阱”的争议。对企业在参与全球价值链过程中，如何在全球价值链网络嵌入获取资源的同时避免陷入“技术陷阱”，需要进行深入探讨。

第三节　创新能力研究综述

因创新过程更具不稳定性、不确定性，在日益变化的环境中，对创新的研究也呈现差异化，在创新能力内涵、创新能力结构、创新能力测量上，不同学者基于不同的出发点提出不同的观点。

一、创新能力的内涵

日益变化的环境中，创新被视为竞争优势的重要来源。对企业创新能力的定义有多种，学者基于不同的出发点提出不同的观点。“创新先知”熊彼特在20世纪20年代后期创造性提出创新概念，突出强调新颖性。根据熊彼特的观点，任何改变都是创新，如一个好的品质、一种新的生产方法、一个新的市场、新的供应来源或一种新的组织结构等，并将创新概括为“以不同方式做事”。显然，熊彼特从结果上界定了创新。基于熊彼特对创新的界定，学术界也多延续结果的角度对创新能力展开研究，特别是早期研究往往只关注研发工作，将企业创新能力默认等同于技术创新，将创新能力界定为“企业产生新产品、新工艺以及改善现有产品与工艺的能力”（Koc and Ceylan，2007）。因此产品创新或技术创新是早期创新能力文献研究的主题，仅有少部分文献突出对过程的关注（Crossan and

Apaydin，2010）。Szeto（2000）较早关注创新能力的过程，将创新的内部条件和市场条件结合起来，提出创新能力即开发新创意并将之转化为新产品、新工艺或新系统以响应并改变市场条件的能力。Plucker 等（2004）较早将创新能力的过程与结果融合，提出创新能力是能力、过程和环境互动的结果，是人或群体在社会语境下产生新颖性和有用性统一的感知。Plucker 等的研究虽然关注的是企业内的创新能力，但其对创新能力的研究提出了一个关键问题，即创新能力虽然是与生俱来的，但仅靠先天资源是远远不够的，需要进一步与社会文化环境互动才能得以提升，引起学者从更动态、更广泛的角度关注创新能力。从创新能力的“动态化”看，能力刚性悖论意味着企业要应对由于路径依赖、惯性或认知导致的核心能力僵化问题，就必须不断开发新产品、新业务并建立创新能力。创新能力的分散研究揭示了创新能力的多维性质，需要一个全面的多维框架整合组织创新的多个方面。

Kogut 和 Zander（1992）首次提出基于知识基础观研究创新能力，指出创新产生于不同知识元素的合并与重组，提出创新能力指企业重新组合、动态地创造新知识的过程，企业之所以比市场做得更好，就是因为组织内个人和团体知识的共享和转移，通过知识创造的创新来达到阻止模仿的目的。Lall（1992）在研究微观技术发展的本质和决定因素时，虽然也将创新能力局限于技术能力，但也吸收了创新的知识基础观，提出创新能力是企业对所需知识的吸收、管理从而完善现有技术并创造新技术的技能。Nonaka（1994）也指出，应从知识创造的动态视角来审视企业创新活动。知识观下的创新能力研究将知识观和资源基础观融为一体，多数学者均提出，创新的资源是知识，创新能力也即是知识管理能力。Grant（1996）认为，从知识基础角度看，创新的产生就是知识元素的组合过程。Zhao 等（2005）在研究新加坡制造企业的技术采购类型与创新能力的关系时，也提出创新能力是通过知识运用来获取市场价值的过程。Lawson 和 Samson（2014）提出，创新能力是可以持续不断地将知识和创意转化到新产品、新流程和新体系中并可为组织创造收益的能力。丰富多样的知识让企业在面临不断变化的环境时能够更加精准预测并识别各种商机，让企业能够迅速对不确定的经济和商业环境做出反应，基于知识的创新能力可以防止被追随者或竞争者模仿（陈岩、张红霞、王琦，2018）。

动态和整合的观点拓宽了对创新能力内涵的理解（Lichtenthaler and Lichtenthaler，2009），但创新研究的主流仍侧重于企业内部的创新过程（Ferrary and Granovetter，2009）。多数研究突出了创新能力是一种基于知识管理过程的能力，但并没有进一步指出这种过程能力的内在构成，对企业创新的社会性要素关注尚存在欠缺。张军、许庆瑞、张素平（2014）认为仅基于内部过程的创新能力定义属于同义反复式定义，没有触及创新能力的本质。近年来，将创新能力分析扩大至社交网络支持的企业间互动的研究开始增多。创新既包括内部构想，也包括外部采用的创新（生产或采用），不仅仅是一个创造性过程，也是增值过程，创新具有相对的可能性而非绝对新颖性（创新可能是其他组织的常见做法，但如果它对研究中的单位来说是新的，那么它仍然会被认为是创新）。新的创新能力的解释引起了学者们对创新能力的两个角色（过程和结果）的关注。创新是组织（企业）通过内外部合作，对现有资源进行产品改进或研制新技术、开发新产品的管理过程（Louçã，2014）。特别是开放式环境对传统创新的企业边界视角提出质疑，更需要一个新的框架以检验企业在开放式创新流程中管理知识的能力。企业是“社会—技术”系统，创新能力既包括组织要素，也包括社会要素；既包括硬技术要素，也包括软技术要素，如制度创新能力、管理创新能力、服务创新能力、营销创新能力和组织创新能力等。学者们将组织中除研发部门之外的组织、计划、服务、营销等部门的创新能力统称为非研发创新能力（郑刚、陈箫、雷明田子，2019；朱娟、李永发，2019）。Lillis 等（2015）专门针对企业如何在运营中提升服务创新能力进行研究，提出组织的创新能力源于能够应用资源的技能和能力，即创新能力是为了提升企业利益，不断将知识和想法转化为新产品、流程和系统的能力，并提出企业技术运营能力和行为能力相结合时更能促进服务创新能力的发展。通过“考虑组织内部和外部的知识的探索、保留和利用，动态管理企业知识库”的综合观点，Grigoriou 等（2017）也提出创新能力是基于内部知识网络和外部知识采购的综合知识管理能力。

二、创新能力的结构

创新能力的结构主要有两种研究视角，即过程观和要素观。

（一）过程观

过程观即认为能力演进过程是子能力从量变到质变的重构过程。现有文献主要围绕新产品开发过程探讨创新能力构成。Freeman（1987）认为创新是由发明和市场两个过程整合而成，Turkenburg（2002）认为创新可分为研究开发到示范、扩散三个阶段，Bamfield（2004）则将其进一步细分为试探研究、工艺开发、试制、市场启动、生产和销售五个阶段。创新能力过程观揭示技术创新能力是从研究开发到工程化、商业化的一系列多环节的综合能力，且这些过程能力之间互相影响，前一个过程能力的高低必然影响后一过程的实现。根据创新能力的过程传递性，Turkenburg（2002）提出创新价值链概念，认为创新是连续的、系统的、多阶段的过程；余泳泽、刘大勇（2014）借鉴其创新价值链概念，将创新过程分为知识创新、科研创新和产品创新；康淑娟（2017）则将其分为知识创造、技术吸收和成果转化三个阶段。Crossan 和 Apaydin（2010）提出组织创新具有多维性，将创新的核心过程归纳为创新发起、组合管理、开发与实施、项目管理以及商业化等序列性串联过程。Forsman（2011）、许庆瑞等（2013）、陈力田等（2014）认为创新能力是对不同来源的基础技术知识的高级处理能力，在处理知识的过程中需要同化、集成、创造能力，因此将创新能力结构分为知识同化能力（即同化外部技术知识的能力）、知识集成能力（即集成不同来源技术知识的能力）和知识创造能力（即创造内生性新技术知识的能力）。

（二）要素观

要素观即将企业作为创新系统探讨创新能力的构成要素。艾米顿

（1998）提出，企业具有持续的创新能力必须依托组织内部相互关联的因素，并将这些因素归纳为绩效、结构、人员、过程和技术五种，创新能力正是这五种要素的协同互补。Guan 和 Ma（2003）则提出七个要素的创新能力结构，包括学习、研发、制造、营销、组织、资源分配和战略规划，并认为仅靠核心要素（研发、制造和营销）无法实现可持续的竞争能力，但若将其他四个要素补充进来则不仅可使企业的技术资产渗透到整个能力整合中，还可使企业获得可持续的国际竞争力。也有学者将企业作为技术创新系统探讨创新能力的过程构成要素。Hueske 和 Guenther（2015）从阻碍、延迟创新的各种潜在因素，反向研究了创新能力的要素构成，提出外部环境（外部利益相关者：投资者、潜在员工、供应商、竞争对手、客户等）、组织要素（战略、结构、规模、组织学习、组织文化）、团队（团队结构、团队氛围、团队流程、成员的构成、领导风格）和个人（管理者的态度和能力、员工的态度和能力）等是创新能力的主要内容。张玉娟、汤湘希（2017）将创新能力视为与企业核心竞争力密切相关的各种因素协同作用的结果，具体包括科研创新能力、合力创新能力、绩效创新能力三个维度。其中科研创新能力是企业创新能力的核心；合力创新能力是指组织、管理、提升和协调各种关系的能力，又包括组织创新能力、市场创新能力和人力创新能力；而绩效创新能力则是从结果，如资产管理效率、盈利能力和发展潜力方面对企业的创新进行评价。随着 O'Reilly 和 Tushman（2013）提出组织具有探索和利用的能力也即双元能力（ambidexterity capacity）概念的兴起，众多学者提出二元创新能力结构。肖丁丁、朱桂龙（2016）在研究开放式创新环境下跨界搜索对企业双元创新能力的影响时，提出创新能力结构指创新主体通过参与不同类型科研活动而处于技术供给链不同职能环节的一种能力状态，借鉴 March 提出的“探索”与“开发”双元能力，将创新能力结构分解为探索能力与开发能力；胡京波等（2018）则将创新能力结构分解为依赖现有知识的利用式创新能力和注重开发新知识的探索式创新能力；也有学者如 Blanchard（2017）、陶晓波等（2019）根据对现有路径或方法的依赖程度等将创新能力分为渐进式创新能力和突破式创新能力。

三、创新能力的测量

由于创新的多维特征使其测度研究呈现碎片化，创新能力测度也较为模糊，归纳起来，对创新能力的测量主要有三大类（见表3-2）。

表3-2 不同学者对创新能力的测量

相关学者	测量方式
于茂荐、孙元欣（2017），张骞、吴晓飞（2018），张玉娟、汤湘希（2017）	分为单一指标测量和综合指标测量。利用单一指标创新投入或绩效产出测量创新能力如科研项目、R&D经费、新产品数、新产品产值、专利数。综合创新投入和创新产出的多重指标，以创新绩效和创新效率代替测量创新能力
Turkenburg（2002），余泳泽、刘大勇（2014），康淑娟（2017），冯泽等（2019）	根据创新价值链各环节特征一一进行测量。如将创新能力分为知识创造、技术吸收和成果转化三个阶段，分别以技术发明（专利技术和论文数量）、应用性研究能力（工艺创新、新项目开发数量）、转化成果（新产品销售收入、新产品价值、出口交货值等）指标进行测量
He和Wong（2004），宋志红、陈澍、范黎波（2010），张军、张素平、许庆瑞（2014），盛伟忠、陈劲（2015）	根据创新能力特征将其分为不同维度，分别进行测量，如将创新能力分为二元能力即开发能力和探索能力。探索能力测量题项如“引入新一代产品”“扩展产品范围”“开发新市场”等，开发能力测量题项如“提高现有产品质量”“提高生产柔性”等

第一类，将创新能力视为整体，以宏观产出和投入替代指标进行测量。创新能力的测量实证研究多从资源投入（如企业研发强度与研发人员数等）与绩效产出的视角进行，单一指标测量以新产品数量、新产品产值、专利数等居多（于茂荐、孙元欣，2017；张骞、吴晓飞，2018），综合测量以创新绩效和创新效率代替测量创新能力居多，如沙依甫加玛丽·肉孜、邓峰（2019）用熵值法对创新投入、创新产出以及创新环境各指标进行计算得出综合指标来衡量区域创新能力。

第二类，从创新价值链角度测量创新能力。近年来，有部分学者提出创新能力在不同的阶段展示不同的能力差异，提出创新价值链概念

（Turkenburg，2002），并从价值链角度测量创新能力（余泳泽、刘大勇，2014）。康淑娟（2017）将创新过程分为知识创造、技术吸收和成果转化三个阶段。知识创造阶段强调对知识原理演进和理论模型推导的能力，以技术发明如专利技术和论文文献的非专利技术进行测量；技术吸收阶段则是技术检测、成果试制等应用性研究能力，利用工艺创新（新工艺）、新项目开发数量等进行测量；成果转化阶段主要是对工程（标准）设计、产品推广宣传等方面进行有针对性的、有效的工作安排能力，以新产品销售收入、新产品价值、出口交货值等指标进行测量。以各阶段创新效率评估创新能力。冯泽、陈凯华、戴小勇（2019）综合"投入—产出—收益"价值链视角以企业研发投入、研发产出、经济收益分别测量企业创新能力。

第三类，开发创新能力的量表进行测量。与现有大多研究以"创新结果（创新绩效或创新效率）的定量指标反推创新能力"不同（张军、许庆瑞、张素平，2014），量表开发式的题项测量将创新能力视为一种动态能力，嵌入企业经营的"管理与组织过程"。He 和 Wong（2004）将创新能力分为二元能力即开发能力和探索能力，探索能力测量题项如"引入新一代产品""扩展产品范围""开发新市场"等，开发能力测量题项如"提高现有产品质量""提高生产柔性"等。宋志红、陈澍、范黎波（2010）采用"两两比较"的测量方法，以 5 个测量题项如与竞争对手相比组织能够更快地推出新产品或服务、开辟新市场、进入新市场等进行对比测量。张军、张素平、许庆瑞（2014）多次提出创新能力是一种动态能力，创新能力包括变异感知能力、信息诠释能力、创新决策能力、实施实现能力四个维度，凸显企业对来自网络的知识搜索、知识内化、知识组合以及知识再创造的"社会—技术"的系统理解。盛伟忠、陈劲（2015）在前人研究的基础上，结合企业创新流程与制造业中小企业特征，提出企业创新能力测度指标应体现在机会识别能力、灵活的实现能力和商业化能力三个方面，对成熟量表（机会识别能力量表）的整合和部分要素量表的开发（创新倾向量表、前瞻性与创新承诺、组织管理能力和创新文化因素量表）形成企业创新能力的自我测度测量量表。

创新能力的实证测量本质上是将创新能力概念化为一个过程或一个结果，测量虽有助于将其分解为一系列单独的研究，但其测量结果却缺乏整体框架，涵盖将想法转化为有用和可销售产品所需的一系列内外知识融合的活动过程，即指标测量存在概化效度有限问题（Adams，Bessant and Phelps，2010），特别是在越来越开放的环境下，企业越来越趋向于市场导向，这种概化效度有限性问题越来越明显，而且有可能忽视创新效能，尤其是难以体现出中小企业的真实能力（盛伟忠、陈劲，2015）。

四、研究述评

通过对创新能力的内涵、创新能力的结构、创新能力的测量三个方面相关文献的系统梳理，发现创新能力仍是当前的研究热点，但综观企业创新能力的研究，仍存在以下问题需要进行深入探讨：

其一，创新能力是一个极其复杂的概念，学者们出发点不同，对创新能力的理解存在较大差异，但多数文献将创新能力的研究局限于技术创新领域，对创新的社会性特征缺少关注。

其二，围绕创新能力结构的研究虽取得了丰富的成果，并形成了过程观和要素观，但过程观主要围绕新产品开发过程探讨创新能力构成，忽略了创新能力的其他要素构成；而要素观虽然将企业作为创新系统探讨创新能力，但对创新能力的外部来源这一重要因素却有所忽略。

其三，网络内弱势企业创新能力也得到了一定程度的关注，在全球价值链上，发展中国家的企业通常从事最低附加值的活动，然而新兴经济体一些相对弱势企业的创新系统开始通过价值链的快速升级来挑战这种情况。但是对如何培育和发展企业创新能力以支持这一过渡过程以及创新能力在获取全球价值链资源和地位提升的过程中的作用，我们仍知之甚少。

第四节　相关研究综合述评

相关研究虽然为探讨全球价值链网络嵌入特性与企业知识权力间的关系提供了基本思路和理论依据，但仍存在以下几个方面的疑问有待解决：

第一，对知识权力的前置影响因素缺少必要的关注。

网络权力处在动态变化中，就知识权力而言，“网络嵌入特征究竟怎样影响知识权力”仍存在研究空白。全球价值链网络背景下嵌入特性对知识权力影响方面的理论基础和实证研究还较为缺乏，不足以有效解释网络嵌入与知识权力间的关系。虽然已有研究关注了网络嵌入与知识权力间关系，但多数认为，只有明确影响企业知识权力的关键因素，才能找到提升企业知识权力的有效路径，进而更好地发挥知识权力的作用。然而目前相关的实证研究相对较少，少数定性的理论分析也主要关注企业内在资源（企业内部价值性知识）对其知识权力的影响，很少有学者从网络视角深入研究这种知识权力的形成过程，以及企业自身能力促进知识权力提升的作用机制。

网络结构研究可以从全网、个网两个视角展开。全网视角从全景俯视的角度认识网络权力，有助于鉴别不同类型的网络与网络的整体绩效的关联。但是，从个网视角看，网络内节点往往基于自身利益判断是否加入网络，其目的是在网络中获得更多的发展机会或者攫取更多的利益。个网视角下，知识权力提升是企业嵌入全球价值链攫取的利益。与强迫、压制性的政治权力相比，知识权力具有生成性的效果，可以使企业支配更多的资源，如拥有重要研发资源与话语权。因此，对于网络内节点而言，知识权力如何得到提升是企业关注的重点，但现有研究很少关注网络内知识权力的前因（Kähkönen and Virolainen，2011；芮正云、罗瑾琏，2017），更缺少对全球价值链框架下的知识权力的前因关注。

第二，现有研究忽略了网络内知识权力的动态性。

全球价值链作为典型的网络形态，链内企业初始形成的资源绝对优势造就了全球价值链典型的“核心—外围”等级制权力结构特征。其中核心企业通过配置和共享自身关键性知识资源，影响和控制周围企业的行为和决策，产生权力尤其是知识权力（孙永磊、党兴华，2013）；而外围企业只能被动地接受由核心企业确定的价值分配规则。这种“核心—外围”的权力结构特征本身不会变，但其内部企业格局常常处于微观变化中，一些原本处于核心地位的企业被边缘化，如柯达、诺基亚、摩托罗拉等曾经处于全球价值链霸主地位的企业如今面临“无可奈何花落去”的困境，而一些原本处于“边缘”地位的企业却发展成为行业内具有影响力的企业，如“稳健医疗”通过给国外客户代工生产医用产品，积极吸取国际先进经验，将伤口护理业务拓展到整个感染防护领域，致力于新产品、新技术、新工艺的研究和创新，发展成为“为广大医护人员和患者提供感染防护、伤口护理和家庭护理整体解决方案”的全球领先企业。然而全球价值链内企业位势关系的这种变化并未受到研究者的关注。

全球价值链“核心—外围”结构具有的动态演化特性以及其开放性、共生性和合作共享等机制有助于企业获取全球化资源避免地方知识锁定进而跨越全球价值链知识网络中的不平等层级（王斌，2014），这些网络联结直接影响企业国内市场、国际市场的盈利能力，直接提升企业的生产力以及国际谈判影响力，直至跃迁到更有利的网络位置。对这种位势关系变化的研究可为中国企业改变弱势地位的途径提供理论解释。

第三，缺少弱势企业如何提升在全球价值链网络中的知识权力的研究。

目前，对全球价值链中企业的研究多围绕价值链网络结构中的“核心企业”，而对全球价值链中弱势企业能否提升在价值网络中的知识权力及其背后的作用机理都缺乏论述。全球价值链中核心企业自身具备了一定的资源基础，并且通过长期的发展在价值网络中已经占据了较为理想的位置，可以从自己的社会地位和声誉中获得对关键资源的控制权，而处于新兴经济体的弱势企业知识资源相对匮乏，在全球价值网络中的“合法性”有待加强，故而核心企业与边缘企业所面临的初始知识资源禀赋和外部网络环境都不同，相关研究应当对价值网络中的“弱势企业”知识权力提升困境给予更多的重视。

本章小结

本章梳理了知识权力、全球价值链、全球价值链网络嵌入、创新能力等概念，系统回顾和比较上述概念内涵的发展演化过程，为进一步研究变量并理顺变量之间的相互关系提供了理论基础。同时，本章对全球价值链网络嵌入、创新能力、知识权力相关研究进展进行了系统梳理，在分析已有研究成果的基础上，对现有研究进行评述，为探讨全球价值链网络嵌入与企业知识权力间的关系提供了基本思路和理论依据。通过对全球价值链网络嵌入、知识权力以及创新能力的研究梳理发现，现有研究忽略了网络权力的动态性即全球价值链内企业间知识权力微观上存在变动性，对知识权力的前置影响因素缺少必要的关注，尤其缺少弱势企业如何提升在全球价值链网络中的知识权力的研究。将全球价值链网络嵌入、创新能力、知识权力纳入同一框架，为探明全球价值链网络嵌入与知识权力间的关系并进行进一步的深入研究指明了方向。

第四章　网络嵌入与知识权力关系的构念模型

在文献综述的基础上，结合本书研究问题，以资源依赖理论、社会网络理论和动态能力理论为基础，本章通过清晰界定全球价值链网络嵌入、知识权力、创新能力、知识距离等概念，构建以结构性嵌入、关系性嵌入为主要特性的全球价值链网络嵌入对知识权力影响机制的构念模型，并进一步分析创新能力、知识距离在企业全球价值链网络嵌入与知识权力关系中的间接作用。

第一节　核心概念界定

一、全球价值链网络嵌入

通常学者将网络嵌入研究分为两种取向（维度），即关系取向和结构取向，关系取向主要关注网络中节点间行动特征，如关系质量、关系强度、关系内容、关系直接性和间接性等，而结构取向则主要关注网络中节点在网络中所处位置的结构性差异，如网络规模、网络多样性、网络稳定性等。Granovetter 提出嵌入性理论并将网络嵌入分为结构嵌入维度和关系嵌入维度（Granovetter，1985；Granovetter，1992），但学者出于不同研究目的对结构维度和关系维度的表现各有侧重。

吕一博、施萧萧、冀若楠（2017）在研究智能手机产业网络嵌入对创新能力的影响时，提出结构性嵌入代表企业在网络中所处的网络位置特征，代表着企业在创新网络中拥有的更多权力优势，关系性嵌入则代表企业在网络中同其他节点间的信任、承诺等网络关系特征。Mazzola、Perrone 和 Kamuriwo（2015）则认为网络结构嵌入应该以网络位置为核心，主要由网络中心性和结构洞来反映。Garcia 等（2018）也提出网络嵌入以代表社会资本的结构嵌入和关系嵌入为主，认为结构嵌入是指企业在网络内同行中的位置和非同行间的外部联结，以网络中心度和桥连接表示其嵌入程度，而关系嵌入则反映企业与网络成员间的关系质量，强调双方间的信任程度。

全球价值链具有复杂的生产网络，一种产品从最初的创意设计到最终完成消费，从生产组织的角度看，涉及多个利益相关者，从制造活动到物流和运输以及海关代理和其他服务。反过来，价值链内参与者的参与伴随着密集的知识流动，特别是当来自多方的投入必须以特定方式汇集在一起并且根据买方的需求高度定制时。本研究重点在于探究全球价值链网络的深度和广度对企业地位的影响，结合网络结构特征和网络嵌入主流研究结论和全球价值链特征（Gilsing and Duysters，2008；郑方、彭正银，2017；许晖、单宇，2018），将全球价值链网络嵌入划分为全球价值链结构性嵌入和全球价值链关系性嵌入两个维度。全球价值链结构性嵌入指全球价值链网络嵌入的方式、嵌入位置、嵌入便利性等决定企业获得网络资源途径的特征，代表了一种基于价值链位置的机会优势。全球价值链关系性嵌入是指全球价值链内节点企业间的互动、信任、互惠等决定嵌入企业获取资源质量及难易程度的特征。

二、知识权力

Latiff（2008）提出知识权力源自关键核心知识的掌控和支配对相关群体产生的压制性影响，引申至企业，即知识权力是对关联企业的选择产生的影响。Kähkönen 和 Virolainen（2011）进一步提出知识权力是一方能够影响其合作伙伴的决策制定的能力，并且在双方关系中，它基于合作伙伴对另一方的依赖。资源依赖理论认为，组织间因为异质性资源存量差异而产生依赖，网络中企业间的知识资源依赖必然会导致知识权力的产生。

Cendon 和 Jarvenpaa（2001）提出权力的表现形式是不一样的，可分为结构权力和行为权力。结构权力从结构（宏观）的角度侧重于权力的宏观来源即获得权力并拥有权力的因素，而行为权力则从个人行使权力（微观）的角度侧重个人权力的行使和效果。从结构（宏观）的角度看，权力并非来自个体的行为，而是来自个体所在的组织结构，包括资源、参与者之间的相互联系和组织位置。扩大至网络中，权力应该来自个体所在网络的广度和深度。据此，本研究采用结构（宏观）的观点，重点关注知识权力的来源。

借鉴权力的结构视角，本研究从网络特征的角度对知识权力进行分析。全球价值链具有网络结构特征，外在表现为跨区域、跨行业的企业间形成的基于产品链、供需链的合作与竞争，但本质是以知识为核心的全球价值链知识权力的追逐，且本研究所指知识包括数据、信息、思想、规则、程序、直觉、经验和模型（Gonzalez and Chakraborty，2014）等多种复杂的、丰富的、异质的形式。无论是采购者驱动型（如沃尔玛、耐克）还是生产者驱动型（如苹果公司、IBM）的全球价值链主导企业，都借助于其核心知识获取全球价值链网络内的主导权，对网络节点成员的战略选择和行为决策具有影响力和控制力。结合张巍等（2012）对知识权力的研究，本研究中的知识权力是企业在其所嵌入的价值链中因其特有的知识对价值链成员的影响力和价值链治理能力（对其他企业的控制力）。这种权力是由该企业所拥有的知识特质内在规定的。由于权力具有相对性，知识权力也随着企业所拥有的知识在价值链中的地位的变化而变化，故本研究中的知识权力指企业相对知识权力，知识权力提升既包括相对于网络内其他节点的知识权力提升，也包括相对自身已有知识权力的提升。

三、创新能力

创新是复杂的企业实践，创新能力作为企业能力体系中的高阶能力对解释企业其他能力的差异至关重要（Collis，2010）。创新能力的分散研究揭示了创新能力的多维性质，因此需要一个全面的多维框架以整合创新能力的多个方面。在开放式环境下，创新过程因更具不稳定性、不确定性而更需充裕资源（曾萍、邓腾智、宋铁波，2013），尤其是关键性资源（彭正银、黄晓芬、隋杰，2019）。知识作为一种独特的关键性资源对提升创新能力有着至关重要的作用，对于新兴经济体而言，知识这种关键性资源的获取是创新驱动价值链升级的要点。熊彼特早期就提出创新是知识的函数，后来学者也多提出知识与创新能力呈正相关性（张军、许庆瑞，2014；严太华、刘焕鹏，2015）。企业创新能力与知识的关系，特别是围绕企业与核心技术、组织管理、市场等相关的知识管理已成为创新研究的热点。本研究认为创新来源于企业对内部知识和外部知识、显性知识和隐性知识进行整合与重组的过程。

Teece、Pisano 和 Shuen（1997）提出的“动态能力”突出环境动荡性是驱动企业自身能力演化的外部要素，是使企业能够建立、使用和编排与满足客户需求相关的无形资产的过程，并且竞争对手无法轻易复制。动态能力理论蕴含着企业创新能力。创新本质上是内部知识和外部知识重新组合、相互匹配的适应过程，是对其内在能力的重整、重塑以响应外部环境变化，本质上企业创新能力也是一种动态知觉—响应能力。创新能力是动态能力中的一种特殊能力，又不同于普通的动态能力，创新能力明确地以知识资源为载体，其培育过程既蕴含普遍意义上的动态能力强调的调整和适应过程，更突出企业自觉主动地依靠知识并更新知识的内外部“响应”过程。

综上，创新能力的演化遵循自身内在的成长逻辑，具有生成性特征，是一种动态知觉—响应能力。张军、许庆瑞、张素平（2014）基于“社会—技术”系统的思想，将创新视为内部资源与外部资源相互交融的动态反应过程，提出创新能力是企业内部知识和外部知识的交融互动形成的一种动态“知识能力”。根据“知觉—响应”模型，将创新能力解构为变异感知能力、信息诠释能力、创新决策能力、实施实现能力。基于“知觉—响应”模型的创新能力解构凸显出企业对来自网络的知识搜索、知识内化、知识组合以及知识再创造的“社会—技术”的系统理解。

结合本研究的网络背景，将在价值网络中获得、固化而产生的能与网络内其他企业相适应的能力，能自己创造新价值的能力，能生产新知识的能力称为创新能力，并将其解构为变异感知能力、信息诠释能力、创新决策能力、实施实现能力。变异感知能力是对网络中获取的外部知识的知觉过程，属于潜在创新能力，主要包括企业对外部知识监测、收集、整理的各种努力与活动；信息诠释能力是自身能力对网络中获取的外部知识做出响应的过程，也属于一种潜在创新能力，主要包括基于外部知识可作用于企业的潜在或现实价值进行的互动活动；创新决策能力是企业能够发挥主动性并自己创造新价值的响应过程的进一步深化，已属于现实创新能力，主要包括将各种知识应用于企业的实践活动；实施实现能力是企业通过内外部知识的重整形成新知识的高级响应过程，属于现实创新能力，主要包括积极地对未来创新进行的规划活动。

四、知识距离

由于受本国经济、社会、历史、文化和政治环境以及自身能力等方面影响，企业和全球价值链上下游企业间在发展轨迹、员工规模、基础设施、管理规则、价值理念等方面存在不同程度的差异，进而形成了各种距离，如制度距离、空间距离、文化距离、社会距离等（Hueske et al.，2015；Balland et al.，2016），这些差异进一步反映在价值链内上下游企业间的知识基上便形成知识距离。Cummings 和 Teng（2003）认为知识距离指知识源与知识接收者所拥有知识的差异性或相似度，这一定义得到普遍认可和采纳（宋艳双、刘人境，2016）。由于知识距离的研究角度、囊括的内容不同，对知识距离的理解也存在差异。

根据知识距离的衡量方式，对知识距离的解释存在诸多差异。曾德明、文金艳（2015）采用知识技术重叠度代表企业间知识距离，并用企业专利存量表示知识距离；贾镜渝、李文（2016）也认为知识距离是主体间在创造新知识以及创新能力上的差异，主要表现为与跨国企业的专利申请和科学创造的差距；于茂荐、孙元欣（2017），易靖韬、蒙双、蔡菲莹（2017）采用企业获取的专利所属技术领域的差异情况来测量企业间的知识距离。Capaldo 等（2017）、Asakawa 等（2017）等从地理空间和技术存量两个角度理解知识距离。国内学者陈涛、王铁男、朱智洺（2013）也认同知识距离即为企业内外所积累或所拥有知识的差异性或相似度，但不同的是，其将知识距离划分为由于知识结构不同造成的组织知识距离和由于员工教育背景和工作经验等的差异造成的职业知识距离。

也有学者借鉴物理学中静止物体的潜在能量即"势能"的含义，提出知识主体间的知识流动如溢出和扩散也存在类似"势差带来物质和能量的扩散与传递"，因此学者们将主体间知识差异用"知识势差"来描述。郑建阳（2017）提出知识供给方与知识接收方的知识位势差距即为知识距离，从知识的分类即隐性知识和显性知识角度，在显性知识比值与隐性知识比值的概念基础上，提出 4 种知识距离的表现。戴勇、林振阳（2018）直接提出知识势差即因知识主体拥有的知识存量而存在的势差。知识势差既存在于企业内部，也存在于企业间，企业主体在不同的时期存在知识势差，不同企业主体的知识位势也有所不同，进而形成了知识距离。Ryu 等（2005）将知识位势视为由知识质量和知识数量共同决定的函数，并以知识深度表示知识质量，代表企业对必备的复杂性知识和独特性知识的掌握程度；以知识宽度表示知识数量，代表企业对除必备专注领域之外的其他知识的拥有量（De Luca and Atuahene-Gima，2007；Caner，Sun and Prescott，2014）。

综合学者们对知识距离的不同理解，结合本研究的网络背景，本书认为知识距离是企业与全球价值链合作企业间所拥有知识的差异性或相似度，并从知识的丰富性角度将其分为两个维度，即知识宽度距离和知识深度距离。知识宽度距离指双方在知识多样性上的差异，如双方在发展历程、人员结构等方面的差异；知识深度距离指双方在知识集中度和专业性上的差异，如双方在自身专注领域的复杂性和独特性知识方面的差异。

第二节　理论分析与假设提出

一、全球价值链网络嵌入与知识权力

社会网络理论对网络内彼此互动的行动者之间关系问题的一系列因果进行解释（Wolfe，1995）。在异质性理论和结构角色理论共同作用下，网络嵌入被视为社会资本获取如权力、财富、声望的资本的主要来源（Stam，Arzlanian and Elfring，2014；张玉明、李荣、王欣，2018）。外部网络被视为知识的集合，网络内节点企业的其他资源与知识息息相关。在价值链网络中，Cowan、Jonard 和 Zimmermann（2007）认为知识是最重要的异质性资源，企业嵌入价值链网络的动力首先是以较低的成本快速获得大量来自价值链上的外部稀缺知识资源。Hoek（2004）提出网络节点拥有的独特知识和凝聚独特知识的技术是成为网络核心的必备条件之一，即获取知识能得到更大的网络权力。Sinkovics 和 Sinkovics（2019）进一步指出随着网络的运行，价值链中供应商可以通过信任和互惠展示其对客户的价值来建立权力。因此，全球价值链网络嵌入可能对知识权力产生积极的促进作用。

首先，受益于倒逼效应。资源依赖逻辑下相对弱势企业通过寻求网络资源以达到与网络内的强势企业的对等依赖。资源依赖理论认为由于资源差异而形成的依赖关系便构成了权力，但资源依赖理论不同于传统理论的地方在于进一步突出企业因资源依赖而做出的主动响应以使外部环境能够得到控制（吴小节、杨书燕、汪秀琼，2015；吕文晶、陈劲、汪欢吉，2017）。权力是资源依赖理论的核心，资源依赖下的组织也总是在试图将依赖程度降到最小，提高自己对资源的控制（Hillman et al.，2015）。具体地，全球价值链上弱势企业出于对资源的需求，需要通过与外部建立资源

依赖关系，从而获取组织间知识转移，但同时企业本身也嵌入在一个外部资源双依赖结构之中，对于新兴经济体制造企业而言，在技术上依赖国外领先企业，但是这种依赖带来的倒逼效应会促使企业主动遵守国际标准以及其他隐性契约，如全球价值链网络中被接受并遵守的网络惯例、被行业认可的行为标准以及在交易关系中的价值认同（韩莹、陈国宏，2018），也必须能够及时向买方提供高质量的、有竞争力的产品，才不会被替代。如摩洛哥航空业因能满足发达国家领先公司通常要求的国际标准，全球所有空中客车飞机机械均采用摩洛哥航空业制造的零件（Beghin，Maertens and Swinnen，2015）。而埃及也正是在参与全球价值链的不同阶段受益于倒逼效应，其棉花种植、生产面料和成衣逐步成为全球极具吸引力的产业（Prete，Giovannetti and Marvasi，2016）。Bas 和 Strauss－Kahn （2014）、Foster-Mcgregor 等（2014）研究发现，活跃在多种全球化模式下的企业有更好的表现。通常，企业会根据目的地特征调整产品质量（De Lucio et al.，2019），进入全球价值链的企业既有较好的涉前表现，更有突出的涉后表现。企业嵌入全球价值链习惯了各种形式的国际商业惯例或规则，也可以提高价值链合作企业对其替换的转换成本，也相对提升了其知识结构依赖和知识过程依赖。受益于全球价值链内主导企业的管理技能，企业在控制资源分配方面处于更好的地位，可以提高企业管理绩效（Rodan，2010），进而提升其知识权力。

其次，受益于机会效应。全球价值链中发达国家的核心企业与发展中国家的边缘企业间异质性成员关系与知识的高速流动（Li，Poppo and Zhou，2010）为新兴经济体的企业，尤其是弱势企业触及全球市场并通向全球技术通道提供更为丰富的资源和更多的机会。全球价值链具有产品多样化、地理分散化、生产独立化、规模差异化等特征，链内节点企业的异质性、链位置以及链成员间关系共同决定着企业拥有知识资源的数量和质量（吕越、罗伟、刘斌，2015）。通过大市场效应、中间品效应、竞争效应等，全球价值链可以为价值网络内企业提供新的、异质性的、优质的资源（Wang et al.，2012；吕越、黄艳希、陈勇兵，2017），其全球性的跨地理、跨产品特征使知识元素差异性更强、知识元素组合效应更大。网络嵌入是企业获取新信息、新想法和新机会的重要工具，在企业中起着桥梁作用，是企业获得竞争能力的重要来源。Mcevily 和 Zaheer（2015）提出，企业的网络嵌入性是获得竞争能力差异性的重要来源，因为网络内的企业与其他企业间保持着丰富的联系，新信息、新思想、新机会更容易获取。Meschi 和 Wassmer（2013）的研究发现，随着网络密度的增加即结构性嵌入度的提升，获取可行信息的机会也会增加，新的业务实践和更先进的技术显然有助于提高其影响力。Phelps（2010）对战略联盟的研究也证明企业网络嵌入伙伴之间的结构多样性可以提升企业多样性的影响力。全球价值链网络嵌入为价值链上、下游企业间知识转移提供了通道，使节点企业可利用价值链节点企业对其知识的依赖实现自身知识权力的增强。全球价值链上边缘企业更注重网络的发展而非国际市场的发展，通过全球价值链网络嵌入可获取有限知识下的学习机会，随着网络的演进逐步与合作企业尤其是核心企业的知识实现接轨，在体验式学习和适应先进知识的过程中，通过学习、制定、修订国际化标准提升合作企业对其的认可度和依赖度（Bunz et al.，2016）。全球价值链上的核心企业本身已处于高度控制地位，继续加强其在价值链中的核心地位并不能使其绩效显著提升，为了能够提升自身绩效，全球价值链核心企业更愿意提供机会促使合作企业的整体能力提升，甚至主动提供知识以支撑来自新兴经济体的合作企业产品、工艺、流程等的升级。Spencer（2003）实证分析表明，相比知识共享意愿差的企业，主动设计与竞争对手共享技术知识战略的企业会获得更加突出的企业绩效；相比只在本国内部进行知识共享的企业，参与全球知识共享互动的企业能获得更好的绩效，说明全球价值链上主导企业更倾向于对全球价值链成员企业进行知识共享。边缘企业通过核心企业提供的知识共享机会提升知识权力（崔芳等，2017）。

最后，受益于声望效应。根据声望传递和信号理论，网络中节点行为存在声望传递的动机（沈艺峰、王夫乐、陈维，2016），与声望高的核心企业进行连接，连接节点越多，能获取越多的声望效应（王振、柳卸林、朱丽，2018），特别在难以验证质量的情况下，弱势企业与声望高的企业合作关系通常具有暗示其质量可靠的效果。从动态网络理论看，企业的可信度与可靠度的提升伴随着知识权力的提升。借助于全球价值链网络内核心企业市场知识和专业知识的权威背景，通过核心企业带来的声望效应，全球价值链网络嵌入这一行为有助于指引企业突破行业现有障碍，可以预期在未来有更高的影响力甚至控制力（陈春花、朱丽、宋继文，2018）。同时声望效应可以在更大的网络空间分散，全球价值链企业往往具有多重嵌入性，既有全球价值链网络，也有国内价值链网络，既有行业内网络，也有跨行业网络，网络嵌入的多重性更大程度影响企业链内和链外利益相关者的认知和判断，有助于企业获取更广泛的、更有利的资源和更大程度的信任进而获取市场的合法地位以及网络内外合作者的合法性认可。一个小企业仅仅因为与大企业的小订单可能就会获得相应的影响力，如被核心企业选中一个配件，就可以放大其原来的资源价值（苏郁锋、张延平、周翔，2019）。声望效应使企业可以在长时期的价值链核心企业的带动作用下，基于对核心企业的声誉、行业领先位置等的认识，提升其企业知识权力。

基于以上分析，提出如下假设：

*H*1*a*：全球价值链结构性嵌入正向影响企业知识权力。

*H*1*b*：全球价值链关系性嵌入正向影响企业知识权力。

二、全球价值链网络嵌入与创新能力

由于具有不稳定性、不确定性和复杂性的特征，创新被视为资源消耗性活动（何瑛等，2019），通过外部网络可以获取创新所消耗的资源。资源依赖理论认为合作企业相互结合能促使彼此获得更多专有资源和更独特的资源组合。开放式创新的研究结果也表明，从事开放式活动的企业比不进行开放式活动的企业更具生产力，开放式活动可以充当企业成长的加速器（Wikhamn，Wikhamn and Styhre，2016；Popa et al.，2017）。Rycroft 和 Kash（1999）提出，在信息技术发达的知识经济时代，外部网络有助于异质性知识搜索，大大提高创新的可控性和成功率，企业创新能力提升的关键在于建立和维系一定的网络关系。同时，林筠、刘伟、李随成（2011）研究发现，与社会资本结构维度、认知维度相比，关系维度对于创新能力有着更直接的正向影响。

网络嵌入可为企业获得更多更丰富的资源尤其是专业的知识资源，为企业提供方向性指引进而提升企业的创新能力（刘雪锋、徐芳宁、揭上锋，2015）。寻求基于最新技术的创新解决方案，与供应商和技术提供者的积极组织网络也被视为知识的源泉。Pippel（2014）认为，企业对外寻求与客户的合作可以成为营销创新的主要原因，与供应商的合作可能更侧重于组织创新。参与供应链可能会促进企业绩效，并提供激励和机会来提升其技术、能力（Alcacer and Oxley，2014）。全球价值链上弱势企业能力的发展伴随着其嵌入特性下能够承担更多责任和在价值链中承担更多活动的信心而增强（Athreye et al.，2016）。Lema 等（2015）对巴西和印度两个发展中国家电子信息类产业的案例研究发现，全球价值链内的跨国公司会向东道国企业大规模转移创新能力。

全球价值链结构性嵌入可为企业创新提供大量且具异质性的知识资源尤其是显性知识，有助于创新能力的提升。首先，结构性嵌入有助于企业变异感知能力提升。全球价值链网络是一个高度聚集的网络，有大量的具有凝聚力的知识生产集群，核心企业具有响应市场需求、跟踪技术动态的先天优势，这些集群已经被证明可以促进网络内企业实施跨界搜寻策略的优化以实现知识重组。Cusumano（2009）通过对生物医药联盟企业创新网络进行的实证分析，发现企业形成联盟数量和其知识的获取呈正相关，可以推断企业与全球价值链中多个国家多个企业开展业务可以获得更多的知识。在价值链网络内，边缘企业借助核心企业对市场行情和产品信息更超前的敏锐嗅觉，借助错综复杂的网络节点合作者的异质性市场知识和产品知识，能够突破自身资源限制并及时更新自身知识库，把握创新未来趋势并深耕创新能力。其次，结构性嵌入有助于企业信息能力提升。全球化资源受行业、空间的限制，知识扩散过程必然存在时间滞后、信息衰减甚至曲解，全球价值链网络通过地理碎片化和产品非一体化为知识溢出提供了正式和非正式的知识交换场所，可避免知识扩散的时滞、衰减和曲解，有助于企业突破自身知识认知局限并降低创新风险。更为有效的利益相关者网络是国际市场知识的重要来源，与合作伙伴一起进行嫁接和体验式学习尤其有助于获得国际化知识（Fuerst and Zetting，2015）。再次，结构性嵌入有助于提高企业创新决策能力。全球价值链网络节点资源在很大程度上是多元化且异质的，结构性嵌入可以使企业拥有更多的节点触及诸多甚至不相关的知识领域，企业进一步进行知识重组的可能性才会增加（Grigoriou and Rothaermel，2017），如结构多元化可以为节点企业创新带来前沿技术信息以及其他互补性信息，促使企业不断探索新技术、开发新产品。最后，结构性嵌入有助于提高企业实施实现能力。企业通过对网络中获取的这些新知识进行理解、学习并诠释外化为自身可用的甚至可以用语言、公式等方式表达的显性知识，从而使基于企业自身内外部知识整合、吸收的实施实现能力得以提升，同时在面临外部冲击时可以有更多的选择，从而提高了退出或持续嵌入全球价值链的自由度（Esteve－Pérez et al. ,2012；陈勇兵、李燕、周世民，2012）。嵌入网络中的出口嵌入以全球价值链为例，企业出口进入方式多样性可使其以更强的能力突破并适应权变环境和突破各种障碍以获取更多的全球信息，企业从中获取编码化知识，包括产品说明、企业规章制度、产品设计标准、生产工作标准说明、政策和流程文本资料等，特别是对于在具有较高制度障碍的出口环境下和具有较大出口地理范围水平的全球价值链企业，较高的出口进入模式多样性水平更有利于企业获取知识外溢效应（Bunz et al.，2016；Oliveira et al.，2018）。Thakur－Wernz 和 Samant（2017）通过组织学习理论对 161 家印度生物制药公司进行的研究证明，全球价值链可以提高它们的知识库水平，为新兴市场国家带来更多创新资源。

全球价值链结构性嵌入度越高，企业就越能便捷地获得全球价值链网络内蕴含的隐性知识和显性知识。综上，可提出如下假设：

H2a：全球价值链结构性嵌入正向影响企业变异感知能力。

*H*2*b*：全球价值链结构性嵌入正向影响企业信息诠释能力。

*H*2*c*：全球价值链结构性嵌入正向影响企业创新决策能力。

*H*2*d*：全球价值链结构性嵌入正向影响企业实施实现能力。

全球价值链关系性嵌入即企业与链内企业间的“关系资本”也是影响创新的一个重要因素。全球价值链关系性嵌入可为企业创新提供大量且具异质性的知识资源尤其是隐性知识，有助于创新能力提升。首先，关系性嵌入有助于企业变异感知能力的提升。全球价值链关系性嵌入可以降低网络内企业由于存在跨行业、跨空间、跨制度等多重网络嵌入性带来的信息不对称性，特别是在初始权力不对等的网络内，关系性嵌入更有助于地理上相距遥远的知识融合的价值贡献（Capaldo et al.，2017）。关系性嵌入有助于企业提升在不同知识领域中的专有性知识搜索范围，有助于企业的创新价值创造。研究表明，搜索范围与创新价值呈正相关，随着搜索范围的扩大，网络成员能够共同协作实现创新价值的能力呈指数增长，Capaldo 等（2011）研究提出，没有联盟合作伙伴，创新能力将难以提升。其次，关系性嵌入有助于企业信息诠释能力的提升。从资源流动角度看，全球价值链使企业间形成了网络连接，链内成员企业间的信任、持久度等关系特征使价值链内信息、知识流动的速度也得到极大的提升（张朝宾等，2011），进而提高价值链内企业间知识共享程度，促使创新能力提升。尽管有先进的 IT 解决方案，但不同行业和部门的信息贫乏且不准确，信息共享延迟，在最需要信息的地方和时间缺乏信息。为了使合作对象能获得及时、相关和准确的信息，合作伙伴之间可通过关系性嵌入降低网络内企业间的认知偏差，合作者的知识认知趋同前提下，高阶知识能更有效地被理解。再次，关系性嵌入有助于企业创新决策能力的提升。企业的社会网络中，基于信任的关系互动在获取多元化的知识和信息上发挥了重要作用，改善了知识获取的便利程度，并推动企业提升创新水平（Giuliani et al.，2017；赵息、李文亮，2016；刘磊，2019）。关系性嵌入有助于企业吸收来自全球价值链上其他企业的知识，有助于创新的高效决策，节省了知识转移过程中的监督和保护等交易成本，全球价值链网络中的信任与承诺抵消了竞争力背后的创新不确定性和风险。最后，关系性嵌入有助于企业实施实现能力的提升。网络节点间紧密互动下的关系性嵌入可促进全球价值链网络内企业尤其是核心企业进行有价值的经验与管理实践的分享（Goswami et al.，2011），在主动积极的分享意愿下，知识传播方和知识接收方能够更顺畅地实现知识的有效转接，企业实施实现能力能真正得到提升。谭云清、马永生、李元旭（2013）在研究以国际接包方式嵌入全球价值链的社会资本和企业动态能力的关系时发现，全球价值链上、下游企业间的长期纵向多样化网络关系可带来异质性知识进而促进创新绩效的提升。全球价值链关系性嵌入既有助于高效实现实物产品的流动，更有助于上游供应商、下游市场渠道和支持行业内通用业务模式的辅助提供商获取网络内信息、财务资源和知识，使知识溢出更加有效，加速了网络内具有黏性的、难以模仿和难以转移的技术诀窍的传播和交流，这些正是企业提升创新决策能力与实施实现能力的关键因素（Balland et al.，2016），同时通过累积的公共知识池推动了后续创新（王猛、姜照君，2017）。

无论是被动卷入（如承接发包、国际采购）还是主动嵌入（如发包）的全球价值链关系性嵌入，均会通过扩大企业知识搜索范围、提升知识共享意愿、提高知识溢出效应，使企业获得创新能力提升所需要的知识资源，增加创新可能性，间接降低企业创新周期和开发成本（Iii et al.，2009）。虽然也有学者认为关系强度与创新能力间存在悖论，如吴俊杰、王节祥、耿新（2015）提出嵌入存在度的问题，强关系会因“过犹不及”使企业认知受限、创造力缺乏产生技术锁定和能力刚性，但结合中国制造企业的成长逻辑和目前在全球价值链内地位不高、与核心企业差距较大且多数属于低端嵌入的现实，企业内部知识资源基础比较薄弱，强关系带来的不利影响较小。综上，本书提出如下假设：

H3a：全球价值链关系性嵌入正向影响企业变异感知能力。

H3b：全球价值链关系性嵌入正向影响企业信息诠释能力。

H3c：全球价值链关系性嵌入正向影响企业创新决策能力。

H3d：全球价值链关系性嵌入正向影响企业实施实现能力。

三、创新能力与知识权力

从 Kähkönen 和 Virolainen（2012）基于网络角度提出的权力三个基本来源看，企业自身能力和资源首先决定了企业在网络中的权力。拥有或能够控制独特资源的企业能够创造出独特的价值，在价值网中具有强大的权力地位，尤其是宝贵的、稀有的、不可模仿的和不可替代的知识资源更能有效改善其价值网络中的权力地位（Svahn and Westerlund，2007）。由此，知识资源是知识权力的源头，但知识资源并不能带来必然的影响力和控制力，还需要企业将知识资源进行整合，转化为不可替代的、难以模仿的企业核心知识，才能形成知识权力，这一过程需要通过企业内部知识能力实现。在制造业领域内，企业的知识能力是促进企业创新进而提升企业知识权力的重要因素。国内学者党兴华、张巍（2012）提出，企业内部的核心知识能力是企业知识权力的基础，是决定企业知识权力最关键也是最重要的因素，而企业嵌入网络是企业获取网络知识资源以及体现其知识权力的基础和条件，并进一步提出创新能力是知识能力中的关键能力。

创新能力则隐含着通过相关知识的获取和传播、吸收和运用、交换和更新而形成的影响其他组织决策和行动的内在反馈过程。首先，企业变异感知能力为企业知识权力提升提供了可能。变异感知能力是动态观下企业不断对知识进行更新、整合和重构的前提，作为一种动态高阶能力或“元能力”，可以改变低阶能力且可以无限制地发挥作用。为了能提升在价值网络中对其他企业的影响力和控制力，企业需要不断通过“知觉—响应”过程提升创新能力。研究发现，企业创新能力尤其是技术能力会导致更大的附属议价权力（Ciabuschi et al.，2012）。其次，企业信息诠释能力为企业知识权力提供了基础，企业能够更快速、更及时地对价值网络内知识进行诠释，维持或提升知识的价值、稀缺性和不可替代性，进而提升企业在网络关系中的吸引力。再次，企业创新决策能力是企业知识权力的保障。动态观下的企业创新决策能力使企业更具有竞争力。企业对内外部资源进行动态整合，提升创新决策能力。企业创新其核心业务活动、迅速将创新思想转化为新的或创新的产品、保护创新而不受模仿的能力增强，这种面向未来的企业高阶能力，是企业获取来自网络内的知识搜寻、知识整合、知识更新并能够提升知识权力的内在能力（杜健、周超，2018）。最后，企业实施实现能力是企业知识权力的体现。资源基础观认为，创新的本质是知识获取、知识整合、知识吸收、知识转化的过程，企业实施实现能力本身就隐含企业顺利实现创新目标并获得创新收益独占权或支配权的各种组织活动的能力或潜力。Mc Donald（1999）提出，具有战略重要性的技术可以被认为是价值网络中参与者权力的重要来源。以技术创新为例，通常通过创新展现出来的信息技术，会使企业相对容易地在 GVC 合作伙伴之间切换数据，即知识权力相对更大。

知识权力正是基于创新能力的企业竞争力，且当企业的创新能力被感知时，这种能力为企业提升其影响力和控制力提供了长期的可持续性（Prahalad，2011）。已经形成并巩固了创新能力的企业因在价值链上、下游间的影响力而具有竞争力（Golish et al.，2010）。

综上，本书提出如下假设：

H4a：企业变异感知能力正向影响企业知识权力。

H4b：企业信息诠释能力正向影响企业知识权力。

H4c：企业创新决策能力正向影响企业知识权力。

H4d：企业实施实现能力正向影响企业知识权力。

四、创新能力的中介作用

全球价值链网络是开放式网络，企业可以触及遍布全球的上、下游诸多合作者，不同合作企业具有异质性知识资源，基于动态能力观的创新能力有助于企业以更开放、更包容的心态将外部资源转变为有价值的内部资源（魏江、王诗翔、杨洋，2016；程聪、谢洪明、池仁勇，2017）。动态能力观下的创新能力是一种面向未来的企业高阶能力，是企业主动识别环境变化并调整相应的知识存量策略，主动克服组织规范中的惯性，为全球价值链网络嵌入企业进行全球范围内的知识搜寻、知识整合、知识更新并能够提升知识权力的内在互动机制提供理论基础（杜健、周超，2018）。

能力是企业获取竞争优势的主要来源，而资源则是企业能力的源泉。企业能力源于企业的资源，能力的形成过程是企业资源组合的具体过程（Grant，1999）。按照这一逻辑，企业知识权力的提升既需要丰富的知识资源，更需要合理利用各类资源形成知识的能力，即将知识资源转化为内在核心能力。网络嵌入降低了企业获取异质性资源的难度和成本，为企业获取知识资源提供了场所和条件，而创新能力则是将知识资源转化为内在核心能力的途径。动态能力观的创新能力是企业动态地对内外部知识资源进行整合、运用的“知觉—响应”过程，蕴含着企业对内外部知识资源进行整合、开发和转化，从而为客户提供有价值的产品和服务的能力，被视为知识能力的核心能力，是决定企业知识权力最关键也是最重要的因素（党兴华、张巍，2012；武梦超、李随成、王玮，2019）。基于“知觉—响应”逻辑的创新能力是对企业内外部知识资源的利用与配置，是变异感知能力、信息诠释能力、创新决策能力、实施实现能力的合成，本质上正是对企业知识资源的动态调整和运用（Han et al.，2015）。Husain 等（2016）通过对印度的 IT 解决方案开发企业的研究，发现对网络内知识的创新可产生竞争力，创新（人员创新与过程创新）在组织网络与竞争力关系中起中介作用。Sahasranamam 等（2019）将印度制药业能够发展为世界上最大的制药供应商的快速增长原因归于嵌入全球价值链后基于产品和工艺的创新能力的提升。网络嵌入是企业获取网络知识资源以及体现其知识权力的基础和条件，价值链网络内各节点的知识库和能力差异是决定边界选择的根本原因（Jacobides，2008），作为知识能力的关键能力即创新能力可作为网络嵌入与知识权力的重要中介变量。

当网络节点企业通过创新获取核心知识后，其他节点企业对拥有核心知识的企业的依赖感以及认同感也会提升，由此企业在网络内的相对知识权力会逐渐得到扩大和强化。中国制造企业在全球范围内得到认可，价值链攀升势头虽然有所回落，但整体仍在缓慢上升，首先得益于对价值链的终端装配的全球融入，并不断通过对全球知识的融合、重整以创新实现议价能力的提升。文献研究发现，不同类型的知识对企业产生不同的作用，与实践知识相分离的理论知识不能提升企业影响力，其重要原因就是缺少对知识的创新过程。由技术提供者、供应商和客户形成的全球价值链网络为企业提供了丰富的知识和经验，但这些知识只有被企业用于解决实际问题时才能提升企业知识权力。基于创新的知识权力不是来自单一经济主体，而是来自复杂网络的相互作用（Ferrary and Granovetter，2009）。发展中国家参与全球价值链可以全方位地获取领先企业的研发知识、生产知识和销售知识，通过干中学提升自主创新能力进而实现价值链升级（吕越、吕云龙，2016）。同时，Ngugi 等（2013）对中小企业集群网络的研究也提出通过网络成员间互动，成员企业的创新能力得以提升，网络内非核心成员在创新能力提升情况下可以降低核心企业对于其行为的控制，即非核心成员自身的知识权力得以提升。参与全球价值链提升了发展中国家的技术和产业化水平，但只有通过创新能力提升才能为市场提供更为复杂、技术更为密集的产品，也才能提高其他企业对其的依赖程度（Stone et al.，2015）。

根据目前研究可以发现，对全球价值链网络嵌入的企业而言，其知识权力是在网络嵌入过程中逐步通过知识能力得以提升的，而创新能力作为知识能力的核心能力发挥最大的作用，当企业的创新能力被感知时，这种能力为企业提升其影响力和控制力提供了长期的可持续性。考虑到全球价值链结构性嵌入、关系性嵌入会影响企业创新能力的提升，而企业创新能力对其知识权力具有积极影响，企业创新能力在两者间可能发挥了中介作用。因此，我们提出如下假设：

H5a：企业变异感知能力在全球价值链结构性嵌入与知识权力关系间起中介作用。

H5b：企业信息诠释能力在全球价值链结构性嵌入与知识权力关系间起中介作用。

H5c：企业创新决策能力在全球价值链结构性嵌入与知识权力关系间起中介作用。

H5d：企业实施实现能力在全球价值链结构性嵌入与知识权力关系间

起中介作用。

H6a：企业变异感知能力在全球价值链关系性嵌入与知识权力关系间起中介作用。

H6b：企业信息诠释能力在全球价值链关系性嵌入与知识权力关系间起中介作用。

H6c：企业创新决策能力在全球价值链关系性嵌入与知识权力关系间起中介作用。

H6d：企业实施实现能力在全球价值链关系性嵌入与知识权力关系间起中介作用。

五、知识距离的调节作用

由于受本国经济、社会、历史、文化和政治环境及自身能力等方面影响，全球价值链内核心企业与边缘企业彼此间会存在较大差异，这种差异进一步反映在价值链内上下游企业间的知识距离上。企业间知识距离是影响知识快速获取、充分吸收与有效应用的关键环节，特别对企业创新能力存在较大影响，但在不同的环境背景下知识距离对创新能力的影响存在很大差异。肖志雄（2014）在研究服务外包企业的吸收能力时发现，知识宽度距离与知识吸收能力呈正相关关系，而知识深度距离与知识吸收能力却呈负相关关系。李洪等（2019）则发现，知识距离有助于中国上市公司在跨国并购过程中增加知识资源获取机会，促进知识主体间的知识共享、交流，进而促进创新绩效的提升。詹湘东、谢富纪（2019）研究认为，知识距离在外部知识网络如网络中心性、关系强度、关系质量与企业技术能力的正向关系中起到负向调节作用，但在外部网络与企业技术能力的正向关系中则并未起到调节作用。在新兴经济体的制造企业融入全球价值链的背景下，知识距离并不利于企业创新能力提升。

已有研究表明，知识距离会对网络间知识与技术的传播、吸收、扩散形成壁垒（Lundvall，2010）。易靖韬、蒙双、蔡菲莹（2017）研究了开放式创新模式下的产学研联盟企业外部 R&D、技术距离、市场距离与创新绩效间的关系，发现外部研发合作企业知识溢出效应的大小依赖于研发人员工作领域的接近程度即知识距离，企业间知识距离过大阻碍企业对产学研合作网络内专业知识的获取和消化，降低企业变异感知能力和信息诠释能力。Sáenz 等（2014）研究企业（以零售商和经销商为主）与供应商间的知识转移时发现，企业越来越依赖供应链合作伙伴的知识兼容性，企业与上游供应商间的知识差距会降低其向供应商学习的知识转移效益。知识距离小的企业间一般在发展历程、未来规划、人才资源、技术积累及其他生存环境上存在很大的相似性而更容易接受彼此间异质性知识，而知识距离大的企业间则由于知识鸿沟导致沟通障碍而无法实现知识交流和知识共享（Trippl，2010）。全球价值链网络内合作者相似的知识背景是合作双方能够整合并吸收对方知识的前提，网络嵌入带来的外部异质性知识只有充分被理解才能进一步被吸收。同时，异质性知识间的交互、相融和整合能增加知识的丰富度，进而促进网络内企业创新能力的提升，知识距离差距大的企业间很难彼此吸引，难以形成知识溢出的有益条件，企业的知识深度和知识宽度难以得到扩充，从而阻碍企业创新决策能力和实施实现能力。在较大的知识距离下，特别是全球价值链上合作企业间知识深度的差距越大，企业越难以跨越这一知识鸿沟，更加剧企业不愿意进行主动创新的惰性。通过上述分析可知，全球价值链网络内企业间知识距离会限制网络嵌入为节点企业带来的福利效应。

就知识深度距离而言，企业和全球价值链合作企业在专业领域、主营业务专业人员数量等方面的知识距离会影响知识的快速获取、充分吸收与有效应用，进而阻碍创新能力的提升。第一，知识深度距离降低知识溢出效应。企业间知识资源存量存在较大差距时，通过全球价值链嵌入获取的知识可能难以被企业搜索到，而知识尤其是信息具有时效性，如果无法在一定的时间内进行有效传播并被接收就会变成无用知识（Balland et al.，2016），因此知识深度距离降低了全球价值链结构性嵌入对企业变异感知能力的提升效应。当企业与价值链企业的研发人员进行合作交流时，知识尤其是专业知识随之溢出，溢出效应的大小依赖于研发人员工作领域的接近程度（Bloom et al.，2013）。企业缺乏相应的专业人员或与合作企业相比专业技术人员数量处于劣势是阻碍企业创新发展的主要因素（Coad et al.,2016），因此知识深度距离降低了全球价值链结构性嵌入对企业信息诠释能力的提升效应。第二，知识深度距离不利于弱势企业吸收和利用新知识。企业间知识资源存量存在较大差距时，网络内知识交换和知识交流受限于弱势企业的认知能力和吸收能力而无法顺利进行，新技术无法有效被利用，不利于网络内企业创新（Marrocu et al.，2013），因此知识深度距离降低了全球价值链嵌入对创新决策能力与实施实现能力的提升效应。网络内合作者双方专业领域内知识存量越接近，网络嵌入带来的异质性知识和新知识越能被网络内节点企业吸收和利用，越能提升企业创新能力，同时，建立起与价值链合作企业特定产品技术领域相同的知识储备所耗费的企业创新成本也会相对较低。另外，知识深度距离提高弱势企业创新惰性。企业间存在较大知识深度差距，技术壁垒使企业更难突破技术天花板，由于价值链内核心企业或更具创新能力的企业能开发出更具创新性的技术解决方案，使网络内弱势企业习惯于模仿或跟随，其主动创新的意愿会越来越低，并不利于创新决策能力与实施实现能力的提升。

因此，企业与全球价值链内合作企业尤其是核心企业的知识深度距离较大会阻碍全球价值链网络嵌入对企业创新能力的促进作用。综上，提出如下假设：

H7a：知识深度距离负向调节全球价值链结构性嵌入与企业变异感知能力的关系。

H7b：知识深度距离负向调节全球价值链结构性嵌入与企业信息诠释能力的关系。

H7c：知识深度距离负向调节全球价值链结构性嵌入与企业创新决策能力的关系。

H7d：知识深度距离负向调节全球价值链结构性嵌入与企业实施实现能力的关系。

H8a：知识深度距离负向调节全球价值链关系性嵌入与企业变异感知

能力的关系。

H8b：知识深度距离负向调节全球价值链关系性嵌入与企业信息诠释能力的关系。

H8c：知识深度距离负向调节全球价值链关系性嵌入与企业创新决策能力的关系。

H8d：知识深度距离负向调节全球价值链关系性嵌入与企业实施实现能力的关系。

就知识宽度距离而言，企业和全球价值链网络内企业在发展历程、管理体制、员工结构等信息和控制体系上存在差异，会影响知识的融合与更新。一方面，受限于双方知识宽度，全球价值链网络内企业间差异化的历史沿革不利于接触异质性知识，即便接触到更丰富的异质性知识，为了更好地吸收消化价值链网络知识，企业内部也需要用更多的精力去协调、管理和控制创新活动，因此，知识宽度距离不利于变异感知能力、信息诠释能力、创新决策能力、实施实现能力的提升。另一方面，知识宽度距离会增加企业知识搜寻、协调和监控的成本，从而提升创新成本（易靖韬、蒙双、蔡菲莹，2107）。受限于企业认知差距以及有限的吸收能力，相似的知识资源或发展背景的企业间更可能相互吸引，也更容易发生知识交换。Kang 和 Dall′erba（2016）研究表明，部门结构和与合作伙伴的历史相似性能提升企业利用远程外部资源的能力。相反，企业和价值链合作企业在经验运作和资源基础上存在过大的知识宽度距离，会使合作双方缺少共同领域知识的碰撞，难以形成全球价值链网络中知识创造的空间异质性带来的组合效应和协同效应。因此，企业与全球价值链内合作企业尤其是核心企业的知识宽度距离较大会阻碍全球价值链网络嵌入对变异感知能力、信息诠释能力、创新决策能力、实施实现能力的促进作用。

同时，在较大的知识宽度距离下，也会因为知识溢出效应降低、企业知识吸收能力有限、创新惰性提高等原因不利于网络嵌入下企业创新能力的提升。因此，企业与全球价值链内合作企业尤其是核心企业的知识宽度距离较大会阻碍全球价值链网络嵌入对企业创新能力的促进作用。综上，提出如下假设：

*H*9*a*：知识宽度距离负向调节全球价值链结构性嵌入与企业变异感知能力的关系。

*H*9*b*：知识宽度距离负向调节全球价值链结构性嵌入与企业信息诠释能力的关系。

*H*9*c*：知识宽度距离负向调节全球价值链结构性嵌入与企业创新决策能力的关系。

*H*9*d*：知识宽度距离负向调节全球价值链结构性嵌入与企业实施实现能力的关系。

*H*10*a*：知识宽度距离负向调节全球价值链关系性嵌入与企业变异感知能力的关系。

*H*10*b*：知识宽度距离负向调节全球价值链关系性嵌入与企业信息诠释能力的关系。

*H*10c：知识宽度距离负向调节全球价值链关系性嵌入与企业创新决策能力的关系。

*H*10*d*：知识宽度距离负向调节全球价值链关系性嵌入与企业实施实现能力的关系。

第三节　构念模型

资源依赖理论为组织间权力关系形成提供了理论基础。资源依赖理论（RDT）所依据的基本假设为组织间的资源是异质的且可随着时间的推移而持续存在，只有异质性资源才能形成依赖。随着资源依赖理论的研究深入，组织间依赖从资源的依赖扩展至基于关系的依赖（Suh and Houston，2010）、基于网络结构的依赖（徐建中、朱晓亚，2018），因此，基于资源的依赖可能来源于组织占有的独特性资源、对资源的需求程度、组织在所处网络中的结构特征等各个方面，依赖程度的不同决定了其权力的大小（Barney，1995；吕文晶、陈劲、汪欢吉，2017）。权力来自对关键资源的控制，对资源的依赖结构导致了组织内外权力的产生。企业被视为相互依赖的实体，但这种依赖不是对等的，依赖的强度视资源的稀缺和重要程度而定，拥有或控制有价值稀缺资源的企业对寻求这些资源的企业拥有权力（Pugliese，Minichilli and Zattoni，2014）。虽然协作的价值链关系有利于改善价值链绩效如买方和供应商关系，但这种关系通常是通过不公平的权力平衡来实现的（Piskorski，2005；Gulati and Sytch，2007）。

然而资源依赖理论强调组织主动控制外部环境以改变依赖约束，如通过强制性政治手段、组织间关系来控制或接受不确定性，说明组织间不平衡的权力关系又存在动态性。资源依赖理论更重要的影响力正在于强调企业因资源依赖而主动控制外部环境的反应过程（吴小节、杨书燕、汪秀琼，2015；吕文晶、陈劲、汪欢吉，2017）。权力是资源依赖理论的核心，资源依赖下的组织也总是在试图将依赖程度降到最小，提高自己对资源的控制（Hillman，Withers and Collins，2015）。组织成长的关键在于随环境变化调整战略，减少资源受限带来的障碍，并改变和管理原有的依赖模式。企业通过与外部环境的联络达到控制重要资源的目的，但企业行为因外部环境的介入而权变，所有组织都不是完全自治的，总是会受到外部因素的影响。

社会网络理论强调组织间的各种关系纽带以解释企业的存在、成长等相关问题（Gulati and Gargiulo，1999）。虽然交易成本理论被公认为解释企业何以存在的权威，而资源基础观和组织学习理论被公认为解释企业如何成长问题的权威，但这些经典理论将组织以及组织中的个体均视为机械的原子，忽略社会情境以及互动关系制约等问题。显然割裂了个体间互动关系的原子论观点无法解释知识爆炸式增长下组织互动关系中的诸多问题（Burt，2004）。由于组织和组织中的个体都嵌入其所处的网络中，可以通过其网络中有价值的社会连带关系获得社会资源，这种社会资源赋予了组织或个人运用金融资本和人力资本的机会（黎耀奇、谢礼珊，2013）。建立组织网络可以降低企业交易成本，网络嵌入有助于产生信任从而控制机会主义行为并降低不确定性，也间接起到降低交易成本的作用，因此社会网络理论可以有力地解释组织间互动是如何影响组织存在与发展的。

综上，遵照自我中心网络内在逻辑“网络—能力—权力”（宋华、卢强，2017），结合资源依赖理论、社会网络理论和动态能力理论，建立全球价值链网络嵌入与知识权力间的逻辑关系。网络内各节点由于自身知识的有限性和差异性，基于节点间的知识需求形成由知识资源带来的知识依赖（Wang et al.，2011）。资源依赖理论（RDT）认为知识越稀缺相对越重要，由此引起的依赖程度越大即知识权力越大（Drees and Heugens，2012）。但企业所在全球价值链网络具有动态性，网络内权力格局处于变化中，企业通过将全球价值链网络内的资源转化为内在能力，便可提升其相对知识权力。因此，本研究将网络具体化为全球价值链网络，能力具体化为创新能力，权力具体化为知识权力，“网络—能力—权力”进一步具体化为“全球价值链网络—创新能力—知识权力”，提出了本研究的构念模型，具体如图 4-1 所示。构念模型主要包括五个层面，即全球价值链网络嵌入与知识权力的关系、全球价值链网络嵌入与创新能力的关系、创新能力与知识权力的关系、创新能力在全球价值链网络嵌入和知识权力间的中介效应、知识距离在全球价值链网络嵌入和创新能力间的调节效应。

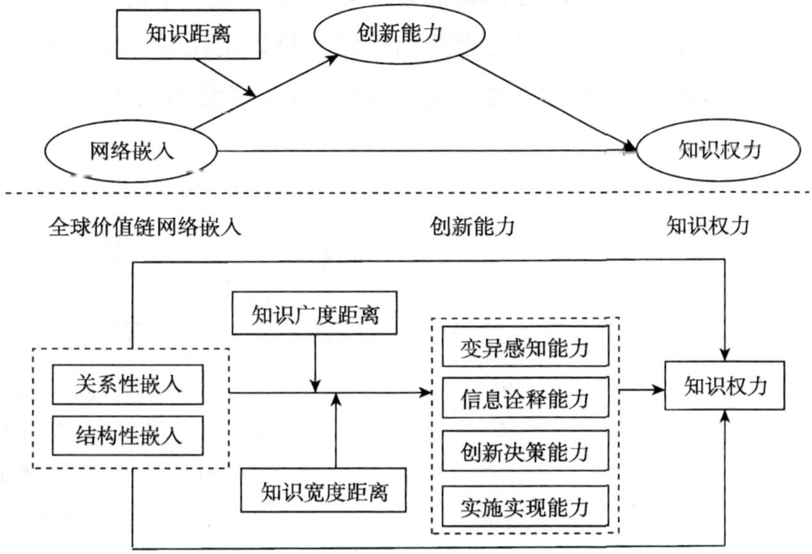

图 4-1 本书的构念模型

本章小结

基于资源依赖理论和社会网络理论、动态能力理论，根据“网络—能力—权力”的逻辑过程，本章研究全球价值链网络嵌入对企业知识权力影响的内在机理。首先，对相关概念即知识权力、全球价值链网络嵌入、创新能力以及知识距离进行明确界定。其次，结合资源依赖理论、社会网络理论、动态能力理论深入剖析全球价值链网络嵌入与企业知识权力的内在关系，具体分析了全球价值链网络嵌入的两个维度对知识权力、全球价值链网络嵌入的两个维度对创新能力的四个维度、创新能力的四个维度对知识权力的影响机理，以及创新能力在全球价值链网络嵌入与知识权力间的中介作用，知识距离在全球价值链网络嵌入与创新能力之间的调节作用。最后，构建全球价值链网络嵌入、创新能力、知识距离与知识权力的构念模型，揭示了创新能力的四个维度在全球价值链结构性嵌入、关系性嵌入与知识权力中起中介作用，即企业嵌入全球价值链提升知识权力是通过提升企业创新能力得以实现的，但二者之间受到知识距离的调节。本章5层理论假设和构念模型如表4-1和图4-2所示。

表4-1　本书研究假设

假设		内容描述
全球价值链网络嵌入与企业知识权力的关系	*H*1*a*	全球价值链结构性嵌入正向影响企业知识权力
	*H*1*b*	全球价值链关系性嵌入正向影响企业知识权力
全球价值链网络嵌入与企业创新能力的关系	*H*2*a*	全球价值链结构性嵌入正向影响企业变异感知能力
	*H*2*b*	全球价值链结构性嵌入正向影响企业信息诠释能力
	*H*2*c*	全球价值链结构性嵌入正向影响企业创新决策能力
	*H*2*d*	全球价值链结构性嵌入正向影响企业实施实现能力
	*H*3*a*	全球价值链关系性嵌入正向影响企业变异感知能力
	*H*3*b*	全球价值链关系性嵌入正向影响企业信息诠释能力
	*H*3*c*	全球价值链关系性嵌入正向影响企业创新决策能力
	*H*3*d*	全球价值链关系性嵌入正向影响企业实施实现能力
企业创新能力与企业知识权力的关系	*H*4*a*	企业变异感知能力正向影响企业知识权力
	*H*4*b*	企业信息诠释能力正向影响企业知识权力
	*H*4*c*	企业创新决策能力正向影响企业知识权力
	*H*4*d*	企业实施实现能力正向影响企业知识权力
创新能力在全球价值链网络嵌入与知识权力关系中的中介作用	*H*5*a*	企业变异感知能力在全球价值链结构性嵌入与知识权力关系间起中介作用
	*H*5*b*	企业信息诠释能力在全球价值链结构性嵌入与知识权力关系间起中介作用
	*H*5*c*	企业创新决策能力在全球价值链结构性嵌入与知识权力关系间起中介作用

续表

假设	内容描述	
创新能力在全球价值链网络嵌入与知识权力关系中的中介作用	*H5d*	企业实施实现能力在全球价值链结构性嵌入与知识权力关系间起中介作用
	H6a	企业变异感知能力在全球价值链关系性嵌入与知识权力关系间起中介作用
	H6b	企业信息诠释能力在全球价值链关系性嵌入与知识权力关系间起中介作用
	H6c	企业创新决策能力在全球价值链关系性嵌入与知识权力关系间起中介作用
	H6d	企业实施实现能力在全球价值链关系性嵌入与知识权力关系间起中介作用
知识距离负向调节全球价值链网络嵌入与企业创新能力的关系	*H7a*	知识深度距离负向调节全球价值链结构性嵌入与企业变异感知能力的关系
	H7b	知识深度距离负向调节全球价值链结构性嵌入与企业信息诠释能力的关系
	H7c	知识深度距离负向调节全球价值链结构性嵌入与企业创新决策能力的关系
	H7d	知识深度距离负向调节全球价值链结构性嵌入与企业实施实现能力的关系
	H8a	知识深度距离负向调节全球价值链关系性嵌入与企业变异感知能力的关系
	H8b	知识深度距离负向调节全球价值链关系性嵌入与企业信息诠释能力的关系
	H8c	知识深度距离负向调节全球价值链关系性嵌入与企业创新决策能力的关系
	H8d	知识深度距离负向调节全球价值链关系性嵌入与企业实施实现能力的关系
	H9a	知识宽度距离负向调节全球价值链结构性嵌入与企业变异感知能力的关系
	H9b	知识宽度距离负向调节全球价值链结构性嵌入与企业信息诠释能力的关系

续表

假设	内容描述	
知识距离负向调节全球价值链网络嵌入与企业创新能力的关系	*H9c*	知识宽度距离负向调节全球价值链结构性嵌入与企业创新决策能力的关系
	H9d	知识宽度距离负向调节全球价值链结构性嵌入与企业实施实现能力的关系
	H10a	知识宽度距离负向调节全球价值链关系性嵌入与企业变异感知能力的关系
	H10b	知识宽度距离负向调节全球价值链关系性嵌入与企业信息诠释能力的关系
	H10c	知识宽度距离负向调节全球价值链关系性嵌入与企业创新决策能力的关系
	H10d	知识宽度距离负向调节全球价值链关系性嵌入与企业实施实现能力的关系

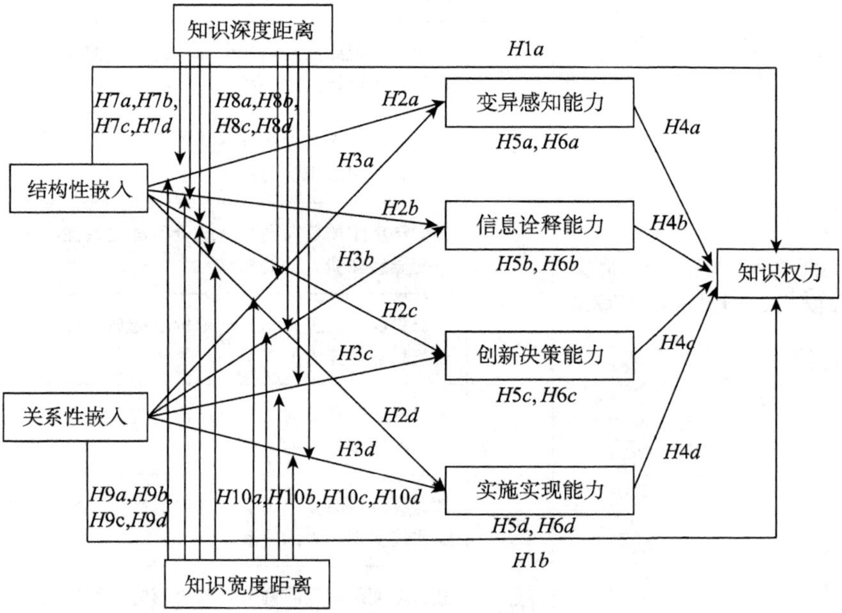

图 4-2　全球价值链嵌入与知识权力关系的构念模型

第五章　研究设计与数据采集

基于微观层面的制造企业全球价值链网络嵌入、创新能力及知识权力各个具体维度的相关数据无法从公开资料获取，本研究以问卷调查为主，采用定性研究与定量研究相结合的方法对各变量间关系进行分析。本章首先根据全球价值链网络嵌入的具体特征，设计全球价值链结构性嵌入、关系性嵌入、知识权力、创新能力、知识距离等相关变量的测量量表；随后进行小范围的预调研以便对问卷进行净化，利用净化后的问卷展开大规模调研获取数据，并对采集的数据进行样本和变量的描述性统计。

第一节　研究设计

一、研究设计结构

问卷设计及数据收集过程是否符合规范的实证研究，直接影响着所收集的数据是否合理、客观、全面且符合研究的基本要求，进而影响本研究的可靠性，因此问卷设计要结合调研目的、调研对象甚至数据处理的相关方法，从问卷结构、题项设置及语言表述多方面统筹考虑。问卷设计的目的在于反映调研内容的构思，设计量表题项要能准确反映构念，因此需避免设置诱导性、含混不清及表述不明确的问题题项，同时题项中设置选项既要避免重复又要避免不合情及不完整情形，还要考虑被调研对象的社会背景及数据的可靠性，采用合理的问卷结构并具备相应的控制性问题以体现调研对象间的个体差异。

本问卷设计的目的是确保能够解决对全球价值链网络嵌入、知识权力、创新能力等变量的测度问题，因此设计测量题项的标度时，既要考虑被调查者作答的难度，又要满足研究变量测量的信度和效度，综合考虑前人的做法，本研究采用李克特七点量表法即以奇数 1~7 依次标度等级。

正式问卷由三部分构成，包括导语、背景和主体部分。导语简单介绍调研目的、对被调研人员的要求、保密事项以及其他注意事项，为减少个人偏误，以显著的方式告知被调研者本调研的匿名性，并对调查者表示感谢，并承诺如企业需要，可将调研分析结果寄回企业，以供企业研究。在背景资料部分，涉及被调查者个体基本信息和企业基本信息两大类问题，个体基本信息如性别、年龄、职位、工龄以及学历，企业基本信息如参与全球价值链活动的方式、嵌入年限、企业规模、企业性质等。调查问卷主体部分由全球价值链网络嵌入（结构性嵌入和关系性嵌入）、创新能力（变异感知能力、信息诠释能力、创新决策能力、实施实现能力）、知识距离（知识深度距离和知识宽度距离）、知识权力构成。为避免单一题项度量构念的局限，本问卷对同一构念至少设计三个题项进行测量。

二、研究设计过程

根据研究设计的原则，问卷设计要尽可能沿用已有的成熟量表（陈晓萍、徐淑英、樊景立，2012）。本研究关注企业全球价值链网络嵌入对企业知识权力的影响，在调研设计过程中，各变量的测量量表如结构性嵌入、关系性嵌入、创新能力均已有研究者做过实证，且是经验证的相对成熟的量表，因此可以直接采用。但需要注意的是，成熟的测量量表均是根据其所依赖的环境特殊性和研究目的特殊性来设计的，例如：由于研究背景的差异，在其他网络背景如创新联盟下适用的网络嵌入量表难以完全适用于全球价值链网络背景下。因此，在本问卷设计的过程中应该采取谨慎的态度使用已有的成熟量表。在已有学者研究的基础上，本研究测量题项首先对相关文献进行梳理，然后组织相关领域专家学者进行研讨，并进行实地调研，通过企业小数量测试和预调研，进行一定的修订，最终形成正式问卷进行正式调研。具体过程如下：

第一步，研究对象的确定。考虑到中国制造业在全球价值链中已有20年的发展历程，经历过OEM、ODM、OBM、IBM各种典型形式的全球价值链融入方式的洗礼，既有成功的典范，也有失败的企业，既有宏观研究的数据支撑，也有微观研究的案例分析。考虑到研究结果的可对比性和研究可行性，本研究以中国制造企业为对象。

第二步，收集初始测量题项。在确定了本研究框架并明确本研究的四个主要变量之后，笔者首先检索与企业全球价值链网络嵌入、创新能力、知识权力、知识距离等相关的国内外文献并进行梳理，借鉴文献中被广泛运用的各种成熟量表，对不同研究背景下的测量量表进行比较，选择研究背景、研究目的与本研究相近且通过信度和效度检验的测量量表，然后结合全球价值链背景进行修正。在此基础上，根据本研究思路和结构，形成访谈提纲（详见附录A），并选择嵌入全球价值链的中国制造企业如轴研科技股份有限公司、中国一拖、中信重机等进行面对面访谈，再次对问卷测量题项进行完善。

第三步，测量题项的回译。本研究中部分变量如知识权力和知识距离采用的部分成熟量表来自国外文献，而本研究调研对象为中国制造企业，因此将原文献中的测量题项精准地翻译成中文至关重要，否则容易背离原文献中测量题项的意图，从而影响问卷效度和信度。为了提高翻译的准确性，本研究利用回译的方式，先将原英文文献的测量题项译成中文，再让不同的人将中文题项翻译成英文，分别进行比对，同时将翻译好的问卷与国内学者采用的问卷进行对比，针对有分歧的题项进行反复讨论并征询相关专家意见，形成最终的中文量表。

第四步，小规模访谈。本研究的问卷设计尽可能沿用已有的成熟量表，但相关成熟量表不可能完全与本研究的目的和研究方法一致，因此即便是成熟的测量量表，仍需要根据其所依赖的环境特殊性和研究目的特殊性进行调整。本研究通过小规模访谈达到使成熟量表与本研究相匹配的目的。首先，对河南科技大学 MBA 学员班成员以及中国制造企业如轴研科技股份有限公司、中国一拖、中信重机等中高层管理人员进行小规模访谈，主要涉及他们对本研究中全球价值链网络嵌入、创新能力和知识权力以及知识距离等变量及其测量维度的理解，以及相关变量间存在的假设关系是否符合企业运营的实际状况，为后续的量表开发和修正提供实践支持。其次，多次与相关研究领域的专家就变量测量题项进行探讨以提高内容效度。相关学者对本研究中全球价值链网络嵌入与知识权力之间的关系等主体领域都有一定深度的见解，对问卷量表提出了建设性意见。最后，借助团队知识，在团队内就问卷结构、概念界定、模型构建及所有研究变量测量题项等问题进行多次探讨，并在团队范围内进行模拟访谈，提高概念上的严谨度和理论上的清晰度。

第五步，问卷修订并形成终稿。在大规模正式调研之前，本研究选择河南科技大学 MBA 学员、中国制造业展销会等进行小范围预调研，对预调研过程中发现的问题如语言不顺、题项重复、内容不好理解等进行修订，最终形成本研究的调研问卷。

三、问卷的偏差控制

本问卷由导语、背景和主体共三部分构成。除了背景资料部分涉及被调查者个体基本信息和企业基本信息，本问卷设计的问题多数为主观题，由于被调研对象间存在理解偏差和认知偏差，使调查结果有可能无法反映实际情况，如被调研对象不知题意或不愿意就某一问题进行作答却最终进行了莫名其妙的作答，均会造成调研结果偏差，所以在问卷设计及调研过程中应尽可能考虑偶发因素，尽量减少或消除其带来的负面影响。本研究具体通过以下措施控制偏差：

第一，调研方式以面对面为主。面对面的方式可以消除被调研者曲解题项的可能，能够清楚地把握问卷的调研进程和问卷作答质量，同时可以及时解释问卷中涉及的不可替代的专业术语，及时向被调研者解答问卷中令其感到困惑的问题。

第二，被调研对象为企业外贸业务主管、运作管理主管、技术研发人员等，剔除非相关人员的无效问卷，尽量防止其他无关人员由于完成任务而随心所欲地作答。

第三，为避免被调研对象不愿意作答的情况，在调研前首先告知被调研者本研究的学术目的，不涉及企业商业机密，消除其顾虑，同时也将对企业的相关信息和被调研者个人信息进行保密，更承诺不会将调查数据用于商业用途。

第二节　变量测量

一、全球价值链网络嵌入测量

诸多学者对网络嵌入已经做了相当多的测量开发工作，但具体到全球价值链网络嵌入的测量研究还存在以下问题：第一，网络嵌入的测量维度存在一定差异；第二，由于各测量量表用于不同的研究背景，其对概念的操作化定义也有较大的差异。表 5-1 为不同学者对全球价值链网络嵌入测量的方式汇总。

表 5-1　不同学者对全球价值链网络嵌入的测量

相关学者	测量方式
Hummels 等（2001）	利用投入产出表数据，以垂直专业化测算计算全球价值链网络嵌入水平
Koopman 等（2010），康淑娟（2018），孙学敏、王杰（2016）	利用投入产出表数据，以国内增加值比例法反映全球价值链网络嵌入程度的主要指标

续表

相关学者	测量方式
刘维林、李兰冰、刘玉海（2014）	将全球价值链网络嵌入分为产品嵌入和服务嵌入。产品嵌入代表供应链条上产品制造上、下游环节之间的关系，服务嵌入代表功能链条上制造环节与两端服务环节的关系，分别考察其不同的嵌入程度
Nahapiet 和 Ghoshal（2000），Cowan 等（2007），Garcia－Villaverde 等（2018）	根据社会资本理论，将网络嵌入分为结构嵌入、关系嵌入、认知嵌入三个维度，测量方式偏向社会学和心理学范畴
Kim（2014），张贵、孔月辉、刘泽阳（2017），闫俊、葛宝山、董保宝（2018）	重点考察网络的深度和广度与企业资源获取的关系，将网络嵌入分解为结构嵌入和关系嵌入两个维度

参照学者们对网络嵌入的不同理解，结合本研究的网络背景以及实地调研情况，本研究重点在于探究网络深度和广度对价值链内企业地位的影响，将其分为两个维度即结构性嵌入和关系性嵌入。按照这种维度划分，结构性嵌入指全球价值链网络嵌入的方式、嵌入位置、嵌入便利性等决定企业获得网络资源途径的特征，代表了一种基于价值链位置的机会优势，借鉴吴波、李生校（2010）和张贵、孔月辉、刘泽阳（2017）等的研究成果，用与国外业务往来对象的持续时间、与国外业务合作企业的多样性、不断寻找不同类型的国际合作对象、与国外业务往来对象的合作范围和交涉领域等 4 个题项测度结构性嵌入。关系性嵌入是指嵌入全球价值链内节点企业间的互动、信任、互惠等决定嵌入企业获取资源质量及难易程度的特征，借鉴 Kale 等（2000）、王雷等（2014）、Gebreeyesus 等（2013）的量表，用与国外往来企业的交流（非正式或正式）频度、与国外往来企业的交流融洽、与国外往来企业的业务关系稳定、与国外往来企业彼此信任、与国外往来企业相互帮助共同解决问题等 5 个题项测度关系性嵌入。表 5-2 为全球价值链网络嵌入测量题项的具体内容。

表 5-2 全球价值链网络嵌入测量题项

测量变量	编号	题项内容	参考文献
全球价值链结构性嵌入	*SE*1	与国外业务往来对象的持续时间较长	张贵、孔月辉、刘泽阳（2017），Kale 等（2000），Gebreeyesus 等（2013）
	*SE*2	与多个国家有业务合作往来	
	*SE*3	不断寻找不同类型的国际合作对象	
	*SE*4	与国外业务往来对象的合作范围和交涉领域不断扩大	
全球价值链关系性嵌入	*RE*1	与国外往来企业的交流（非正式或正式）非常频繁	
	*RE*2	与国外往来企业的交流很融洽	
	*RE*3	与国外往来企业的业务关系很稳定	
	*RE*4	与国外往来企业彼此信任	
	*RE*5	能与国外往来企业互相帮助共同解决问题	

二、知识权力测量

由于对知识权力的界定存在差异，学者围绕知识权力的测量量表也存在差异。借鉴 French 和 Raven（1959）对组织权力的五分法①，Zhao 等（2008）、谢永平等（2014）将知识权力分解为专家权、奖赏权和强制权。专家权是因对核心技术的掌控而具有权威性，奖赏权则由企业对合作者实行奖励而具备影响力，强制权则由企业对合作者发布命令或实行惩治而具备影响力和控制力。党兴华、查博（2011）在研究技术创新网络中的知识权力时，结合技术创新网络特征，将法定权和参照权剔除，提出技术创新网络中企业知识权力包括直接性知识权力和衍生性知识权力，并将专家权视为企业直接性知识权力，而奖赏权和强制权为衍生性知识权力。Maloni 和 Benton（2000）在研究供应链中权力的影响时，提出供应链中的权力包括媒介权力和非媒介权力，其中媒介权力包括奖赏权和强制权，非媒介权

① French 和 Raven 将社会网络中组织的权力分为强制权、奖赏权、法定权、专家权及参照权五类，即权力五分法。

力包括专家权和法定权。Handley 和 Benton（2012）也提出媒介权力指的是利用外部动机来获得期望的回应，通常包括奖励权、合法权和胁迫性权力；非媒介权力是指通过协助产生的权力，或者指目标认知下的专家权和参照权。在研究新创企业知识权力的测量时，芮正云、罗瑾琏（2017）借鉴 Knoke（1990）、郭献强等（2014）的研究，以企业对网络中知识资源的控制力、对合作者的知识管理活动的制约程度、被合作者的资源依赖程度、企业不作为对网络成员的影响力等问题进行测度。表 5-3 为不同学者对知识权力测量的方式汇总。

表 5-3　不同学者对知识权力的测量

相关学者	测量方式
Zhao 等（2008），谢永平、韦联达、邵理辰（2014）	将知识权力分解为专家权、奖赏权和强制权，专家权是因对核心技术的掌控而具有权威性，奖赏权则由企业对合作者实行奖励而具备影响力，强制权则由企业对合作者发布命令或实行惩治而具备影响力和控制力
Maloni 和 Benton（2000），Handley 和 Benton（2012）	媒介权力：借助媒介实现的接受者无法拒绝的衍生性知识权力。非媒介权力：不需要依赖媒介实现对权力接受者的影响的直接性知识权力
Knoke（1990），郭献强、党兴华、刘景东（2014），芮正云、罗瑾琏（2017）	从知识权力的影响力和控制力两个方面进行测量，具体题项如企业对网络中知识资源的控制力、对合作者的知识管理活动的制约程度、被合作者的资源依赖程度、企业不作为对网络成员的影响力等

本书研究目的主要是揭示全球价值链网络嵌入特征对企业知识权力影响的内在机理，关注企业在其所嵌入的价值链中因其特有的知识对价值链成员的影响力和价值链治理能力（对其他企业的控制力）。借鉴 Knoke（1990）、党兴华等（2011）、徐可等（2014）、芮正云等（2017）采用的量表，从影响力和控制力两个方面进行测量，用与国内或国外业务往来企业在知识交流中得到了重视、技术提升引起了国内或国外业务往来企业的重视、技能得到了国内或国外业务往来企业的重视、经验被国内或国外企业模仿或学习、对国内或国外业务往来企业可以实施奖励、对国内或国外

业务往来企业可以进行惩罚、利用技术优势迫使国内或国外业务往来企业接受合作等 7 个题项测度知识权力。表 5-4 为知识权力测量题项的具体内容。

表 5-4　知识权力测量题项的具体内容

测量变量	编号	题项内容	参考文献
知识权力	*KP*1	与国内或国外业务往来企业在知识交流中得到了重视	Knoke（1990），郭献强、党兴华、刘景东（2014），芮正云、罗瑾琏（2017）
	*KP*2	技术提升引起了国内或国外业务往来企业的重视	
	*KP*3	技能得到了国内或国外业务往来企业的重视	
	*KP*4	经验被国内或国外企业模仿或学习	
	*KP*5	对国内或国外业务往来企业可以实施奖励	
	*KP*6	对国内或国外业务往来企业可以进行惩罚	
	*KP*7	利用技术优势迫使国内或国外业务往来企业接受合作	

三、创新能力测量

不同学者对创新能力的测量已在前文中进行文献综述，在此不再赘述。参照学者们对创新能力的不同理解，结合本研究的网络背景以及实地调研情况，本研究借鉴张军、许庆瑞（2012）基于企业是“社会—技术”系统的思想，基于“知觉—响应”模型对创新能力进行的理论解构，将创新视为内部资源与外部资源相互交融的动态反应过程，将创新能力视为企业内部知识和外部知识的交融互动形成的一种动态“知识能力”，并分解为变异感知能力、信息诠释能力、创新决策能力、实施实现能力。这一解构方式强调企业在网络内的知识搜索、知识内化、知识组合以及知识再创造的“社会—技术”的系统理解。创新能力的测量题项参考王猛等（2017）、盛伟忠等（2015）的观点，主要借鉴张军、张素平、许庆瑞（2012）的研究成果。变异感知能力主要来源于技术与信息获取能力、技术需求感知性，测量指标为 3 个题项；

信息诠释能力则主要来源于内部组织的讨论活动和外部人员的各种交互性活动，测量指标为 3 个题项；创新决策能力主要来源于高管人员对创新的关注和判定、对各种概念或方案的多角度评估，测量指标为 4 个题项；实施实现能力则主要来源于对产品、流程、制度等创新的变现能力，测量指标为 5 个题项。创新能力四个维度的测量题项具体内容见表 5–5。

表 5–5　创新能力测量题项的具体内容

测量变量	编号	题项内容	参考文献
变异感知能力	*VPA*1	市场人员能与客户进行广泛沟通	盛伟忠、陈劲（2015），王猛、姜照君（2017），张军、张素平、许庆瑞（2012）
	*VPA*2	能及时获取客户需求信息	
	*VPA*3	设有专门的市场研究职能，负责市场与客户需求变化信息的收集	
信息诠释能力	*IIA*1	经常邀请外部的技术专家来企业进行专题研讨	
	*IIA*2	经常邀请行业资深的市场分析人员到企业进行专题研讨	
	*IIA*3	专业人员（如技术、市场人员）经常参加外部举办的各种会议/论坛/研讨会	
创新决策能力	*IMDA*1	将创新方案的选择建立在多个成员观点基础上	
	*IMDA*2	尽可能多角度地产生尽可能多的创新方案/对策	
	*IMDA*3	对每个创新方案都进行全方位考察，以提高决策水平	
	*IMDA*4	在多角度评估基础上选择创新方案/措施	
实施实现能力	*IA*1	创新项目进行中，基于评估状况提出改善建议并及时进行调整工作	
	*IA*2	定期对创新项目（产品开发等）的资源使用状况进行评估	
	*IA*3	各个部门之间有定期会议，讨论技术与市场发展趋势以便修正与调整项目	
	*IA*4	容易从外部获取创新（如产品开发、工艺改良等）所需的资源（如资金、人才等）	
	*IA*5	管理人员经常对相关政策、法规、竞争者动态及其可能结果进行讨论，以及时响应调整	

四、知识距离测量

知识距离的测量多以 Jaffe 提出的计算方法即以企业与合作企业拥有的专利数量的差距进行衡量（Jaffe，1986），也有学者如曾德明、文金艳（2015）进一步提出以企业与合作企业拥有的所属技术领域的专利差异情况来衡量。多数文献则通过将知识距离分为不同维度进行测量。Capaldo 等（2017）、Asakawa 等（2017）将知识距离分为知识地理距离和知识技术距离两个维度，国内学者蒋楠、赵嵩正（2016）也采用这种方式进行了测量。陈涛等（2013）则将知识距离分为组织知识距离和职业知识距离。更多的学者在 Turner 等（2002）知识的丰富性概念基础上，将知识距离分为知识宽度距离和知识深度距离，如张莉、和金生（2009）在研究组织内知识转移效率时，将知识距离分为知识深度距离和知识宽度距离两个维度分别进行探讨，肖志雄（2014）在研究服务外包企业的知识吸收能力时也依据知识丰富度将知识距离分为知识宽度距离和知识深度距离。表 5-6 为不同学者对知识距离测量的指标汇总。

表 5-6 不同学者对知识距离的测量

相关学者	测量方式
易靖韬、蒙双、蔡菲莹（2017），曾德明、文金艳（2015）	选用专利数据，计算企业与合作企业的专利储量的差值或差值平方和除以行业内企业数量
Capaldo 等（2017），Asakawa 等（2017），蒋楠、赵嵩正（2016）	将知识距离分为知识地理距离和知识技术距离两个维度。知识地理距离以合作企业间的实际距离进行测量，知识技术距离以合作企业间行业的接近性、知识的重叠程度和技术发展路径的相似性进行测量
陈涛、王铁男、朱智洺（2013）	将知识距离分为组织距离和职业距离。组织距离以知识结构差异来衡量，职业距离以员工知识结构、教育背景和工作经验等方面的差异来衡量
肖志雄（2014）	将知识距离分为知识宽度距离和知识深度距离。通过如“本企业现从事业务与原来业务没有任何关系”“本企业员工与客户技术代表在专业领域的交流上存在很大障碍”等共 6 个题项测量服务外包企业与合作企业的知识距离

参照学者们对知识距离的不同理解，结合本研究的网络背景以及实地调研情况，本研究从知识的丰富性角度将其分为两个维度即知识宽度距离和知识深度距离。按照这种维度划分，全球价值链企业间的知识宽度距离是指双方的技术发展历程、经营管理沿革、员工在多样化以及信息获取渠道种类等知识结构上的差异，知识深度距离是指全球价值链企业间在专业领域、主营业务技术水平、科研人员等知识专业化程度上存在的差距。本研究知识距离的测量题项借鉴 Capaldo 等（2017）、肖志雄（2014）等的研究成果，从知识的相近度、行业的接近性、成长相似性三个方面来衡量知识距离，知识深度距离和知识宽度距离测量指标分别为 4 个题项，具体内容见表 5-7。

表 5-7　知识距离测量题项的具体内容

测量变量	编号	题项内容	参考文献
知识深度距离	*KDD*1	与国外业务往来企业的技术代表在专业领域的交流存在障碍	Capaldo 等（2017），肖志雄（2014）
	*KDD*2	与国外业务往来企业的主营业务技术水平存在差距	
	*KDD*3	与国外业务往来企业在科研人员专业在背景及数量上有差距	
	*KDD*4	与国外业务往来企业的员工在探讨专业技能、专业知识时比较困难	
知识宽度距离	*KWD*1	与国外业务往来企业的技术发展历程和沿革不同	
	*KWD*2	与国外业务往来企业的员工在多样化上存在差异	
	*KWD*3	与国外业务往来企业的员工学历水平有较大差距	
	*KWD*4	与国外业务往来企业在信息获取渠道及种类上存在差距	

五、其他控制变量测量

网络嵌入与企业创新能力、知识权力的关系研究中除了网络内企业间知识距离这一情境因素外，还与企业自身属性特征如员工规模、企业性质、上市与否等密不可分。为减少其他非主要变量对企业创新能力、知识权力的干扰，进一步明确本研究模型中全球价值链结构性嵌入和关系性嵌入对企业知识权力的影响效应以增强模型的说服力，根据魏江等（2014）、Shi 等（2014）、刘群慧等（2014）、曾萍等（2017）的研究，本研究选取员工规模、企业性质、上市与否、销售收入、企业类型 5 个变量作为控制变量。

（一）员工规模

员工规模影响资源配置效率及创新战略的实施，影响企业对网络内知识资源的吸收和利用。通常规模越大，企业越有机会在全球价值链网络内获取更多资源。根据以往研究，本研究将员工规模分为 100 人及以下、101~200 人、201~500 人、501~1000 人、1001~5000 人、5000 人以上。同时为避免调研过程中产生的理解偏差，员工数量统一采用正式职工人数。

（二）企业性质

在转型经济体中，企业性质会影响到企业创新活动，这一现象在制造行业中更加明显，因此企业性质这一变量在实证研究中常被作为控制变量。参照已有研究，本研究将企业性质分为国有企业、中外合资企业、民营企业、外商独资企业及其他（如公私合营、联营企业等）。

（三）上市与否

上市与否反映了一种制度影响力，多数文献实证结果表明，企业上市与否会对企业创新活动产生影响，因此本研究加入这一控制变量。

（四）销售收入

销售收入与员工规模都被视为企业规模的替代指标，均会影响到资源配置效率及企业战略灵活性，进一步影响企业知识资源获取的范围和途径，从而影响企业创新能力和知识权力。根据以往研究，本研究将销售收入分为1000万元及以下、1001万~5000万元、5001万~1亿元、1亿~10亿元、10亿元以上。同时为避免调研过程中产生的理解偏差，销售收入统一采用企业年销售额。

（五）企业类型

行业属性不同会使价值网络中的企业对资源的需求不同，且制造企业间异质性较强，劳动密集型、知识密集型与资本密集型行业间在行业规范、制度建设、创新环境等方面大有不同，对网络内企业创新能力和知识权力存在不同程度影响。结合现有研究以及中国制造业的实际情况，本研究将中国制造业主要分为农副食品加工制造、机械产品制造、纺织和皮毛制造、木材及家具制造、文教体育用品制造、化工类产品制造、医药产品制造、金属与非金属制造、烟草制造、电子设备制造及其他。

第三节　预调研与问卷净化

一、预调研

在正式开展问卷调研之前，为进一步接近企业、了解企业，笔者进驻轴研科技股份有限公司进行一个月的实地调研，和企业中高管一起讨论研究计划和研究设计，不断完善访谈提纲和调查问卷。此外，本研究重点在轴研科技股份有限公司、中国一拖、中信重工三家具有全球业务的制造企业进行小范围的深度访谈并收集45份预调研问卷，以期通过预调研实现对测量量表的确定，进行试探性的可靠性分析。

二、测量量表题项净化

本研究采用的测量量表中，既有已被实证研究检验过的成熟量表，也有综合文献资料、专家评议、企业访谈做出的量表。为将变量各维度既能明确区分又能归属同一构念，本研究以探索性因子分析和校正的项总计相关性（corrected item total correlation，CITC）对问卷进行净化。首先，检验是否可作因子分析。以KMO和Bartlett球形检验值为标准判断测量题项能否进行探索性因子分析，KMO值较大，说明变量间有共同因子，可作因子分析。鉴于变量间简单相关系数和偏相关系数的大小关系与相关性有关，偏相关系数远小于简单相关系数时说明相关性强，则KMO值较大，一般情况下，适合因子分析的标准为KMO最低值超过0.7且Bartlett检验的统计值小于显著性水平。其次，对各测量量表进行探索性因子分析，以特征根和因子载荷为标准判断是否需要删除题项。根据最大方差方法对初始因子载荷矩阵进行旋转，删除因子载荷量低于0.5且不大于1的特征根的题项（Kaiser，1960），同时降低交叉负荷，删除两个及两个以上因子载荷量均大于0.5的题项（吴明隆，2010），并再次进行因子分析。最后，进行CITC和内部一致性信度分析。CITC可以减少多因子负荷现象，当CITC值小于0.35时，应该删除此题项（李怀祖，2004），进一步进行量表净化。信度反映变量数据的可靠性和稳定性，信度值高代表测量量表或方法得到的结果一致性程度高，通常以指标 *Cronbach's* α 系数达到0.75以上为标准（李怀祖，2004）。

（一）全球价值链网络嵌入题项净化

首先检验全球价值链网络嵌入是否适合作因子分析，KMO和Bartlett球形检验结果见表5-8，结果显示全球价值链网络嵌入可作因子分析。

表 5-8　全球价值链网络嵌入量表的 KMO 和 Bartlett 球形检验

取样足够度的 KMO 度量	0.769	
Bartlett 球形检验	近似卡方	165.415
	df	36
	Sig.	0.000

用最大方差方法对初始因子载荷矩阵进行旋转，旋转后共提取了 2 个公共因子，总解释方差比例为 70.071%，探索性因子分析结果见表 5-9。可以看到，在全球价值链结构性嵌入的量表中，4 个测量题项的因子负荷均大于 0.5 的最低标准，而在关系性嵌入的测量量表中，除题项 *RE*4 外，其余 4 个测量题项的因子负荷也大于 0.5 的最低标准，因此删除题项 *RE*4。删除题项后再一次进行因子分析，结果见表 5-9，表中各测量题项的因子载荷均大于 0.5，说明全球价值链网络嵌入两个维度测量题项各自和所属的变量对应。

表 5-9　全球价值链网络嵌入探索性因子分析

变量	题项	第一次因子分析			第二次因子分析		
		因子	特征根	贡献率/%	因子	特征根	贡献率/%
结构性嵌入	*SE*1	0.601	3.616	40.178	0.602	3.506	43.831
	*SE*2	0.650			0.647		
	*SE*3	0.653			0.655		
	*SE*4	0.730			0.729		
关系性嵌入	*RE*1	0.751	2.132	23.689	0.781	2.099	26.240
	*RE*2	0.759			0.770		
	*RE*3	0.676			0.698		
	*RE*4	0.198			删除		
	*RE*5	0.729			0.723		

对全球价值链网络嵌入测量量表进行 CITC 和内部一致性信度分析，结果见表 5-10。表 5-10 显示 8 个题项的 CITC 值最低为 0.613，且不存在删除后能提高 α 系数的题项。同时，全球价值链结构性嵌入和关系性嵌入两个变量的 *Cronbach's* α 系数值均大于 0.7。

表 5-10　全球价值链网络嵌入的 CITC 和内部一致性信度分析

变量	题项	CITC	删除该项后 α 系数	整体 α 系数
结构性嵌入	*SE*1	0. 613	0. 784	0. 816
	*SE*2	0. 643	0. 769	
	*SE*3	0. 636	0. 771	
	*SE*4	0. 711	0. 747	
关系性嵌入	*RE*1	0. 772	0. 832	0. 878
	*RE*2	0. 762	0. 835	
	*RE*3	0. 712	0. 854	
	*RE*5	0. 715	0. 857	

（二）知识权力题项净化

首先检验知识权力是否适合作因子分析，KMO 和 Bartlett 球形检验结果见表 5-11，结果显示知识权力可作因子分析。

表 5-11　知识权力量表的 KMO 和 Bartlett 球形检验

取样足够度的 KMO 度量	0. 834	
Bartlett 球形检验	近似卡方	142. 507
	df	21
	Sig.	0. 000

用最大方差方法对初始因子载荷矩阵进行旋转，旋转后共提取了 1 个公共因子，总解释方差比例为 65. 579%，探索性因子分析结果见表5-12。可以看到，在知识权力的量表中，除题项 *KP*5 和 *KP*6 外，其他 5 个测量题项的因子负荷均大于 0. 5 的最低标准，因此删除这两个题项。删除题项 *KP*5 和 *KP*6 后再一次进行因子分析，结果见表 5-12，表中各测量题项的因子载荷均大于 0. 5，说明知识权力测量题项能对应知识权力变量。

表 5-12　知识权力探索性因子分析

变量	题项	第一次因子分析			第二次因子分析		
		因子	特征根	贡献率/%	因子	特征根	贡献率/%
知识权力	*KP*1	0.627	3.995	57.074	0.676	3.279	65.579
	*KP*2	0.571			0.543		
	*KP*3	0.706			0.676		
	*KP*4	0.648			0.694		
	*KP*5	0.467			删除		
	*KP*6	0.342			删除		
	*KP*7	0.635			0.690		

对知识权力测量量表进行 CITC 和内部一致性信度分析，结果见表 5-13。表 5-13 显示 5 个题项的 CITC 值最低为 0.603，且不存在删除后能提高 α 系数的题项，同时，知识权力变量的 *Cronbach's* α 系数值大于 0.7。

表 5-13　知识权力的 CITC 和内部一致性信度分析

变量	题项	CITC	删除该项后 α 系数	整体 α 系数
知识权力	*KP*1	0.704	0.837	0.868
	*KP*2	0.603	0.861	
	*KP*3	0.711	0.835	
	*KP*4	0.722	0.833	
	*KP*7	0.720	0.833	

（三）创新能力题项净化

首先检验创新能力是否适合作因子分析，KMO 和 Bartlett 球形检验结果见表 5-14，结果显示创新能力可作因子分析。

表 5-14　创新能力量表的 KMO 和 Bartlett 球形检验

取样足够度的 KMO 度量	0.729	
Bartlett 球形检验	近似卡方	322.098
	df	105
	Sig.	0.000

用最大方差方法对初始因子载荷矩阵进行旋转，旋转后共提取了 4 个公共因子，总解释方差比例为 69.632%，探索性因子分析结果见表 5-15。可以看到，在创新能力的量表中，变异感知能力、信息诠释能力、创新决策能力、实施实现能力 4 个变量相对应的测量题项的因子负荷均大于 0.5 的最低标准，说明创新能力测量题项各自和所属的变量对应。

表 5-15　创新能力探索性因子分析

变量	题项	因子	特征根	贡献率/%
变异感知能力	*VPA*1	0.602	5.663	37.751
	*VPA*2	0.683		
	*VPA*3	0.851		
信息诠释能力	*IIA*1	0.836	2.021	13.475
	*IIA*2	0.790		
	*IIA*3	0.753		
创新决策能力	*IMDA*1	0.696	1.466	9.776
	*IMDA*2	0.716		
	*IMDA*3	0.628		
	*IMDA*4	0.700		
实施实现能力	*IA*1	0.765	1.294	8.630
	*IA*2	0.633		
	*IA*3	0.609		
	*IA*4	0.526		
	*IA*5	0.657		

对创新能力测量量表进行 CITC 和内部一致性信度分析，结果见表 5-16。表 5-16 显示 15 个题项的 CITC 值最低为 0.531，且不存在删除后能提高 α 系数的题项，同时，创新能力各变量的 *Cronbach's* α 系数值均大于 0.7。

表 5-16 创新能力的 CITC 和内部一致性信度分析

变量	题项	CITC	删除该项后 α 系数	整体 α 系数
变异感知能力	*VPA*1	0. 578	0. 807	0. 790
	*VPA*2	0. 617	0. 730	
	*VPA*3	0. 746	0. 624	
信息诠释能力	*IIA*1	0. 659	0. 762	0. 818
	*IIA*2	0. 659	0. 764	
	*IIA*3	0. 698	0. 725	
创新决策能力	*IMDA*1	0. 660	0. 756	0. 815
	*IMDA*2	0. 640	0. 765	
	*IMDA*3	0. 570	0. 802	
	*IMDA*4	0. 692	0. 749	
实施实现能力	*IA*1	0. 770	0. 753	0. 830
	*IA*2	0. 658	0. 798	
	*IA*3	0. 631	0. 796	
	*IA*4	0. 531	0. 822	
	*IA*5	0. 634	0. 808	

（四）知识距离题项净化

首先检验知识距离是否适合作因子分析，KMO 和 Bartlett 球形检验结果见表 5-17，结果显示知识距离可作因子分析。

表 5-17 知识距离量表的 KMO 和 Bartlett 球形检验

取样足够度的 KMO 度量	0. 668	
Bartlett 球形检验	近似卡方	164. 123
	df	28
	Sig.	0. 000

用最大方差方法对初始因子载荷矩阵进行旋转，旋转后共提取了 2 个公共因子，总解释方差比例为 79. 25%，探索性因子分析结果见表 5-18。可以看到，在知识距离的量表中，知识深度距离测量题项的因子负荷中除

*KDD*4、知识宽度距离测量题项的因子负荷中除 *KWD*3 外，分别有 3 个题项均大于 0. 5 的最低标准，因此删除题项 *KDD*4 和 *KWD*3，再一次进行因子分析，结果见表 5-18，表中各测量题项的因子载荷均大于 0. 5，说明知识距离两个变量测量题项各自和所属的变量对应。

表 5-18 知识距离探索性因子分析

变量	题项	第一次因子分析			第二次因子分析		
		因子	特征根	贡献率/%	因子	特征根	贡献率/%
知识深度距离	*KDD*1	0. 674	2. 207	38. 338	0. 750	0. 873	47. 885
	*KDD*2	0. 709			0. 691		
	*KDD*3	0. 701			0. 760		
	*KDD*4	0. 371			删除		
知识宽度距离	*KWD*1	0. 840	3. 067	27. 586	0. 831	1. 882	31. 365
	*KWD*2	0. 842			0. 898		
	*KWD*3	0. 367			删除		
	*KWD*4	0. 770			0. 825		

对知识距离测量量表进行 CITC 和内部一致性信度分析，结果见表 5-19。表 5-19 显示 6 个题项的 CITC 值最低为 0. 636，且不存在删除后能提高 α 系数的题项，同时，知识距离各变量的 *Cronbach's* α 系数值均大于 0. 7。

表 5-19 知识距离的 CITC 和内部一致性信度分析

变量	题项	CITC	删除该项后 α 系数	整体 α 系数
知识深度距离	*KDD*1	0. 679	0. 735	0. 815
	*KDD*2	0. 636	0. 777	
	*KDD*3	0. 694	0. 721	
知识宽度距离	*KWD*1	0. 805	0. 889	0. 909
	*KWD*2	0. 876	0. 822	
	*KWD*4	0. 789	0. 896	

第四节　数据收集及描述性统计

一、正式调研的数据收集

通过小样本试调研的调试，形成最终正式调研问卷。正式调研问卷见附录 B。

（一）问卷信息

正式问卷信息包括基本信息和调研信息。基本信息包括两个层面信息，即企业信息和被调研者信息，企业信息包括参与全球价值链活动的方式、参与全球价值链活动的时长、企业初次嵌入全球价值链所处的业务发展阶段、在全球价值链结构中的地位、企业职工人数、企业的性质、是否是上市公司、最近一年的年销售额、企业类型等；被调研者信息包括性别、年龄、职位、任职年限和最高学历。调研信息是问卷的主体部分，主要包括全球价值链结构性嵌入、关系性嵌入、变异感知能力、信息诠释能力、创新决策能力、实施实现能力、企业知识权力、知识深度距离、知识宽度距离等变量的测量题项。

（二）问卷发放方式

正式调研问卷发放主要通过笔者在工作往来和访谈中获取的信息，围绕制造企业展开。发放形式以传统的面访为主。以笔者及其团队关系资源为中心进行辐射，首选中国装备制造业基地，利用他们对制造企业的深刻理解以提高问卷信度。由于本研究调研问卷采取集中发放的方式，尤其是展销会上进行的集中调研多采用纸质方式进行，调研问卷回收率得到保证。

（三）调研团队

为确保调研问卷质量和回收效率，本研究调研团队成员主要来自高校和企业。高校成员主要来自西北大学经济管理学院全球价值链网络嵌入与知识权力关系研究课题组成员，成员均为硕士以上学历，对本研究主题有一定的了解，能够确保问卷的一致性。同时，也有来自河南科技大学、华北水利电力大学、西安财经学院等高校教师提供的企业资源，借助于高校教师与企业的密切联系，利用他们的影响力为本次调研提供传播平台。企业成员主要来自中国一拖、中信重机、轴研科技股份有限公司、郑州三磨所等多家有深度联系的企业的中高层管理人员。

（四）问卷发放时间

考虑到中国制造企业展销会会展时间，调研分为两个阶段进行，第一个阶段为 2017 年 12 月至 2018 年 5 月，第二个阶段为 2018 年 9 月至 2019 年 1 月。

（五）问卷筛选

出现以下情况对问卷予以删除：①不完全问卷，以问卷主体部分缺答题项累计达到或超过 10%为标准，主体部分如有缺失视为不完全问卷予以删除。②重复问卷，同一企业内回收的问卷出现雷同或同一人作答的情况。③规律性问卷，如问卷答案出现“Z”字形循环或所有题项答案一样或连续出现同一答案选项 5 次以上的问卷均被视为应付作答，予以删除。④逻辑自相矛盾。如在“填报人基本信息”里，年龄为 25 岁以下，任职时间却选择“9 年以上”，作删除处理；再如正式职工人数在“100 人以下”，企业的性质却选择“国有企业”，均被视为逻辑错误。⑤不符合本研究对象要求的问卷。本次调研对象企业性质为制造企业且主要研究处于全球价值链内劣势地位的企业，非制造企业或在与国外业务往来企业合作过程中是否处于劣势地位选择为“否”的问卷均不符合本研究对象要求。

（六）问卷回收

正式调研共发放810份问卷，回收问卷595份，剔除无效问卷（漏答）、不合要求问卷（没有全球业务或不属于制造业或在全球价值链中已经处于领先地位的企业）、逻辑错误问卷（前后矛盾）、极端数据问卷（如答案同一），最终有效问卷为498份，有效回收率为61.48%，具体发放和回收信息如表5-20所示。通常样本数和估计参数之间的比例应至少为5∶1（Bentler and Chou，1987），即样本量是估计参数的5倍以上，而且是在样本量完全符合条件的前提下，如无遗漏值及例外值，估计参数是观察参数的2倍（Baumgartner and Homburg，1996）。根据Hair等（2014）总结的样本需求量的4个原则，本研究共有7个构面，需要至少300个样本。综合以上原则，本研究的问卷回收量达到了研究要求。

表5-20　正式调研问卷发放和回收信息

发放方式	发放数量/份	回收数量/份	回收率/%	有效问卷/份	有效问卷占比/%
企业实地调研	147	108	73.47	99	67.35
MBA成员班	52	47	90.38	39	75.00
展销会	390	294	75.38	224	57.44
委托调研	221	146	66.06	136	61.54
合计	810	595	73.46	498	61.48

二、样本的描述性统计

正式调研的被调研对象人口统计特征如表5-21所示。从表5-21来看，被调研对象中，男性占比80.1%，这一比例符合中国制造业男多女少的实际情况。

被调研对象年龄的分布情况为：25岁及以下被调查者8位，占比1.6%；26~30岁被调查者16位，占比3.2%；31~35岁被调查者51位，占比10.2%；36~40岁被调查者156位，占比31.3%；41~45岁被调查者116位，占比23.3%；46~50岁被调查者81位，占比16.3%；51~55岁被调查者 45 位，占比 9.0%；56~60 岁被调查者 16 位，占比 3.2%；61 岁及以上被调查者 9 位，占比 1.8%。

被调研对象职位的分布情况：高层管理者 38 位，占比 7.6%；业务部门的经理或负责人 193 位，占比 38.8%；技术部门的经理或负责人 137 位，占比 27.5%；职能部门的经理或负责人 117 位，占比 23.5%；其他职位 13 位，占比 2.6%。

被调研对象工作年限的分布情况：3 年以下 30 位，占比 6.0%；3~6 年 158 位，占比 31.7%；7~9 年 169 位，占比 33.9%；9 年以上 141 位，占比 28.3%。

被调研对象学历的分布情况：专科 67 位，占比 13.5%；本科 311 位，占比 62.4%；硕士 85 位，占比 17.1%；博士 20 位，占比 4.0%；其他 15 位，占比 3.0%。

总体上看，被调研对象的描述性统计符合中国制造企业实际情况。

表 5-21　人口统计特征描述（n=498）

条目	分组	频次	百分比/%	累计百分比/%
性别	男	399	80.1	80.1
	女	99	19.9	100.0
年龄	25 岁及以下	8	1.6	1.6
	26~30 岁	16	3.2	4.8
	31~35 岁	51	10.2	15.1
	36~40 岁	156	31.3	46.4
	41~45 岁	116	23.3	69.7
	46~50 岁	81	16.3	85.9
	51~55 岁	45	9.0	95.0
	56~60 岁	16	3.2	98.2
	61 岁及以上	9	1.8	100.0
职位	高层管理者	38	7.6	7.6
	业务部门的经理或负责人	193	38.8	46.4
	技术部门的经理或负责人	137	27.5	73.9
	职能部门的经理或负责人	117	23.5	97.4
	其他	13	2.6	100.0

续表

条目	分组	频次	百分比/%	累计百分比/%
工作年限	3 年以下	30	6.0	6.0
	3~6 年	158	31.7	37.8
	7~9 年	169	33.9	71.7
	9 年以上	141	28.3	100.0
学历	专科	67	13.5	13.5
	本科	311	62.4	75.9
	硕士	85	17.1	93.0
	博士	20	4.0	97.0
	其他	15	3.0	100.0

正式调研的被调研企业统计特征如表 5-22 所示。企业层面信息“在全球价值链结构中的地位”题项属于甄别题，不进行统计。从表 5-22 来看，被调研企业中，企业嵌入全球价值链方式的分布情况：代工生产的企业有 296 家，占比 59.4%；来料加工企业有 429 家，占比 86.1%；生产设计企业有 151 家，占比 30.3%；自有品牌出口企业有 238 家，占比 47.8%；技术协同的企业有 119 家，占比 23.9%；合作开发的企业有 149 家，占比 29.9%；设备采购企业有 295 家，占比 59.2%；以其他方式嵌入全球价值链的企业有 10 家，占比 2%。企业嵌入全球价值链的方式呈现多样化。

企业嵌入全球价值链年限的分布情况：1 年及以内的企业有 20 家，占总数的 4%；2~3 年的企业有 116 家，占总数的 23.3%；4~5 年的企业有 192 家，占总数的 38.6%；6~7 年的企业有 139 家，占总数的 27.9%；8 年及以上的企业有 31 家，占总数的 6.2%。

企业嵌入全球价值链的发展阶段分布情况：创业阶段的企业有 33 家，占总数的 6.6%；发展阶段的企业有 211 家，占总数的 42.4%；成熟阶段的企业有 247 家，占总数的 49.6%；衰退阶段的企业有 7 家，占总数的 1.4%。

企业员工规模分布情况：100 人及以下的企业有 21 家，占总数的 4.2%；101~200 人的企业有 107 家，占总数的 21.5%；201~500 人的企业有 61 家，占总数的 12.2%；501~1000 人的企业有 167 家，占总数的

33.5%；1001~5000 人的企业有 106 家，占总数的 21.3%；5000 人以上的企业有 36 家，占总数的 7.2%。

企业性质分布情况：国有企业有 162 家，占总数的 32.5%；中外合资企业有 152 家，占总数的 30.5%；民营企业有 150 家，占总数的 30.1%；外商独资企业有 12 家，占总数的 2.4%；其他企业 22 家，占总数的 4.4%。

企业销售规模的分布情况：1000 万元及以下的企业有 9 家，占总数的 1.8%；1001 万~5000 万元的企业有 79 家，占总数的 15.9%；5001 万~1 亿元的企业有 220 家，占总数的 44.2%；1 亿~10 亿元的企业有 173 家，占总数的 34.7%；10 亿元以上的企业有 17 家，占总数的 3.4%。

企业上市情况：非上市企业有 346 家，占总数的 69.5%；上市企业有 152 家，占总数的 30.5%。

行业的分布情况：农副食品加工制造企业有 10 家，占总数的 2.0%；机械产品制造企业有 129 家，占总数的 25.9%；纺织和皮毛制造企业有 6 家，占总数的 1.2%；木材及家具制造企业有 29 家，占总数的 5.8%；文教体育用品制造企业有 13 家，占总数的 2.6%；化工类产品制造企业有 80 家，占总数的 16.1%；医药产品制造企业有 56 家，占总数的 11.2%；金属、非金属制造企业有 117 家，占总数的 23.5%；烟草制造企业有 7 家，占总数的 1.4%；电子设备制造企业有 43 家，占总数的 8.6%；其他企业有 8 家，占总数的 1.6%。

表 5-22 企业统计特征描述（$n=498$）

内容	分组	频次	百分比/%	累计百分比/%
嵌入方式	代工生产	296	59.4	—
	来料加工	429	86.1	—
	生产设计	151	30.3	—
	自有品牌出口	238	47.8	—
	技术协同	119	23.9	—
	合作开发	149	29.9	—
	设备采购	295	59.2	—
	其他	10	2	—

续表

内容	分组	频次	百分比/%	累计百分比/%
嵌入年限	1 年及以内	20	4.0	4.0
	2~3 年	116	23.3	27.3
	4~5 年	192	38.6	65.9
	6~7 年	139	27.9	93.8
	8 年及以上	31	6.2	100.0
发展阶段	创业阶段	33	6.6	6.6
	发展阶段	211	42.4	49.0
	成熟阶段	247	49.6	98.6
	衰退阶段	7	1.4	100.0
员工人数	100 人及以下	21	4.2	4.2
	101~200 人	107	21.5	25.7
	201~500 人	61	12.2	38.0
	501~1000 人	167	33.5	71.5
	1001~5000 人	106	21.3	92.8
	5000 人以上	36	7.2	100.0
公司性质	国有企业	162	32.5	32.5
	中外合资企业	152	30.5	63.1
	民营企业	150	30.1	93.2
	外商独资企业	12	2.4	95.6
	其他	22	4.4	100.0
年销售额	1000 万元及以下	9	1.8	1.8
	1001 万~5000 万元	79	15.9	17.7
	5001 万~1 亿元	220	44.2	61.8
	1 亿~10 亿元	173	34.7	96.6
	10 亿元以上	17	3.4	100.0
上市公司	否	346	69.5	69.5
	是	152	30.5	100.0
所属行业	农副食品加工制造	10	2.0	2.0
	机械产品制造	129	25.9	27.9
	纺织和皮毛制造	6	1.2	29.1
	木材及家具制造	29	5.8	34.9
	文教体育用品制造	13	2.6	37.6
	化工类产品制造	80	16.1	53.6

续表

内容	分组	频次	百分比/%	累计百分比/%
所属行业	医药产品制造	56	11.2	64.9
	金属、非金属制造	117	23.5	88.4
	烟草制造	7	1.4	89.8
	电子设备制造	43	8.6	98.4
	其他	8	1.6	100.0

三、变量的描述性统计

本研究涉及的变量包括全球价值链结构性嵌入、全球价值链关系性嵌入、知识权力、变异感知能力、信息诠释能力、创新决策能力、实施实现能力、知识深度距离、知识宽度距离等共计 9 个，各变量描述性统计结果包括均值、标准差、偏度和峰度，具体结果见表 5-23。从表 5-23 的结果可以看出，所有变量的标准差介于 1.008 和 1.491 之间；偏度介于-0.842 和 0.408 之间，即绝对值小于 3；峰度介于-0.369 和 0.718 之间，即峰度绝对值小于 10。可以判断样本符合正态分布的标准，可进行下一步分析。

表 5-23　变量描述性统计（$n=498$）

测量题项	均值		标准差	方差	偏度		峰度	
	统计量	标准误			统计量	标准误	统计量	标准误
*SE*1	4.406	0.056	1.246	1.553	−0.504	0.109	0.038	0.218
*SE*2	4.370	0.049	1.090	1.187	−0.389	0.109	0.718	0.218
*SE*3	4.629	0.056	1.247	1.554	−0.501	0.109	−0.190	0.218
*SE*4	4.841	0.067	1.491	2.222	−0.842	0.109	0.085	0.218
*RE*1	4.372	0.051	1.147	1.316	−0.377	0.109	0.298	0.218
*RE*2	4.368	0.049	1.100	1.211	−0.293	0.109	0.016	0.218
*RE*3	4.516	0.052	1.149	1.321	−0.543	0.109	0.002	0.218
*RE*4	4.392	0.047	1.045	1.092	−0.273	0.109	0.265	0.218
*KP*1	4.490	0.046	1.027	1.055	−0.062	0.109	0.664	0.218
*KP*2	4.494	0.048	1.073	1.152	0.408	0.109	0.379	0.218

续表

测量题项	均值		标准差	方差	偏度		峰度	
	统计量	标准误			统计量	标准误	统计量	标准误
*KP*3	4. 691	0. 051	1. 140	1. 301	0. 169	0. 109	-0. 369	0. 218
*KP*4	4. 612	0. 050	1. 108	1. 228	0. 026	0. 109	0. 071	0. 218
*KP*5	4. 526	0. 053	1. 177	1. 385	0. 175	0. 109	0. 202	0. 218
*VPA*1	4. 494	0. 058	1. 290	1. 663	-0. 272	0. 109	0. 218	0. 218
*VPA*2	4. 388	0. 052	1. 154	1. 332	-0. 094	0. 109	-0. 113	0. 218
*VPA*3	4. 378	0. 050	1. 105	1. 221	-0. 069	0. 109	0. 589	0. 218
*IIA*1	4. 492	0. 055	1. 232	1. 518	-0. 302	0. 109	0. 196	0. 218
*IIA*2	4. 757	0. 058	1. 289	1. 661	-0. 491	0. 109	-0. 143	0. 218
*IIA*3	4. 761	0. 054	1. 196	1. 430	-0. 530	0. 109	0. 430	0. 218
*IMDA*1	4. 412	0. 050	1. 116	1. 245	0. 009	0. 109	0. 485	0. 218
*IMDA*2	4. 516	0. 049	1. 092	1. 192	0. 089	0. 109	0. 314	0. 218
*IMDA*3	4. 442	0. 050	1. 105	1. 221	-0. 175	0. 109	-0. 164	0. 218
*IMDA*4	4. 570	0. 053	1. 187	1. 409	-0. 324	0. 109	0. 549	0. 218
*IA*1	4. 452	0. 051	1. 138	1. 294	0. 300	0. 109	0. 215	0. 218
*IA*2	4. 396	0. 049	1. 098	1. 205	0. 075	0. 109	0. 161	0. 218
*IA*3	4. 396	0. 045	1. 008	1. 016	0. 057	0. 109	0. 466	0. 218
*IA*4	4. 450	0. 049	1. 085	1. 178	0. 115	0. 109	0. 213	0. 218
*IA*5	4. 482	0. 051	1. 133	1. 284	0. 116	0. 109	0. 094	0. 218
*KDD*1	4. 394	0. 049	1. 100	1. 209	0. 140	0. 109	0. 407	0. 218
*KDD*2	4. 498	0. 057	1. 274	1. 623	-0. 215	0. 109	-0. 062	0. 218
*KDD*3	4. 753	0. 056	1. 247	1. 555	-0. 493	0. 109	0. 150	0. 218
*KWD*1	4. 743	0. 053	1. 193	1. 423	-0. 443	0. 109	0. 474	0. 218
*KWD*2	4. 402	0. 050	1. 111	1. 235	-0. 259	0. 109	0. 456	0. 218
*KWD*3	4. 510	0. 047	1. 041	1. 083	-0. 118	0. 109	0. 668	0. 218

第五节 数据分析方法

数据分析方法合适与否决定了检验结果的正确性，在保证调研工作规范有效的前提下，需要结合研究对象的不同和具体的研究目的，在数据分析过程中对不同的变量间关系采取不同的方法。考虑到本研究为微观层面的企业调研，要进行中介效应分析和调节效应分析，拟采用以下软件及数据处理方法：

第一，采用因子分析法和结构方程模型进行效度和信度检验（AMOS 21.0 软件）。本研究相关变量测量量表是在借鉴国内外学者的成熟量表的前提下进行的整合和完善，通过探索性因子分析方法对预调研数据进行信度和效度检验，进一步对问卷进行修正和完善，对正式调研的数据则采用结构方程模型（structural equation modeling，SEM）对假设模型的内在质量进行检验，探讨观察变量与潜在变量的信度、效度以及估计参数的显著水平。

第二，采用 SEM 检验变量间关系（AMOS 21.0 软件）。对涉及多个变量的模型，除对假设模型的内在质量进行检验外，还需进一步检验各个结构变量之间的关系，即检验全球价值链结构性嵌入、全球价值链关系性嵌入与知识权力的直接关系，变异感知能力、信息诠释能力、创新决策能力、实施实现能力在全球价值链结构性嵌入和关系性嵌入与知识权力关系间的中介作用，本研究选择可用于检验多个变量之间关系的多元统计方法结构方程模型 SEM 进行检验。

第三，运用多层线性回归对研究假设进行检验（SPSS 21.0 软件）。首先，利用多层线性回归进一步对全球价值链网络嵌入与企业知识权力的间接关系和创新能力的中介作用进行稳健性检验；其次，利用多层线性回归检验调节效应。结构方程模型在解决构面不超过 7 个的问题时具有显著优势，但加入调节变量知识距离后，本研究的 9 个构面超越了结构方程模型的处理能力，因此，本研究利用多层线性回归对调节变量进行检验，即利用多层线性回归检验知识深度距离与知识宽度距离在全球价值链网络嵌入与创新能力关系间的调节作用。

本章小结

本章阐述了研究设计和数据采集、数据处理的手段和方法。第一，阐述了研究设计的结构、设计过程以及问卷的偏差控制，以保证大样本数据获取的客观性和科学性；第二，综合文献、访谈等方式提出共计 9 个变量的测量量表，即全球价值链结构性嵌入、全球价值链关系性嵌入、知识权力、变异感知能力、信息诠释能力、创新决策能力、实施实现能力、知识深度距离、知识宽度距离；第三，结合本研究目的和企业实践实施小规模预调研，通过开展预调研以及对预调研数据的分析对问卷进行修正生成正式问卷；第四，阐述正式调研的数据收集过程，并初步对问卷样本和变量进行描述性统计分析；第五，结合本研究对象和研究目的，对后文的数据分析方法及相应软件进行阐述。

第六章　模型检验与结果

本章对研究中涉及的构念模型和假设进行检验。首先，利用 AMOS 软件对观测变量与潜在变量之间的关系即对假设模型的内在质量进行检验，检验观测变量与潜在变量的信度、效度以及估计参数的显著水平；其次，利用 SEM 模型检验各个结构变量之间的关系，即检验全球价值链结构性嵌入、全球价值链关系性嵌入与变异感知能力、信息诠释能力、创新决策能力、实施实现能力以及知识权力的直接关系和间接关系，并利用多层线性回归进一步对全球价值链网络嵌入与企业知识权力的间接关系和直接关系进行稳健性检验；最后，利用多层线性回归检验知识深度距离与知识宽度距离在全球价值链网络嵌入与创新能力关系间的调节作用。

第一节　测量模型检验

潜在变量为无法直接测量的抽象概念，借由观测变量间所形成的线性函数测量，因此测量模型即由一组观测变量形成的线性函数。测量模型检验的目的是检验假设模型观测变量与潜在变量间的关系，关注假设模型内在质量即内在适配度。

首先进行效度和信度检验。效度用来反映观测变量对潜在变量的测量程度，信度用来反映检验结果的一致性、稳定性与可靠性（吴明隆，

2010）。由于平均方差抽取值 AVE 代表潜在变量的各项观测变量对潜在变量的平均解释能力的测量，通常用来衡量量表的收敛效度和区别效度，其值越高代表潜在变量的信度和收敛效度越高，衡量标准为 AVE 值大于 0.5。信度则主要以组合信度 CR 值来反映，通常其值在 0.6 以上，表示模型的潜在变量之间高度相关（黄芳铭，2005）。

其次选择适配度指标进行评价。测量模型适配度主要由适配度指标来评价，适配度指标用以评价假设的测量模型是否与收集到的数据相适配。Bagozzi 和 Yi（1988）认为，模型适配度必须同时考虑基本适配度、整体模型适配度和内在结构适配度三方面的指标值。对模型适配度的评价指标，借鉴吴明隆（2010）的归纳性研究结论，主要选择卡方值（χ^2）、自由度（df）、卡方自由度比（χ^2/df）、残差均方和平方根（RMR）、渐进残差均方根（RMSEA）、调整后适配度指数（AGFI）、规准适配度指数（NFI）、比较适配度指数（CFI）、简约适配度指数 Akaike 讯息效标（AIC）等 9 个指标，各指标评价标准如表 6-1 所示。

表 6-1　模型适配度指标及评价标准

指标类别	统计检验量	适配标准或者临界值
绝对适配度指数	χ^2	—
	df	—
	RMR	≤0.05
	RMSEA	≤0.08
	AGFI	≥0.90
增值适配度指数	NFI	≥0.90
	CFI	≥0.90
简约适配度指数	χ^2/df	≤2.00
	AIC	理论模型 AIC 值小于独立模型 AIC 值与饱和模型 AIC 值

本节利用 AMOS 21.0 软件对全球价值链网络嵌入测量模型、创新能力测量模型、知识权力测量模型、知识距离测量模型一一进行检验。

一、全球价值链网络嵌入测量模型检验

全球价值链网络嵌入变量包括两个潜在变量，即结构性嵌入和关系性嵌入，两个潜在变量的测量题项均为 4 个，因此，全球价值链网络嵌入测量模型涉及 8 个观测题项。利用 AMOS 21.0 绘制全球价值链网络嵌入测量模型，得到图 6-1。

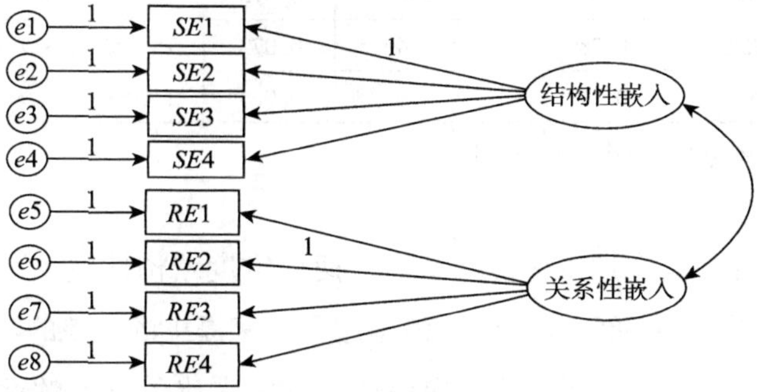

图 6-1　全球价值链网络嵌入测量模型

利用 AMOS 21.0 运行全球价值链网络嵌入测量模型，得到全球价值链网络嵌入测量模型的检验结果，如图 6-2、表 6-2 所示。图 6-2 上路径系数均为标准化回归系数，可以看出，所有观测变量的因子载荷最小为 0.69，最大为 0.87，介于 0.5 和 0.95 之间，估计参数中不存在负的误差变异量，且所有误差变异达到显著水平，各因子载荷不存在很大的标准误，说明测量变量能较好地反映其要测量的构念特质。

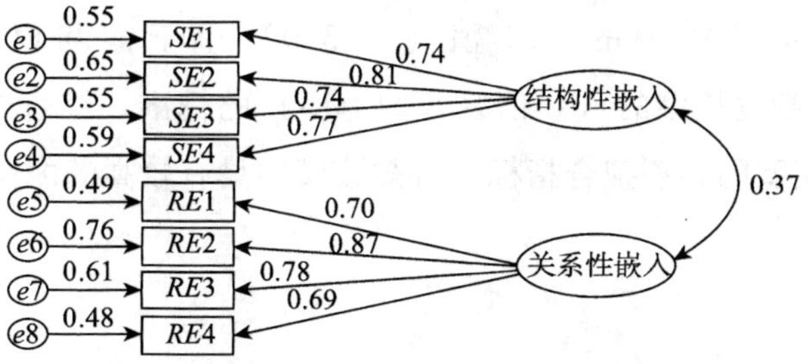

图 6-2　全球价值链网络嵌入测量模型结果

表 6-2 全球价值链网络嵌入测量模型检验结果

题项与变量		标准估计	非标准估计	标准误差	临界比	*p*	AVE	CR
结构性嵌入	*SE*1	0.741	1.000	—	—	—	0.585	0.849
	*SE*2	0.807	0.952	0.058	16.393	***		
	*SE*3	0.742	1.001	0.066	15.268	***		
	*SE*4	0.768	1.239	0.078	15.849	***		
关系性嵌入	*RE*1	0.702	1.000	—	—	—	0.584	0.848
	*RE*2	0.871	1.190	0.073	16.396	***		
	*RE*3	0.780	1.114	0.073	15.251	***		
	*RE*4	0.691	0.896	0.064	14.096	***		

注：*** 表示 $p<0.001$，全书均同。

表 6-2 显示，全球价值链网络嵌入两个维度结构性嵌入、关系性嵌入的 AVE 值分别为 0.585、0.584，都超过了专家提出的 0.5 的标准，组合信度 CR 值分别为 0.849、0.848，均超过了专家提出的 0.6 的标准，说明全球价值链网络嵌入测量模型的聚合效度和信度较好。

对全球价值链网络嵌入测量模型进行评估，模型适配指标汇总如表 6-3 所示。由表 6-3 可知，全球价值链网络嵌入测量模型绝对适配度指数：χ^2 值为 21.350，df 为 19，由于本研究样本量较大，影响卡方值的检验科学性，需要进一步考虑简约适配度指数 χ^2/df，其值为 1.124，小于 2，满足适配度要求；RMR 值为 0.033，小于 0.05；RMSEA 值为 0.016，小于 0.08；AGFI 拟合指数值为 0.980，大于 0.9。增值适配度指数 NFI、CFI 值均大于 0.9。对比理论模型、独立模型、饱和模型的 AIC 简约适配度指数发现，满足理论模型的 AIC 值（55.350）小于饱和模型的 AIC 值（72.000）和独立模型的 AIC 值（1724.415）的标准。综合全球价值链网络嵌入测量模型的各项拟合指标，可知该模型具有较高的内在质量。

表 6-3　全球价值链网络嵌入测量模型拟合结果

统计检验量		适配标准	结果	是否适配
绝对适配度指数	χ^2	—	21.350	无法判断
	df	—	19	—
	RMR	≤0.05	0.033	是
	RMSEA	≤0.08	0.016	是
	AGFI	≥0.90	0.980	是
增值适配度指数	NFI	≥0.90	0.988	是
	CFI	≥0.90	0.999	是
简约适配度指数	χ^2/df	≤2.00	1.124	是
	AIC	理论模型 AIC 值小于独立模型和饱和模型	55.350<1724.415；55.350<72.000	是

二、创新能力测量模型检验

创新能力分为变异感知能力、信息诠释能力、创新决策能力、实施实现能力四个潜在变量，其测量题项分别为 3 个、3 个、4 个、5 个，因此创新能力测量模型涉及 15 个观测题项。利用 AMOS 21.0 绘制创新能力测量模型，得到图 6-3。

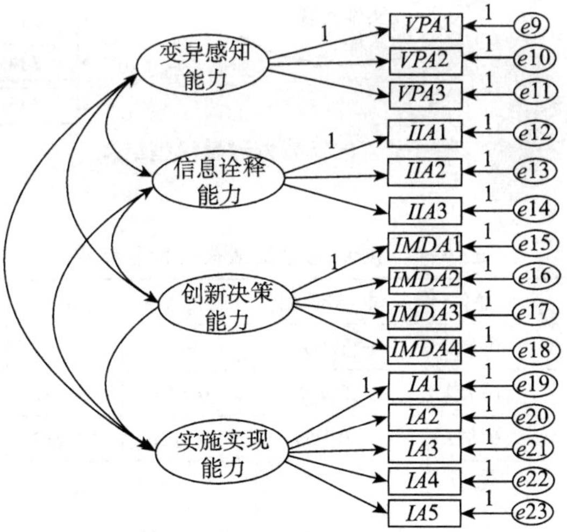

图 6-3　创新能力测量模型

利用 AMOS 21.0 运行创新能力测量模型，得到创新能力测量模型的检验结果，如图 6-4、表 6-4 所示。图 6-4 上路径系数均为标准化回归系数，可以看出，所有观测变量的因子载荷最小为 0.70，最大为 0.87，介于 0.5 和 0.95 之间，估计参数中不存在负的误差变异量，且所有误差变异达到显著水平，各因子载荷不存在很大的标准误，说明测量变量能较好地反映其要测量的构念特质。

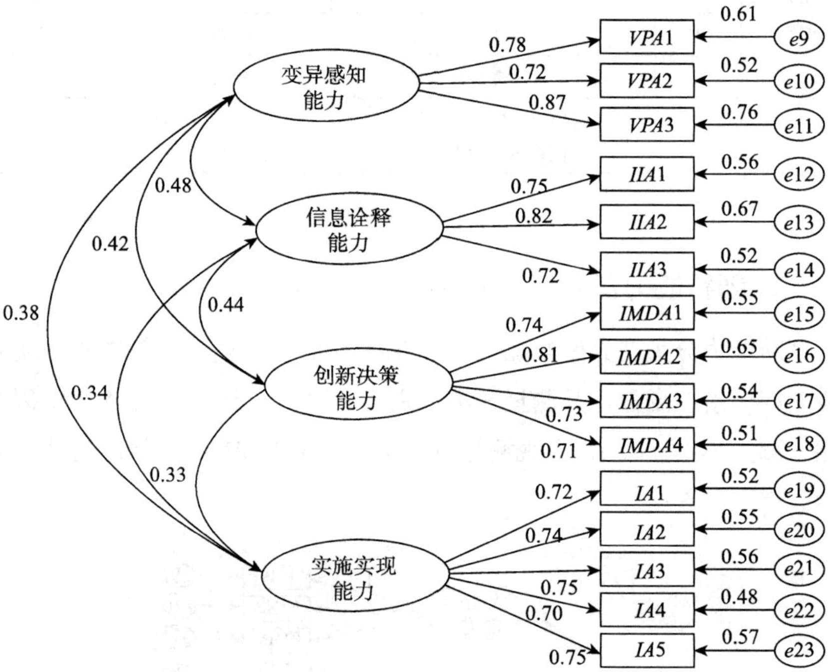

图 6-4 创新能力测量模型结果

表 6-4 创新能力测量模型检验结果

题项与变量		标准估计	非标准估计	标准误差	临界比	*p*	AVE	CR
变异感知能力	*VPA*1	0.779	1.000	—	—	—	0.629	0.835
	*VPA*2	0.722	0.830	0.053	15.581	***		
	*VPA*3	0.872	0.959	0.053	18.017	***		

续表

题项与变量		标准估计	非标准估计	标准误差	临界比	*p*	AVE	CR
信息诠释能力	*IIA*1	0.751	1.000	—	—	—	0.587	0.810
	*IIA*2	0.821	1.144	0.074	15.452	***		
	*IIA*3	0.723	0.934	0.065	14.402	***		
创新决策能力	*IMDA*1	0.741	1.000	—	—	—	0.562	0.837
	*IMDA*2	0.809	1.069	0.066	16.309	***		
	*IMDA*3	0.734	0.981	0.065	15.029	***		
	*IMDA*4	0.712	1.022	0.070	14.529	***		
实施实现能力	*IA*1	0.722	1.000	—	—	—	0.535	0.852
	*IA*2	0.740	0.988	0.067	14.676	***		
	*IA*3	0.747	0.916	0.061	15.128	***		
	*IA*4	0.695	0.918	0.064	14.303	***		
	*IA*5	0.752	1.037	0.069	15.127	***		

表6-4显示，变异感知能力、信息诠释能力、创新决策能力、实施实现能力的AVE值分别为0.629、0.587、0.562、0.535，都超过了专家提出的0.5的标准，组合信度CR值分别为0.835、0.810、0.837、0.852，都超过了专家提出的0.6的标准，说明创新能力测量模型的聚合效度和信度较好。

对创新能力测量模型进行评估，模型适配指标汇总如表6-5所示。由表6-5可知，创新能力测量模型绝对适配度指数：χ^2值为92.250，df为84，由于本研究样本量较大，影响卡方值的检验科学性，需要进一步考虑简约适配度指数χ^2/df，其值为1.098，小于2，满足适配度要求；RMR值为0.035，小于0.05；RMSEA值为0.014，小于0.08；AGFI拟合指数值为0.966，大于0.9。增值适配度指数NFI、CFI值均大于0.9。对比理论模型、独立模型、饱和模型的AIC简约适配度指数发现，满足理论模型的AIC值（164.250）小于饱和模型的AIC值（240.000）和独立模型的AIC值（3172.206）的标准。综合创新能力测量模型的各项拟合指标，可知该模型具有较高的内在质量。

表 6-5　创新能力测量模型拟合结果

统计检验量		适配标准	结果	是否适配
绝对适配度指数	χ^2	—	92.250	无法判断
	df	—	84	—
	RMR	≤0.05	0.035	是
	RMSEA	≤0.08	0.014	是
	AGFI	≥0.90	0.966	是
增值适配度指数	NFI	≥0.90	0.971	是
	CFI	≥0.90	0.997	是
简约适配度指数	χ^2/df	≤2.00	1.098	是
	AIC	理论模型 AIC 值小于独立模型和饱和模型	164.250<3172.206；164.250<240.000	是

三、知识权力测量模型检验

知识权力量表包括 5 个观测题项。利用 AMOS 21.0 绘制知识权力测量模型，得到图 6-5。

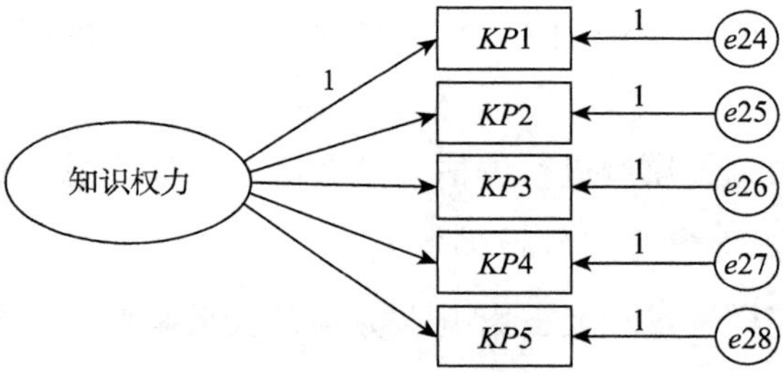

图 6-5　知识权力测量模型

利用 AMOS 21.0 运行知识权力测量模型，得到知识权力测量模型的检验结果，如图 6-6、表 6-6 所示。图 6-6 上路径系数均为标准化回归系数，可以看出，所有观测变量的因子载荷最小为 0.62，最大为 0.88，介于 0.5~0.95，估计参数中不存在负的误差变异量，且所有误差变异达到显著水平，各因子载荷不存在很大的标准误，说明测量变量能较好地反映其要测量的构念特质。

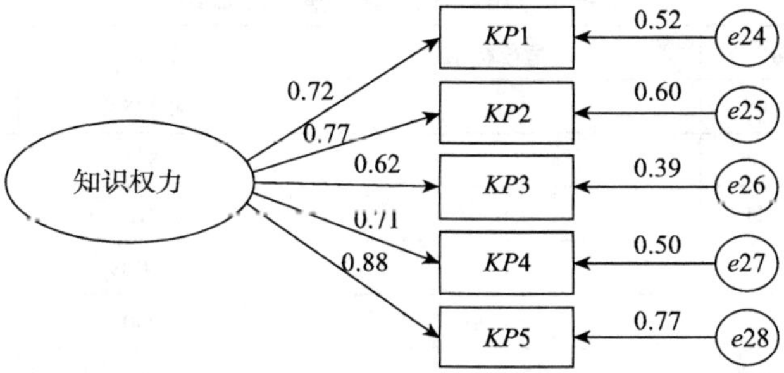

图 6-6　知识权力测量模型结果

表 6-6　知识权力测量模型检验结果

题项与变量		标准估计	非标准估计	标准误差	临界比	*p*	AVE	CR
知识权力	*KP*1	0. 718	1. 000	—	—	—	0. 554	0. 860
	*KP*2	0. 772	1. 123	0. 071	15. 878	* * *		
	*KP*3	0. 624	0. 964	0. 074	13. 002	* * *		
	*KP*4	0. 709	1. 065	0. 072	14. 717	* * *		
	*KP*5	0. 875	1. 396	0. 079	17. 769	* * *		

表 6-6 显示，知识权力测量模型的平均方差抽取量 AVE 值为 0. 554，超过了专家提出的 0. 5 的标准，组合信度 CR 值为 0. 860，超过了专家提出的 0. 6 的标准，说明知识权力测量模型的聚合效度和信度较好。

对知识权力测量模型进行评估，模型适配指标汇总如表 6-7 所示。由表 6-7 可知，知识权力测量模型绝对适配度指数：χ^2值为 4. 275，df 为 5，由于本研究样本量较大，影响卡方值的检验科学性，需要进一步考虑简约适配度指数χ^2/df，其值为 0. 855，小于 2，满足适配度要求；RMR 值为 0. 013，小于 0. 05；RMSEA 值为 0. 000，小于 0. 08；AGFI 拟合指数值为 0. 990，大于 0. 9。增值适配度指数 NFI、CFI 值均大于 0. 9。对比理论模型、独立模型、饱和模型的 AIC 简约适配度指数发现，满足理论模型的 AIC 值（24. 275）小于饱和模型的 AIC 值（30. 000）和独立模型的 AIC 值（1077. 006）的标准。综合知识权力测量模型的各项拟合指标，可知该模型具有较高的内在质量。

表 6-7　知识权力测量模型拟合结果

统计检验量		适配标准	结果	是否适配
绝对适配度指数	χ^2	—	4.275	无法判断
	df	—	5	—
	RMR	≤0.05	0.013	是
	RMSEA	≤0.08	0.000	是
	AGFI	≥0.90	0.990	是
增值适配度指数	NFI	≥0.90	0.996	是
	CFI	≥0.90	1.000	是
简约适配度指数	χ^2/df	≤2.00	0.855	是
	AIC	理论模型 AIC 值小于独立模型，同时小于饱和模型	24.275<1077.006；24.275<30.000	是

四、知识距离测量模型检验

知识距离分为知识深度距离、知识宽度距离两个潜在变量，测量题项均为 3 个，因此知识距离测量模型涉及 6 个观测题项。利用 AMOS 21.0 绘制知识距离测量模型，得到图 6-7。

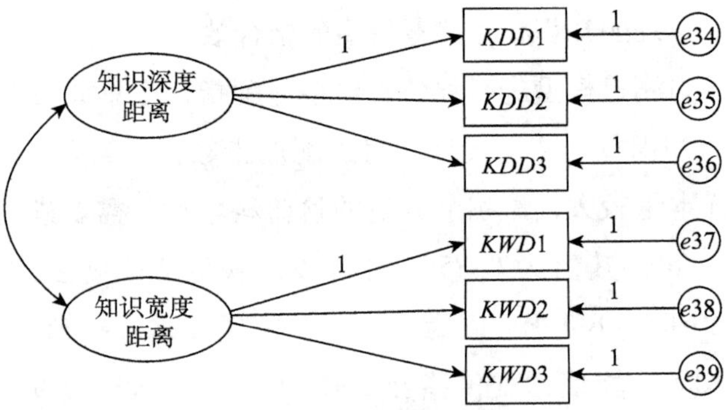

图 6-7　知识距离测量模型

利用 AMOS 21.0 运行知识距离测量模型，得到知识距离测量模型的检验结果，如图 6-8、表 6-8 所示。图 6-8 上路径系数均为标准化回归系数，可以看出，所有观测变量的因子载荷最小为 0.70，最大为 0.74，介于 0.5~0.95，估计参数中不存在负的误差变异量，且所有误差变异达到显著水平，各因子载荷不存在很大的标准误，说明测量变量能较好地反映其要测量的构念特质。

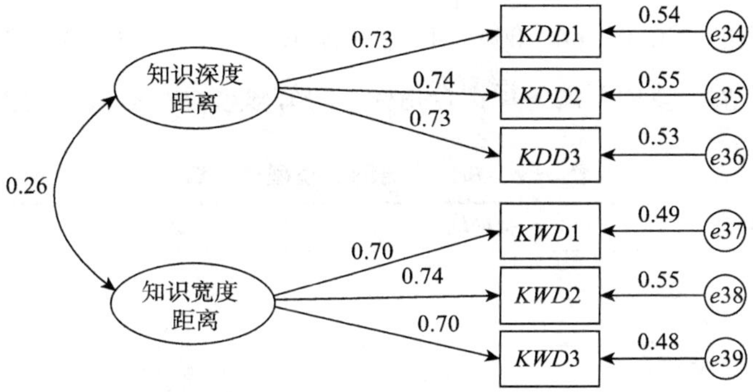

图 6-8　知识距离测量模型结果

表 6-8　知识距离测量模型检验结果

题项与变量		标准估计	非标准估计	标准误差	临界比	*p*	AVE	CR
知识深度距离	*KDD*1	0.732	1.000	—	—	—	0.538	0.777
	*KDD*2	0.739	1.169	0.093	12.596	***		
	*KDD*3	0.729	1.129	0.089	12.638	***		
知识宽度距离	*KWD*1	0.699	1.000	—	—	—	0.507	0.755
	*KWD*2	0.740	0.987	0.085	11.562	***		
	*KWD*3	0.695	0.868	0.076	11.444	***		

表 6-8 显示，知识距离两个维度知识深度距离、知识宽度距离的 AVE 值分别为 0.538、0.507，都超过了专家提出的 0.5 的标准，组合信度 CR 值分别为 0.777、0.755，都超过了专家提出的 0.6 的标准，说明知识距离测量模型的聚合效度和信度较好。

对知识距离测量模型进行评估，模型适配指标汇总如表 6-9 所示。由表 6-9 可知，知识距离测量模型绝对适配度指数：χ^2值为 2.524，df 为 8，由于本研究样本量较大，影响卡方值的检验科学性，需要进一步考虑简约适配度指数χ^2/df，其值为0.315，小于2，满足适配度要求；RMR值为0.015，小于0.05；RMSEA值为0.000，小于0.08；AGFI拟合指数值为0.996，大于0.9。增值适配度指数NFI、CFI值均大于0.9。对比理论模型、独立模型、饱和模型的AIC简约适配度指数发现，满足理论模型的AIC值（28.524）小于饱和模型的AIC值（42.000）和独立模型的AIC值（793.542）的标准。综合知识距离测量模型的各项拟合指标，可知该模型具有较高的内在质量。

表6-9　知识距离测量模型拟合结果

统计检验量		适配标准	结果	是否适配
绝对适配度指数	χ^2	—	2.524	无法判断
	df	—	8	—
	RMR	≤0.05	0.015	是
	RMSEA	≤0.08	0.000	是
	AGFI	≥0.90	0.996	是
增值适配度指数	NFI	≥0.90	0.997	是
	CFI	≥0.90	1.000	是
简约适配度指数	χ^2/df	≤2.00	0.315	是
	AIC	理论模型AIC值小于独立模型，同时小于饱和模型	28.524<793.542；28.524<42.000	是

五、测量模型区分效度检验

区分效度是指构面间所代表的潜在特质彼此存在显著差异或很低的相关性（吴明隆，2013）。Fornell和Larcker（1981）针对具有不可观测变量和测量误差的结构方程模型的统计实验提出利用相关系数与潜在变量的平均方差抽取量AVE的平方根进行比较作为区分效度检验的方法，Bagozzi（1981）针对Fornell和Larcker提出的评估方法进一步提出潜在变量相关系数如果小于平均方差抽取量AVE的平方根，则视为测量题项间具有良好的区分效度。本研究根据AVE的平方根与变量间相关系数的大小关系，结合Fornell和Larcker（1981）、Bagozzi（1981）的理论，进一步作区分效度分析。

通过 SPSS 21.0 软件的运行结果，得出结构性嵌入（*SE*）、关系性嵌入（*RE*）、变异感知能力（*VPA*）、信息诠释能力（*IIA*）、创新决策能力（*IMDA*）、实施实现能力（*IA*）、知识权力（*KP*）、知识深度距离（*KDD*）和知识宽度距离（*KWD*）各潜在变量的 Pearson 相关系数，结合前文各变量平均提炼方差值可得表 6-10。

表 6-10　各变量相关系数矩阵和平均提炼方差的平方根

	SE	*RE*	*VPA*	*IIA*	*IMDA*	*IA*	*KP*	*KDD*	*KWD*
SE	0.765								
RE	0.323**	0.764							
VPA	0.354**	0.379**	0.793						
IIA	0.356**	0.373**	0.404**	0.766					
IMDA	0.309**	0.361**	0.361**	0.363**	0.750				
IA	0.191**	0.382**	0.331**	0.283**	0.285**	0.731			
KP	0.391**	0.497**	0.475**	0.447**	0.475**	0.401**	0.744		
KDD	-0.215**	-0.323**	-0.266**	-0.284**	-0.300**	-0.304**	-0.298**	0.733	
KWD	-0.260**	-0.253**	-0.247**	-0.256**	-0.265**	-0.274**	-0.219**	0.201**	0.712
AVE	0.585	0.584	0.629	0.587	0.562	0.535	0.554	0.538	0.507

注：**表示 $p<0.01$，全书同；对角线为 AVE 的平方根，其余为变量间相关系数。

由表 6-10 可知，9 个变量的 AVE 值平方根在 0.712~0.793，各变量间的相关系数绝对值介于 0.191~0.497，且所有变量 AVE 值的平方根均显著超过变量间的相关系数，表明 9 个变量间具有良好的区分度。具体分析如下：

（一）全球价值链网络嵌入区分效度

全球价值链网络嵌入两个维度关系性嵌入和结构性嵌入间相关系数为 0.323，AVE 值分别为 0.584、0.585。AVE 的平方根分别为 0.764、0.765，均大于二者的相关系数，表明全球价值链网络嵌入的区分效度良好。

（二）创新能力区分效度

创新能力四个维度变异感知能力、信息诠释能力、创新决策能力、实施实现能力两两间最大相关系数为 0.404，AVE 值分别为 0.629、0.587、

0.562、0.535。AVE 的平方根分别为 0.793、0.766、0.750、0.731，均大于四个维度的相关系数，表明创新能力的区分效度良好。

（三）知识距离区分效度

知识距离两个维度知识深度距离和知识宽度距离间相关系数为 0.201，AVE 值分别为 0.538、0.507。AVE 的平方根分别为 0.733、0.712，均大于二者的相关系数，表明知识距离的区分效度良好。

（四）模型整体区分效度

本研究因变量为知识权力，涉及 5 个测量题项；自变量分别为关系性嵌入、结构性嵌入，涉及测量题项均为 4 个；中介变量为变异感知能力、信息诠释能力、创新决策能力、实施实现能力，涉及测量题项分别为 3 个、3 个、4 个、5 个；调节变量为知识深度距离和知识宽度距离，均涉及 3 个测量题项。表 6-10 表明，自变量、因变量、中介变量、调节变量各相关变量 AVE 值平方根均大于相应间的相关系数，表明本研究问卷设计的整体区分效度较高，可做进一步的研究。

第二节　结构方程模型检验

本研究涉及多个变量间关系检验，因此首选结构方程模型检验。结构方程模型为检验多个变量之间关系的多元统计方法（金蕾，2017），通常包括三类，即纯粹模型、选择模型和产生模型，产生模型分析应用最多（侯杰泰、温忠麟、成子娟，2004）。前文提出了有关全球价值链网络嵌入与企业知识权力的概念模型和研究假设的初始模型，本章通过数据分析使用协方差矩阵对初始模型可观测到的协方差矩阵与由理论推导得出的协方差矩阵进行比较，检查这两个协方差矩阵的差异以检验模型拟合情况，进而确定与理论逻辑和具体实践均相吻合的最终模型，因此本研究结构方程模型属于产生模型分析。

基于全球价值链网络嵌入对企业知识权力作用的机制分析，本研究建立包括自变量与因变量、自变量与中介变量、中介变量与因变量、中介效应共计四层的初始结构方程模型，并逐一对模型进行评估和检验。

一、全球价值链网络嵌入对知识权力影响的结构模型检验

（一）初始结构方程模型构建

全球价值链网络嵌入对知识权力影响的初始结构方程模型中 2 个外生潜变量全球价值链结构性嵌入、全球价值链关系性嵌入均用 4 个外生显变量来测量，知识权力为内生潜变量，用 5 个外生显变量来测量。利用 AMOS 21.0 软件绘制可识别的初始结构方程模型如图 6-9 所示。

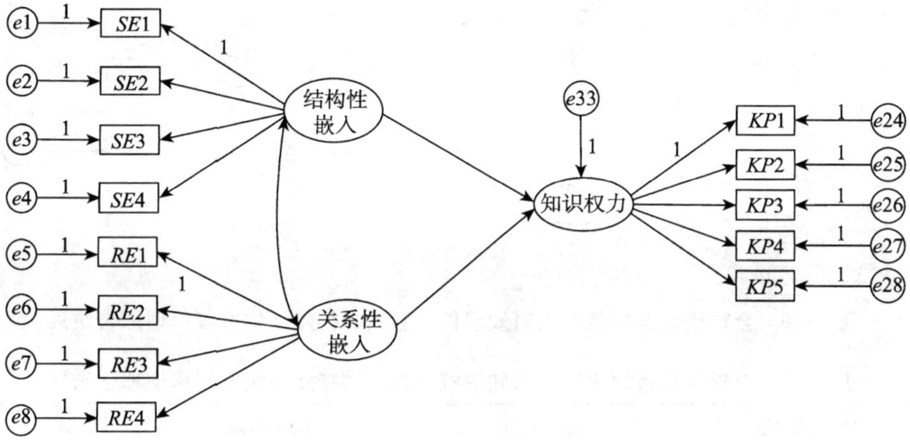

图 6-9　全球价值链网络嵌入对知识权力影响的初始结构方程模型

图 6-9 中，单向箭头和双向箭头分别代表路径关系和相关关系，椭圆形、矩形和圆形分别代表潜变量、显变量和残差项。该初始模型中共计 3 个潜变量，其中结构性嵌入、关系性嵌入属于外生潜变量，在模型中不受其他变量的影响，类似于自变量的概念，分别对应 *SE*1～*SE*4、*RE*1～*RE*4

共 8 个外生显性指标，其残余变量分别为 $e1 \sim e4$、$e5 \sim e8$。模型中知识权力属于内生潜变量，其值受模型中其他外生变量及内生变量的影响并由其他变量决定，类似于因变量的概念，其内生显性指标对应为 $KP1 \sim KP5$ 共 5 个，其残余变量对应为 $e24 \sim e28$。模型中还存在 $e33$ 这一残差变量。为使用AMOS 21. 0 对模型进行验证，模型中非标准化路径系数值默认为 1。

（二）全球价值链网络嵌入对知识权力影响的初始结构方程模型拟合效果

将调研数据导入初始模型进行拟合，得到初始结构方程模型的拟合结果（见图 6-10 和表 6-11）。图 6-10 上路径系数均为标准化回归系数。

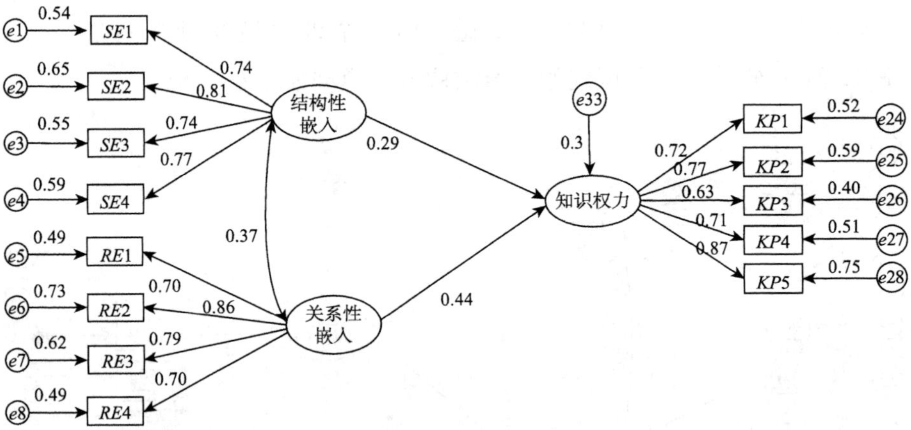

图 6-10　全球价值链网络嵌入对知识权力影响的初始结构方程模型拟合结果

表 6-11　全球价值链网络嵌入对知识权力影响的初始结构方程模型拟合结果

统计检验量		适配标准	检验结果	是否适配
绝对适配度指数	χ^2	—	76. 446	无法判断
	df	—	62	—
	RMR	≤0. 05	0. 037	是
	RMSEA	≤0. 08	0. 022	是
	AGFI	≥0. 90	0. 966	是

续表

统计检验量		适配标准	检验结果	是否适配
增值适配度指数	NFI	≥0.90	0.975	是
	CFI	≥0.90	0.995	是
简约适配度指数	PGFI	≥0.50	0.666	是
	χ^2/df	≤2.00	1.233	是
	AIC	理论模型 AIC 值小于独立模型和饱和模型	134.446<3024.019；134.446<182.000	是

从表 6-11 模型拟合度指标可见，测量模型绝对适配度指数：χ^2值为 76.446，df 为 62，由于本研究样本量较大，影响卡方值的检验科学性，需要进一步考虑简约适配度指数χ^2/df，其值为 1.233，小于 2，满足适配度要求；RMR 值为 0.037，满足适配度要求；绝对适配度指数 RMSEA 值为 0.022，小于 0.08；AGFI 拟合指数值为 0.966，大于 0.9。增值适配度指数 NFI、CFI 值均大于 0.9。PGFI 为 0.666，大于 0.5；对比理论模型、独立模型、饱和模型的 AIC 简约适配度指数发现，满足理论模型的 AIC 值（134.446）小于饱和模型的 AIC 值（182.000）和独立模型的 AIC 值（3024.019）的标准。综合该初始结构方程模型的各项拟合指标，表明该模型与实际数据具有较高的契合度。

（三）结构方程模型路径检验

运用 AMOS 21.0 软件对全球价值链网络嵌入对知识权力影响的结构方程模型进行检验，运行结果如表 6-12 所示。

表 6-12 全球价值链网络嵌入对知识权力影响的路径系数与假设检验

路径关系	标准估计	非标准估计	标准误差	临界比	*p*
知识权力←结构性嵌入	0.287	0.232	0.041	5.588	***
知识权力←关系性嵌入	0.445	0.408	0.051	7.940	***

潜变量间的路径系数在 0.05 的显著性水平上通过显著性检验代表原假

设成立，反之则否定原假设。由表 6-12 可知，全球价值链网络嵌入与知识权力的结构方程模型中的路径系数估计值达到了统计显著性水平要求，因此以下假设成立：

*H*1*a*：全球价值链结构性嵌入正向影响企业知识权力。

*H*1*b*：全球价值链关系性嵌入正向影响企业知识权力。

二、全球价值链网络嵌入对创新能力影响的结构模型检验

（一）初始结构方程模型构建

全球价值链网络嵌入对创新能力影响的初始结构方程模型中 2 个外生潜变量全球价值链结构性嵌入、全球价值链关系性嵌入均用 4 个外生显变量来测量，4 个内生潜变量变异感知能力、信息诠释能力、创新决策能力、实施实现能力分别用 3 个、3 个、4 个、5 个内生显变量来测量。利用 AMOS 21.0 软件绘制可识别的初始结构方程模型如图 6-11 所示。

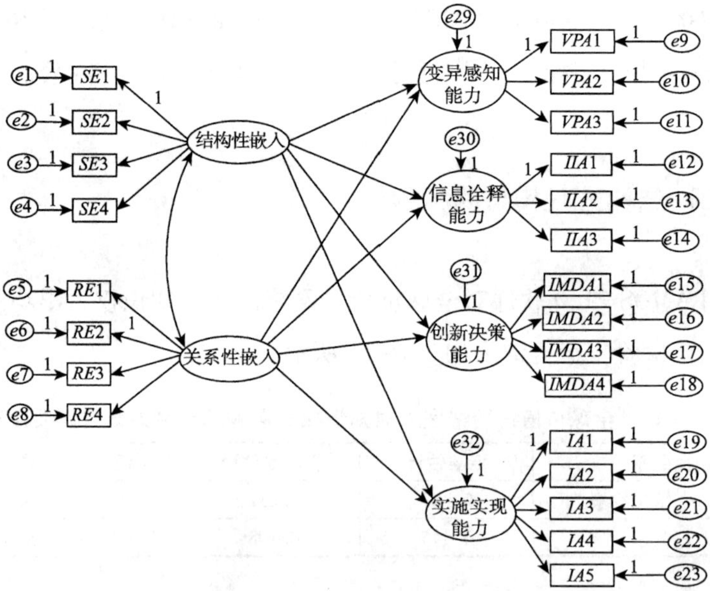

图 6-11　全球价值链网络嵌入对创新能力影响的初始结构方程模型

图 6-11 中，初始模型中共计 6 个潜变量，其中结构性嵌入、关系性嵌入属于外生潜变量，分别对应 *SE*1～*SE*4、*RE*1～*RE*4 共 8 个外生显性指标，在模型中不受其他变量的影响，类似于自变量的概念，其残余变量分别为 *e*1～*e*4、*e*5～*e*8。模型中变异感知能力、信息诠释能力、创新决策能力、实施实现能力属于内生潜变量，其值受模型中其他外生变量及内生变量的影响并由其他变量决定，类似于因变量的概念，其内生显性指标对应为 *VPA*1～*VPA*3、*IIA*1～*IIA*3、*IMDA*1～*IMDA*4、*IA*1～*IA*5 共 15 个，其残余变量分别对应为 *e*9～*e*11、*e*12～*e*14、*e*15～*e*18、*e*19～*e*23。模型中还存在 *e*29～*e*32 的残差变量。为使用 AMOS 21.0 对模型进行验证，模型中非标准化路径系数值默认为 1。

（二）全球价值链网络嵌入对创新能力影响的初始结构方程模型拟合效果

将调研数据导入初始模型进行拟合，得到初始结构方程模型的拟合结果（见图 6-12 和表 6-13）。图 6-12 中的路径系数均为标准化回归系数。

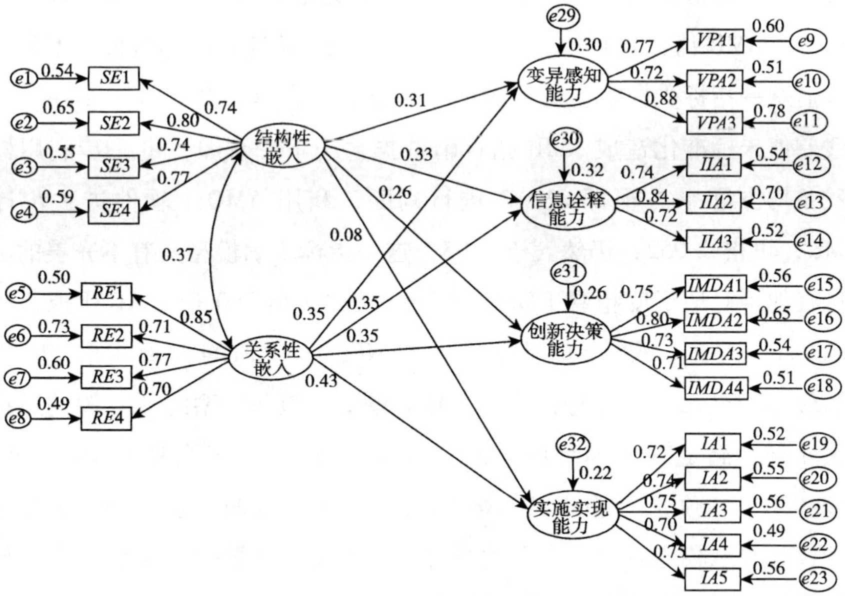

图 6-12　全球价值链网络嵌入对创新能力影响的初始结构方程模型拟合结果

表 6-13 全球价值链网络嵌入对创新能力影响的初始结构方程模型拟合结果

统计检验量		适配标准	结果	是否适配
绝对适配度指数	χ^2	—	275.232	无法判断
	df	—	221	—
	RMR	≤0.05	0.070	否
	SRMR	≤0.05	0.052	否
	RMSEA	≤0.08	0.022	是
	AGFI	≥0.90	0.941	是
增值适配度指数	NFI	≥0.90	0.947	是
	CFI	≥0.90	0.989	是
简约适配度指数	PGFI	≥0.50	0.763	是
	χ^2/df	≤2.00	1.245	是
	AIC	理论模型 AIC 值小于独立模型和饱和模型	385.232<5217.214；385.232<552.000	是

从表 6-13 模型拟合度指标可见，测量模型绝对适配度指数：χ^2值为 275.232，df 为 221，由于本研究样本量较大，影响卡方值的检验科学性，需要进一步考虑简约适配度指数χ^2/df，其值为 1.245，小于 2，满足适配度要求；RMR 值为 0.070，大于 0.05 的标准，从这一指标看模型不具适配性，但这一指标受样本变量两次单维的影响，常呈现数据大小不一，为避免残差值未标准化造成 RMR 指标值数据大小不一现象，进一步利用标准化残差均方和平方根即 SRMR 进行判断，利用 AMOSI 软件进一步计算 SRMR，可得 0.052，仍然大于 0.05，这一指标表示模型具有不完美的契合度；其他绝对适配度指数 RMSEA 值为 0.022，小于 0.08；AGFI 拟合指数为 0.941，大于 0.9。增值适配度指数 NFI、CFI 值均大于 0.9。PGFI 为 0.763，大于 0.5；对比理论模型、独立模型、饱和模型的 AIC 简约适配度指数发现，满足理论模型的 AIC 值（385.232）小于饱和模型的 AIC 值（552.000）和独立模型的 AIC 值（5217.214）的标准。由于绝对适配度指数 SRMR 显示模型具有不完美的契合度，因此，需要进一步修正全球价值链网络嵌入与创新能力的初始结构方程模型。

（三）全球价值链网络嵌入对创新能力影响的初始结构方程模型修正

全球价值链网络嵌入对创新能力影响的初始结构方程模型整体看虽然拟合较好，但评估模型的绝对适配度指数 RMR、SRMR 都没有达到理想值，需根据 AMOS 21.0 运行结果的模型修正指标进行适当修正。通过建立潜变量“变异感知能力”的误差变量 *e*29 与潜变量“信息诠释能力”的误差变量 *e*30 之间的共变关系，卡方值可降低 19.595。从两个变量测量题项看，二者有 0.64 的相关性，企业的变异感知能力越强则信息诠释能力越强也合乎理论，可建立 *e*29 和 *e*30 之间的共变关系。修正的模型如图 6-13 所示。

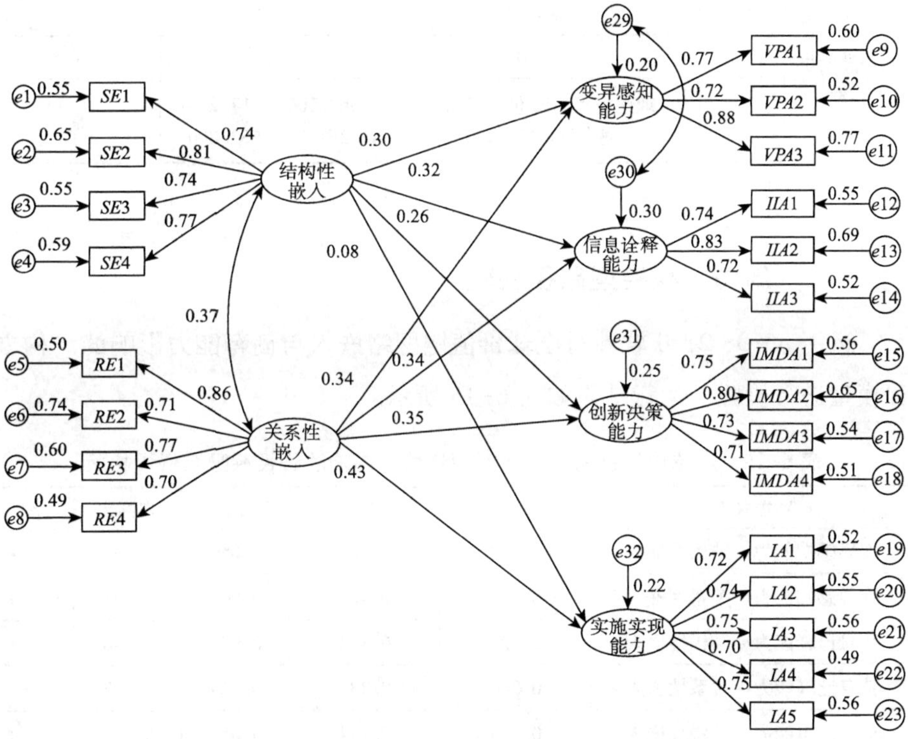

图 6-13　修正后的全球价值链网络嵌入对创新能力影响的结构方程模型

修正之后的模型适配度指标如表 6-14 所示。从表 6-14 可见，修正后结构方程模型绝对适配度指数、增值适配度指数、简约适配度指数适配度均有所提升，说明修正后的各项指标更加合理。

表 6-14 修正后的全球价值链网络嵌入对创新能力影响的结构方程模型拟合结果

统计检验量		适配标准	结果	是否适配
绝对适配度指数	χ^2	—	255.106	无法判断
	df	—	220	—
	RMR	≤0.05	0.066	否
	SRMR	≤0.05	0.049	是
	RMSEA	≤0.08	0.018	是
	AGFI	≥0.90	0.946	是
增值适配度指数	NFI	≥0.90	0.951	是
	CFI	≥0.90	0.993	是
简约适配度指数	PGFI	≥0.50	0.763	是
	χ^2/df	≤2.00	1.160	是
	AIC	理论模型 AIC 值小于独立模型与饱和模型	367.106<5217.214；367.106<552.000	是

（四）结构方程模型路径检验

运用 AMOS 21.0 软件对全球价值链网络嵌入与创新能力影响的结构方程模型进行检验，运行结果如表 6-15 所示。

表 6-15 全球价值链网络嵌入对创新能力影响的路径系数与假设检验

路径关系	标准估计	非标准估计	标准误差	临界比	*p*
变异感知能力←结构性嵌入	0.297	0.322	0.059	5.449	***
变异感知能力←关系性嵌入	0.345	0.425	0.068	6.271	***
信息诠释能力←结构性嵌入	0.320	0.318	0.055	5.770	***
信息诠释能力←关系性嵌入	0.344	0.388	0.064	6.067	***
创新决策能力←结构性嵌入	0.259	0.234	0.050	4.701	***
创新决策能力←关系性嵌入	0.348	0.359	0.059	6.086	***

续表

路径关系	标准估计	非标准估计	标准误差	临界比	*p*
实施实现能力←结构性嵌入	0.082	0.074	0.048	1.536	0.124
实施实现能力←关系性嵌入	0.429	0.437	0.061	7.191	***

潜变量间的路径系数在0.05的显著性水平上通过显著性检验代表原假设成立，反之则否定原假设。由表6-15可知，全球价值链网络嵌入与创新能力的结构方程模型中的路径系数估计值有一个未达到统计显著性水平要求，即“*H2d*：全球价值链结构性嵌入正向影响企业实施实现能力”没有得到验证，前文提出的如下假设得到验证：

H2a：全球价值链结构性嵌入正向影响企业变异感知能力。

H2b：全球价值链结构性嵌入正向影响企业信息诠释能力。

H2c：全球价值链结构性嵌入正向影响企业创新决策能力。

H3a：全球价值链关系性嵌入正向影响企业变异感知能力。

H3b：全球价值链关系性嵌入正向影响企业信息诠释能力。

H3c：全球价值链关系性嵌入正向影响企业创新决策能力。

H3d：全球价值链关系性嵌入正向影响企业实施实现能力。

三、创新能力对知识权力影响的结构模型检验

（一）初始结构方程模型构建

创新能力对知识权力影响的初始结构方程模型中4个外生潜变量变异感知能力、信息诠释能力、创新决策能力、实施实现能力分别用3个、3个、4个、5个外生显变量来测量，知识权力用5个内生潜变量测量。利用AMOS 21.0软件绘制可识别的初始结构方程模型如图6-14所示。

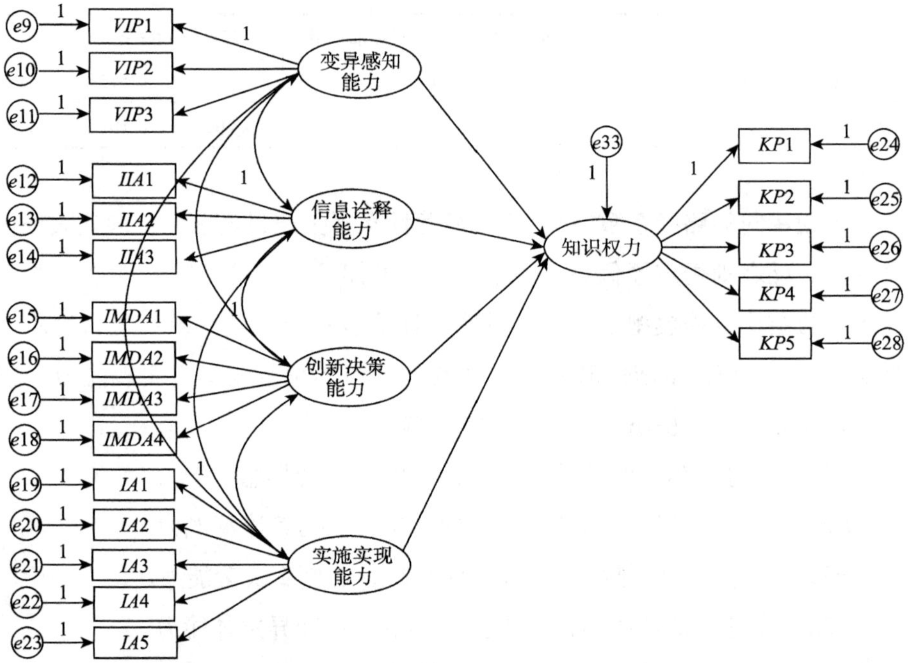

图 6-14　创新能力对知识权力影响的初始结构方程模型

图 6-14 中，初始模型中共计 5 个潜变量，变异感知能力、信息诠释能力、创新决策能力、实施实现能力为外生潜变量，相应的外生显性指标分别对应 *VPA*1～*VPA*3、*IIA*1～*IIA*3、*IMDA*1～*IMDA*4、*IA*1～*IA*5，在模型中不受其他变量的影响，类似于自变量的概念，残余变量分别为 *e*9～*e*11、*e*12～*e*14、*e*15～*e*18、*e*19～*e*23。知识权力为内生潜变量，其值受模型中其他外生变量及内生变量的影响并由其他变量决定，类似于因变量的概念，内生显性指标对应为 *KP*1～*KP*5 共 5 个，残余变量对应为*e*24～*e*28，模型中还存在 *e*33 的残差变量。为使用 AMOS 21.0 对模型进行验证，模型中非标准化路径系数值默认为 1。

（二）创新能力对知识权力影响的初始结构方程模型拟合效果

将调研数据导入初始模型进行拟合，得到初始结构方程模型的拟合结果（见图 6-15 和表 6-16）。图 6-15 上路径系数均为标准化回归系数。

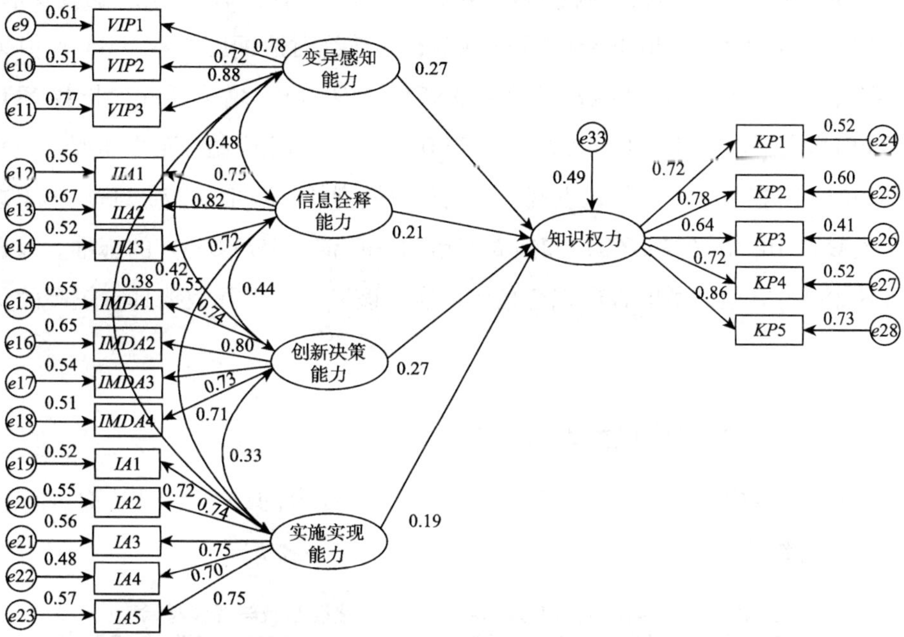

图 6-15　创新能力对知识权力影响的初始结构方程模型拟合结果

表 6-16　创新能力对知识权力影响的初始结构方程模型拟合结果

统计检验量		适配标准	结果	是否适配
绝对适配度指数	χ^2	—	171.293	无法判断
	df	—	160	—
	RMR	≤0.05	0.035	是
	RMSEA	≤0.08	0.012	是
	AGFI	≥0.90	0.957	是
增值适配度指数	NFI	≥0.90	0.962	是
	CFI	≥0.90	0.997	是
简约适配度指数	PGFI	≥0.50	0.737	是
	χ^2/df	≤2.00	1.071	是
	AIC	理论模型 AIC 值小于独立模型和饱和模型	271.293<4573.336；271.293<420.000	是

从表 6-16 模型拟合度指标可见，测量模型绝对适配度指数：χ^2值为 171.293，df 为 160，由于本研究样本量较大，影响卡方值的检验科学性，需要

进一步考虑简约适配度指数χ^2/df，其值为1.071，小于2，满足适配度要求；RMR值为0.035，满足小于0.05的标准；其他绝对适配度指数RMSEA值为0.012，小于0.08；AGFI拟合指数为0.957，大于0.9。增值适配度指数NFI、CFI值均大于0.9。PGFI为0.737，大于0.5；对比理论模型、独立模型、饱和模型的AIC简约适配度指数发现，满足理论模型的AIC值（271.293）小于饱和模型的AIC值（420.000）和独立模型的AIC值（4573.336）的标准。综合该初始结构方程模型的各项拟合指标，表明该模型与实际数据具有较高的契合度。

（三）结构方程模型路径检验

运用AMOS 21.0软件对创新能力对知识权力的结构方程模型进行检验，运行结果如表6-17所示。

表6-17　创新能力对知识权力影响的路径系数与假设检验

路径关系	标准估计	非标准估计	标准误差	临界比	*p*
知识权力←变异感知能力	0.273	0.201	0.040	5.058	* * *
知识权力←信息诠释能力	0.208	0.166	0.044	3.820	* * *
知识权力←创新决策能力	0.268	0.240	0.047	5.139	* * *
知识权力←实施实现能力	0.192	0.173	0.043	4.007	* * *

潜变量间的路径系数在0.05的显著性水平上通过显著性检验代表原假设成立，反之则否定原假设。由表6-17可知，创新能力与知识权力的结构方程模型中的路径系数估计值均达到了统计显著性水平要求，以下假设成立：

H4a：企业变异感知能力正向影响知识权力。

H4b：企业信息诠释能力正向影响知识权力。

H4c：企业创新决策能力正向影响知识权力。

H4d：企业实施实现能力正向影响知识权力。

四、中介效应检验

根据现有文献采用的中介效应检验的主流方法，主要依据 Baron 和 Kenny（1986）提出的三个步骤，首先对自变量和因变量关系的显著性进行检验，在自变量和因变量关系显著性的基础上进行第二步，即检验自变量和中介变量关系的显著性，然后在自变量和中介变量关系显著性的基础上再进行第三步，即引入中介变量，如自变量对因变量的影响显著降低则可判断具有中介效应。第一步和第二步已在前文检验过，本小节进行第三步检验，即纳入创新能力四个维度，观察路径系数变化以检验中介效应。

（一）中介效应模型检验

纳入创新能力四个维度后，全球价值链网络嵌入对企业知识权力影响的结构方程模型分析结果如图 6-16 所示。

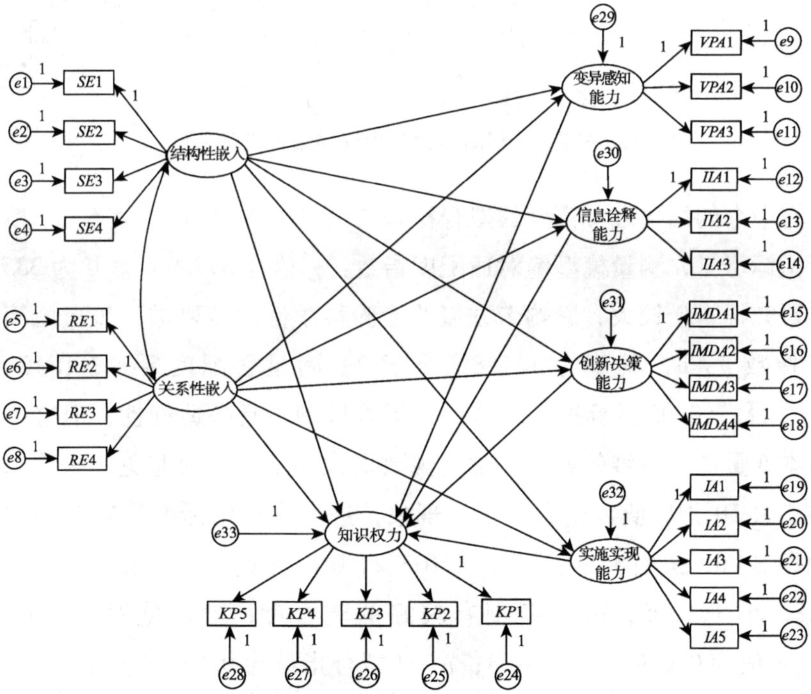

图 6-16 创新能力在全球价值链网络嵌入与知识权力关系间的中介效应模型

将调研数据导入中介模型进行拟合，得到有中介的结构方程模型的拟合结果（见图 6-17）。图 6-17 中的路径系数均为标准化回归系数。

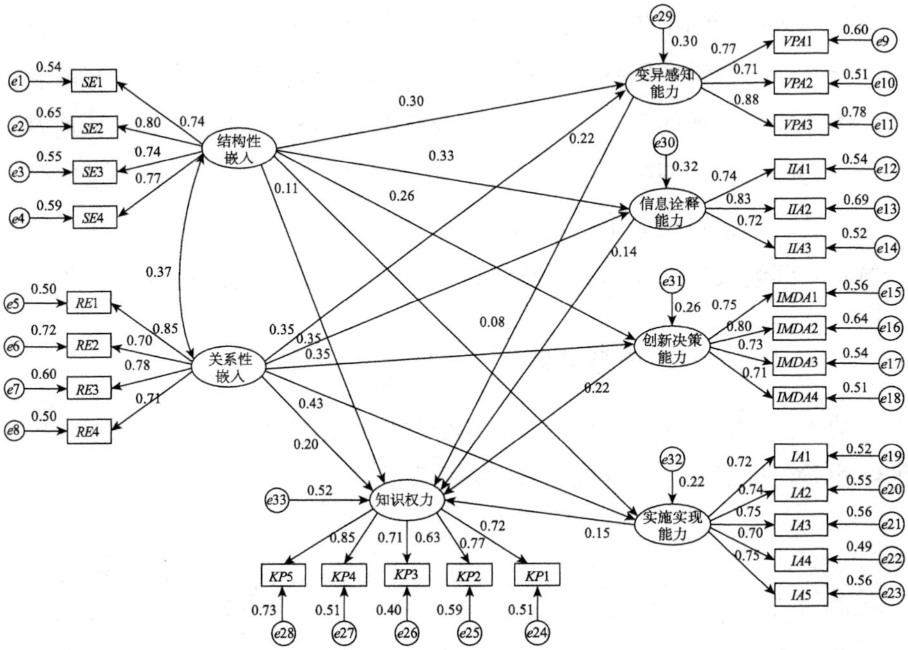

图 6-17　以创新能力为中介的结构方程模型

有中介的结构方程模型的拟合检验结果见表 6-18。从表 6-18 模型拟合度指标可见，测量模型绝对适配度指数：χ^2值为 397.931，df 为 335，由于本研究样本量较大，影响卡方值的检验科学性，需要进一步考虑简约适配度指数χ^2/df，其值为 1.188，小于 2，满足适配度要求；RMR 值为 0.065，大于 0.05 的标准，从这一指标看模型不具备适配性，但这一指标受样本变量两次单维的影响，常呈现数据大小不一，为避免残差值未标准化造成 RMR 指标值数据大小不一现象，进一步利用标准化残差均方和平方根即 SRMR 进行判断，利用 AMOS 21.0 软件进一步计算 SRMR，可得 0.048，小于 0.05，表示模型有较好的契合度；其他绝对适配度指数 RMSEA 值为 0.019，小于 0.08；AGFI 拟合指数为 0.933，大于 0.9。增值适配度指数 NFI、CFI 值均大于 0.9。PGFI 为 0.780，大于 0.5；对比理论模型、独立模型、饱和模型的 AIC 简约适配度指数发现，满足理论模型的 AIC 值（539. 931）小于饱和模型的 AIC 值（812. 000）和独立模型的 AIC 值（6700. 355）的标准。综合该初始结构方程模型的各项拟合指标，表明该模型与实际数据具有较高的契合度。

表 6-18　以创新能力为中介的结构方程模型拟合结果

统计检验量		适配标准	结果	是否适配
绝对适配度指数	χ^2	—	397. 931	无法判断
	df	—	335	—
	RMR	≤0. 05	0. 065	否
	SRMR	≤0. 05	0. 048	是
	RMSEA	≤0. 08	0. 019	是
	AGFI	≥0. 90	0. 933	是
增值适配度指数	NFI	≥0. 90	0. 940	是
	CFI	≥0. 90	0. 990	是
简约适配度指数	PGFI	≥0. 50	0. 780	是
	χ^2/df	≤2. 00	1. 188	是
	AIC	理论模型 AIC 值小于独立模型和饱和模型	539. 931<6700. 355；539. 931<812. 000	是

加入中介变量创新能力后的模型整体拟合较好，但根据 AMOS 21. 0 运行结果的模型修正指标（modification）结果，若是建立潜变量“变异感知能力”的误差变量 *e*29 与潜变量“信息诠释能力”的误差变量 *e*30 之间的共变关系，卡方值可降低 19. 504，企业的变异感知能力越强则信息诠释能力越强也合乎理论，因此建立 *e*29 和 *e*30 之间的共变关系进行修正。修正的模型如图 6-18 所示。

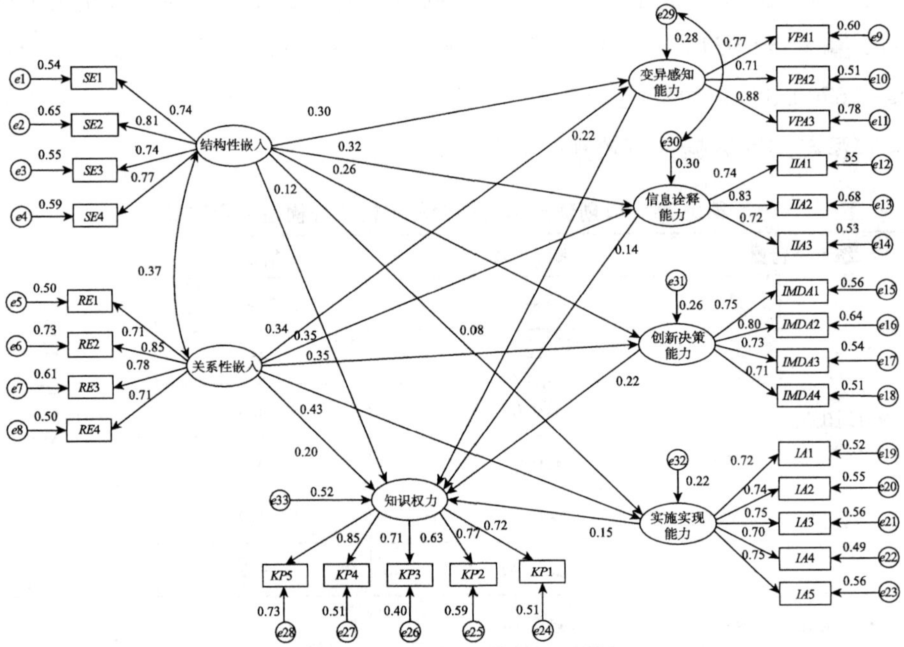

图 6-18　以创新能力为中介的结构方程模型（修正）

对有中介变量的结构方程模型进行修正后，模型适配度指标及判断结果如表 6-19 所示。从表 6-19 模型拟合度指标可见，修正后结构方程模型绝对适配度指数、增值适配度指数、简约适配度指数适配度均有所提升，说明修正后的各项指标更加合理。

表 6-19　创新能力为中介的结构方程模型（修正）拟合结果

统计检验量		适配标准	结果	是否适配
绝对适配度指数	χ^2	—	377.890	无法判断
	df	—	334	—
	RMR	≤0.05	0.061	否
	SRMR	≤0.05	0.046	是
	RMSEA	≤0.08	0.016	是
	AGFI	≥0.90	0.937	是
增值适配度指数	NFI	≥0.90	0.943	是
	CFI	≥0.90	0.993	是

续表

统计检验量		适配标准	结果	是否适配
简约适配度指数	PGFI	≥0. 50	0. 780	是
	χ^2/df	≤2. 00	1. 132	是
	AIC	理论模型 AIC 值小于独立模型与饱和模型	521. 890<6700. 355；521. 890<812. 000	是

（二）中介效应检验

运用 AMOS 21. 0 软件对加入中介变量创新能力后的全模型进行检验，运行结果如表 6-20 所示。

表 6-20 有中介的全模型路径系数与假设检验

路径关系	标准估计	非标准估计	标准误差	临界比	*p*
变异感知能力←结构性嵌入	0. 296	0. 322	0. 059	5. 430	* * *
变异感知能力←关系性嵌入	0. 345	0. 425	0. 068	6. 266	* * *
信息诠释能力←结构性嵌入	0. 320	0. 318	0. 055	5. 753	* * *
信息诠释能力←关系性嵌入	0. 345	0. 390	0. 064	6. 085	* * *
创新决策能力←结构性嵌入	0. 258	0. 234	0. 050	4. 683	* * *
创新决策能力←关系性嵌入	0. 350	0. 361	0. 059	6. 106	* * *
实施实现能力←结构性嵌入	0. 081	0. 073	0. 048	1. 517	0. 129
实施实现能力←关系性嵌入	0. 431	0. 439	0. 061	7. 187	* * *
知识权力←结构性嵌入	0. 117	0. 093	0. 040	2. 342	0. 019
知识权力←关系性嵌入	0. 201	0. 182	0. 051	3. 585	* * *
知识权力←变异感知能力	0. 218	0. 160	0. 039	4. 139	* * *
知识权力←信息诠释能力	0. 141	0. 113	0. 043	2. 597	0. 009
知识权力←创新决策能力	0. 220	0. 193	0. 044	4. 340	* * *
知识权力←实施实现能力	0. 150	0. 133	0. 042	3. 148	0. 002

表 6-20 结果表明，由于加入了创新能力这一中介变量，全球价值链结构性嵌入和关系性嵌入与知识权力的路径系数出现变化。

第一，创新能力在全球价值链结构性嵌入与知识权力关系间的中介检验。

在纳入中介变量变异感知能力、信息诠释能力、创新决策能力、实施实现能力的全模型中，全球价值链结构性嵌入与知识权力的路径系数从0.287（$p<0.001$）显著下降为0.117（$p<0.05$），但结构性嵌入与实施实现能力的关系路径系数变为0.081，未通过显著性检验（$p=0.129$），即假设*H5d*未得到验证，其余假设*H5a*、*H5b*、*H5c*初步得到验证。

第二，创新能力在全球价值链关系性嵌入与知识权力关系间的中介检验。

在纳入中介变量变异感知能力、信息诠释能力、创新决策能力、实施实现能力的全模型中，全球价值链关系性嵌入与知识权力的路径系数从0.445（$p<0.001$）显著下降为0.201（$p<0.001$），且都通过显著性检验，假设*H6a*、*H6b*、*H6c*、*H6d*初步得到验证。

（三）中介效应程度

根据温忠麟、侯杰泰、张雷（2005）提出的中介效应检验程序，可进一步判断中介效应的程度大小，且可以降低和减少中介检验的两类错误（曹永辉，2016）。中介效应程度大小可通过式（6-1）、式（6-2）、式（6-3）中的回归方程系数关系进行测定（见图6-19）。

$$Y=cX+e1 \tag{6-1}$$

$$M=aX+e2 \tag{6-2}$$

$$Y=c'X+bM+e3 \tag{6-3}$$

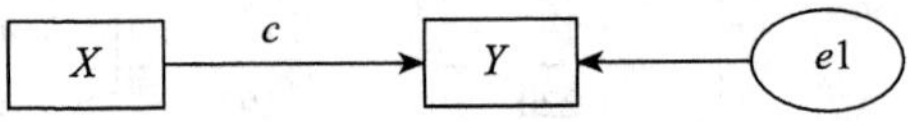

图6-19　中介效应检验路径关系

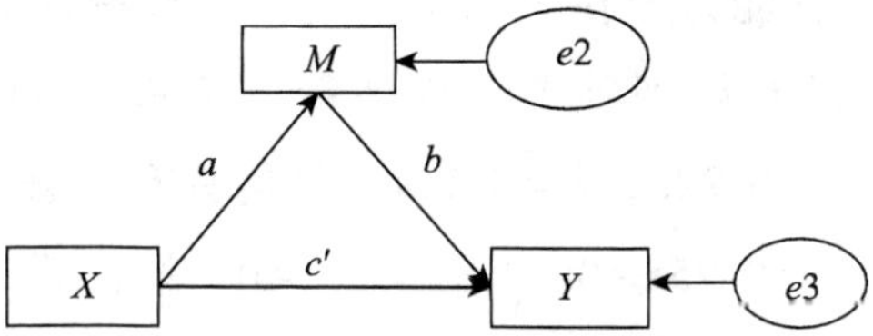

图 6-19　中介效应检验路径关系（续）

结合本研究中具体变量，式（6-1）、式（6-2）、式（6-3）中系数 c 为自变量 X（全球价值链网络嵌入）对因变量 Y（知识权力）的总效应；系数 a 为自变量 X（全球价值链网络嵌入）对中介变量 M（创新能力）的效应；系数 b 则为控制自变量 X（全球价值链网络嵌入）的影响后，中介变量 M（创新能力）对因变量 Y（知识权力）的效应；系数 c' 则为控制了中介变量 M（创新能力）的影响后，自变量 X（全球价值链网络嵌入）对因变量 Y（知识权力）的直接效应。汇总上文 AMOS 21.0 的运行结果，可进一步对创新能力在全球价值链结构性嵌入、关系性嵌入与知识权力关系中的中介效应程度进行分析。

第一，检验创新能力在全球价值链结构性嵌入与知识权力间的中介效应，汇总前文的数据，可得表 6-21。

表 6-21　创新能力在全球价值链结构性嵌入与知识权力间的中介效应

假设	因果路径	c	a	b	c'
H5a	知识权力←变异感知能力←结构性嵌入	0.287	0.296	0.218	0.117
H5b	知识权力←信息诠释能力←结构性嵌入	0.287	0.320	0.141	0.117
H5c	知识权力←创新决策能力←结构性嵌入	0.287	0.258	0.220	0.117

表 6-21 的数据表明，从变异感知能力的中介效应看，$c=0.287$，$a=0.296$，$b=0.218$，$c'=0.117$，且均具有显著性，中介效应对总效应的占比为：$ab/c=0.296\times0.218\div0.287=0.225$，因此变异感知能力能在全球价值链结构性嵌入和知识权力关系间起部分中介作用，*H5a* 得到验证；从信息诠释能力的中介效应看，$c=0.287$，$a=0.320$，$b=0.141$，$c'=0.117$，且均具有显著性，中介效应对总效应的占比为：$ab/c=0.320\times0.141\div0.287=$

0. 157，因此信息诠释能力能在全球价值链结构性嵌入和知识权力关系间起部分中介作用，*H5b* 得到验证；从创新决策能力的中介效应看，c = 0. 287，a = 0. 258，b = 0. 220，c' = 0. 117，且均具有显著性，中介效应对总效应的占比为：ab/c = 0. 258×0. 220÷0. 287 = 0. 198，因此创新决策能力能在全球价值链结构性嵌入和知识权力关系间起部分中介作用，*H5c* 得到验证。

第二，检验创新能力在全球价值链关系性嵌入与知识权力间的中介效应，汇总前文的数据，可得表 6-22。

表 6-22　创新能力在全球价值链关系性嵌入与知识权力间的中介效应

假设	因果路径	c	a	b	c'
H6a	知识权力←变异感知能力←关系性嵌入	0. 445	0. 345	0. 218	0. 201
H6b	知识权力←信息诠释能力←关系性嵌入	0. 445	0. 345	0. 141	0. 201
H6c	知识权力←创新决策能力←关系性嵌入	0. 445	0. 350	0. 220	0. 201
H6d	知识权力←实施实现能力←关系性嵌入	0. 445	0. 431	0. 150	0. 201

表 6-22 的数据表明，从变异感知能力的中介效应看，c = 0. 445，a = 0. 345，b = 0. 218，c' = 0. 201，且均具有显著性，中介效应对总效应的占比为：ab/c = 0. 345×0. 218÷0. 445 = 0. 169，因此变异感知能力能在全球价值链关系性嵌入和知识权力关系间起部分中介作用，*H6a* 得到验证；从信息诠释能力的中介效应看，c = 0. 445，a = 0. 345，b = 0. 141，c' = 0. 201，且均具有显著性，中介效应对总效应的占比为：ab/c = 0. 345×0. 141÷0. 445 = 0. 109，因此信息诠释能力能在全球价值链关系性嵌入和知识权力关系间起部分中介作用，*H6b* 得到验证；从创新决策能力的中介效应看，c = 0. 445，a = 0. 350，b = 0. 220，c' = 0. 201，且均具有显著性，中介效应对总效应的占比为：ab/c = 0. 350×0. 220÷0. 445 = 0. 173，因此创新决策能力能在全球价值链关系性嵌入和知识权力关系间起部分中介作用，*H6c* 得到验证；从实施实现能力的中介效应看，c = 0. 445，a = 0. 431，b = 0. 150，c' = 0. 201，且均具有显著性，中介效应对总效应的占比为：ab/c = 0. 431×0. 150÷0. 445 = 0. 145，因此实施实现能力能在全球价值链关系性嵌入和知

识权力关系间起部分中介作用，*H6d* 得到验证。

第三节　线性回归模型检验

与结构方程模型均利用一组方程来表示变量间关系一样，多元线性回归模型也是变量间关系常用的统计方法，可作为结构方程模型的稳健性检验。根据本研究假设，本节在结构方程模型分析基础上，利用 SPSS 21.0 对调研数据进行稳健性检验。同时多元回归分析特别适合做调节作用的检验，因此，本节利用多元回归模型进一步检验知识距离的调节效应。

一、线性回归模型的三大问题检验

异方差、序列相关、多重共线性是线性回归模型的三个检验前提（李拓宇，2018），在进行回归模型检验之前必须进行控制，以保证线性回归模型结果的相对稳定性和可靠性（马庆国，2010）。

（一）异方差问题诊断

为确保回归参数估计量具有良好的统计性质，经典线性回归模型假定总体回归函数中的随机误差项满足同方差性即有相同的方差，如果违背这一假定则存在异方差性，会影响到估计量的有效性。异方差问题可通过观察残差项散点图的状态变化（以标准化预测值为横轴，以标准化残差为纵轴）进行诊断（马庆国，2010），若残差项散点图呈现无序状态，则表示不存在异方差问题；也可以利用方差分析表的显著性水平进行诊断，如果回归分析中各变量显著性水平不超过 0.05，则可判定不具有异方差性。本研究回归模型不具有异方差性。

（二）序列相关问题诊断

序列相关指由回归模型的随机误差项相关引起不同期的样本值之间存在相关性，会降低估计量的有效性。序列相关可用 Durbin-Watson（DW 值）值来判断（马庆国，2010），当 1.5<DW 值<2.5 时，理论模型就不存在序列相关问题。线性回归由于假设误差项独立，即要求自变量间不存在显著关系，其检验结果才具有稳定性，通常截面数据理论上不会存在严重的序列相关问题，因此可初步判断本研究并不存在序列相关问题。为进一步利用 DW 值判断，在后文的回归分析表中，列出了本研究涉及的回归模型 DW 值，涉及的模型 DW 值的最小值、最大值分别为 1.927、2.155，表明模型中各变量之间不存在序列相关问题，回归分析的结果可接受。

（三）多重共线性问题诊断

理论模型中多个自变量可能有共同的变化趋势，即多元自变量间存在一定相关性，将导致多重共线性。如果模型中存在多重共线性问题，标准误差扩大（张文彤、董伟，2004），导致单个自变量对因变量的边际影响相互削弱，模型的回归系数便不可靠。多重共线性问题检验通常采用容忍度和方差膨胀因子（VIF）指标进行判断，由于二者互为倒数，通常择其一对多重共线性问题进行诊断。多数研究选择用方差膨胀因子指数的大小来判定是否存在多重共线性（马庆国，2010）。本研究中各解释变量结构性嵌入、关系性嵌入以及变异感知能力、信息诠释能力、创新决策能力、实施实现能力和知识深度距离、知识宽度距离之间相关，可能存在多重共线性问题，需要进一步进行判断。

根据吴明隆（2010）的建议，采用方差膨胀因子 VIF 指数来判断，不存在或不存在严重的多重共线性的标准为：0<VIF<10 且 0<VIF 的均值<2。后文的回归分析中，各个模型中 VIF 值及均值都在可接受范围内，可以判定本研究中各变量间不存在多重共线性问题。

二、全球价值链网络嵌入与知识权力回归模型检验

根据前文分析，建立全球价值链结构性嵌入、关系性嵌入与知识权力关系的回归模型，模型中结构性嵌入、关系性嵌入为自变量，知识权力为因变量，员工规模、企业性质、上市与否、销售收入、企业类型为控制变量。利用 SPSS 21.0 进行检验，表 6-23 为全球价值链网络嵌入对企业知识权力提升的作用回归结果。表 6-23 中，模型 A1 的解释变量为控制变量，模型 A2、模型 A3 为在模型 A1 的基础上分别增加自变量结构性嵌入、关系性嵌入，模型 A4 包含了所有的自变量、因变量和控制变量。

表 6-23　全球价值链网络嵌入与知识权力回归模型检验结果

自变量	模型 A1	模型 A2	模型 A3	模型 A4
员工规模	-0.013	-0.002	-0.031	-0.021
企业性质	0.040	0.041	0.024	0.028
上市与否	0.032	0.028	0.009	0.010
销售收入	0.009	0.024	0.007	0.018
企业类型	-0.096*	-0.081	-0.072	-0.066
结构性嵌入	—	0.388***	—	0.255***
关系性嵌入	—	—	0.494***	0.411***
常数项	4.584***	3.002***	2.582***	1.877***
VIF（max）	1.576	1.577	1.577	1.579
VIF（min）	1.008	1.004	1.006	1.011
DW	2.053	2.122	2.111	2.147
R^2	0.012	0.162	0.255	0.313
调整后 R^2	0.002	0.152	0.246	0.303
F 值	1.203	15.829***	27.964***	31.850***

注：$n=498$；回归系数均为标准化系数；*表示 $p<0.05$，**表示 $p<0.01$，***表示 $p<0.001$。后文中回归模型不作特殊说明，均同此表注。

由模型 A2 回归结果可知，回归模型各变量中 VIF 最大值为 1.577，最小值为 1.004，远小于临界值 10，表明模型不存在共线性问题。全球价值链结构性嵌入对知识权力的回归模型 F 统计量为 15.829，且通过了 0.1%

的显著性检验，可以判断全球价值链结构性嵌入对知识权力影响的回归模型合理，调整后 R^2 为 0.152，说明结构性嵌入能解释知识权力变异的 15.2%，全球价值链结构性嵌入对知识权力影响的回归系数为 0.388，且在 0.1%的水平上显著，表明结构性嵌入对知识权力产生正向影响，验证了结构方程模型的检验结果，*H*1*a* 再次得到验证。

由模型 A3 回归结果可知，回归模型各变量中 VIF 最大值为 1.577，最小值为 1.006，远小于临界值 10，表明模型不存在共线性问题。全球价值链关系性嵌入对知识权力的回归模型 *F* 统计量为 27.964，且通过了 0.1%的显著性检验，可以判断全球价值链关系性嵌入对知识权力影响的回归模型合理，调整后 R^2 为 0.246，说明关系性嵌入能解释知识权力变异的 24.6%，全球价值链关系性嵌入对知识权力影响的回归系数为 0.494，且在 0.1%的水平上显著，表明关系性嵌入对知识权力产生正向影响，验证了结构方程模型的检验结果，*H*1*b* 再次得到验证。

模型 A4 各变量中 VIF 最大值为 1.579，最小值为 1.011，远小于临界值 10，表明模型不存在共线性问题。*F* 统计量为 31.850，且在 0.1%的水平上显著，可以进一步判定综合回归模型的合理性，调整后 R^2 为 0.303，意味着全球价值链网络嵌入能解释知识权力变异的 30.3%，结构性嵌入、关系性嵌入对知识权力影响的回归系数分别为 0.255、0.411，并且均在 0.1%的显著性水平上显著，表明全球价值链网络嵌入对知识权力产生正向影响。

三、全球价值链网络嵌入与创新能力回归模型检验

（一）全球价值链网络嵌入与变异感知能力

根据前文分析，建立全球价值链结构性嵌入、关系性嵌入与变异感知能力关系的回归模型，模型中结构性嵌入、关系性嵌入为自变量，变异感知能力为因变量，员工规模、企业性质、上市与否、销售收入、企业类型为控制变量。表 6-24 为全球价值链网络嵌入对企业变异感知能力影响的

回归结果，模型B1的解释变量为控制变量，模型B2、模型B3为在模型B1的基础上分别增加自变量结构性嵌入、关系性嵌入，模型B4包含了所有的自变量、因变量和控制变量。

表6-24 全球价值链网络嵌入与变异感知能力回归模型检验结果

自变量	模型B1	模型B2	模型B3	模型B4
员工规模	-0.039	-0.029	-0.053	-0.042
企业性质	-0.011	-0.010	-0.024	-0.020
上市与否	0.017	0.013	0.000	0.001
销售收入	0.009	0.022	0.007	0.018
企业类型	-0.026	-0.012	-0.007	-0.001
结构性嵌入	—	0.354***	—	0.258***
关系性嵌入	—	—	0.380***	0.296***
常数项	4.522***	2.851***	2.740***	1.914***
VIF（max）	1.576	1.577	1.577	1.579
VIF（min）	1.008	1.004	1.010	1.011
DW	2.097	2.141	2.083	2.112
R^2	0.002	0.127	0.145	0.205
调整后 R^2	-0.008	0.116	0.135	0.193
F 值	0.196	11.880***	13.912***	18.024***

由模型B2回归结果可知，回归模型各变量中VIF最大值为1.577，最小值为1.004，远小于临界值10，表明模型不存在共线性问题。全球价值链结构性嵌入对变异感知能力的回归模型 F 统计量为11.880，且通过了0.1%的显著性检验，可以判断全球价值链结构性嵌入对变异感知能力影响的回归模型合理，调整后 R^2 为0.116，说明结构性嵌入能解释变异感知能力变异的11.6%，全球价值链结构性嵌入对变异感知能力影响的回归系数为0.354，且在0.1%的水平上显著，表明结构性嵌入对变异感知能力产生正向影响，验证了结构方程模型的检验结果，*H2a* 再次得到验证。

由模型B3回归结果可知，回归模型各变量中VIF最大值为1.577，最小值为1.010，远小于临界值10，表明模型不存在共线性问题。全球价值链关系性嵌入对变异感知能力的回归模型 F 统计量为 13.912，且通过了 0.1%的显著性检验，可以判断全球价值链关系性嵌入对变异感知能力影响的回归模型合理，调整后 R^2 为 0.135，说明关系性嵌入能解释变异感知能力变异的 13.5%，全球价值链关系性嵌入对变异感知能力影响的回归系数为 0.380，且在 0.1%的水平上显著，表明关系性嵌入对变异感知能力产生正向影响，验证了结构方程模型的检验结果，*H3a* 再次得到验证。

模型 B4 各变量中 VIF 最大值为 1.579，最小值为 1.011，远小于临界值 10，表明模型不存在共线性问题。F 统计量为 18.024，且在 0.1%的水平上显著，可以进一步判定综合回归模型的合理性，调整后 R^2 为 0.193，意味着全球价值链网络嵌入能解释变异感知能力变异的 19.3%，结构性嵌入、关系性嵌入对变异感知能力影响的回归系数分别为 0.258、0.296，且均在 0.1%的显著性水平上显著，表明全球价值链网络嵌入对变异感知能力产生正向影响。

（二）全球价值链网络嵌入与信息诠释能力

根据前文分析，建立全球价值链结构性嵌入、关系性嵌入与信息诠释能力关系的回归模型，模型中结构性嵌入、关系性嵌入为自变量，信息诠释能力为因变量，员工规模、企业性质、上市与否、销售收入、企业类型为控制变量。表 6-25 为全球价值链网络嵌入对企业信息诠释能力影响的回归结果，模型 C1 的解释变量为控制变量，模型 C2、模型 C3 为在模型 C1 的基础上分别增加自变量结构性嵌入、关系性嵌入，模型 C4 包含了所有的自变量、因变量和控制变量。

表 6-25　全球价值链网络嵌入与信息诠释能力回归模型检验结果

自变量	模型 C1	模型 C2	模型 C3	模型 C4
员工规模	−0.068	−0.058	−0.082	−0.071
企业性质	−0.011	−0.010	−0.023	−0.019
上市与否	0.029	0.025	0.011	0.013
销售收入	0.040	0.054	0.039	0.050

续表

自变量	模型 C1	模型 C2	模型 C3	模型 C4
企业类型	-0.101	-0.088	-0.083	-0.077
结构性嵌入	—	0.353***	—	0.261***
关系性嵌入	—	—	0.369***	0.285***
常数项	4.858	3.137***	3.071***	2.208***
VIF (max)	1.576	1.577	1.577	1.579
VIF (min)	1.008	1.004	1.010	1.011
DW	2.083	2.083	2.102	2.091
R^2	0.015	0.140	0.151	0.212
调整后 R^2	0.005	0.129	0.140	0.200
F 值	1.509	13.272***	14.523***	18.796***

由模型 C2 回归结果可知，回归模型各变量中 VIF 最大值为 1.577，最小值为 1.004，远小于临界值 10，表明模型不存在共线性问题。全球价值链结构性嵌入对信息诠释能力的回归模型 F 统计量为 13.272，且通过了 0.1%的显著性检验，可以判断全球价值链结构性嵌入对信息诠释能力影响的回归模型合理，调整后 R^2 为 0.129，说明结构性嵌入能解释信息诠释能力变异的 12.9%，全球价值链结构性嵌入对信息诠释能力影响的回归系数为 0.353，且在 0.1%的水平上显著，表明结构性嵌入对信息诠释能力产生正向影响，验证了结构方程模型的检验结果，*H2b* 再次得到验证。

由模型 C3 回归结果可知，回归模型各变量中 VIF 最大值为 1.577，最小值为 1.010，远小于临界值 10，表明模型不存在共线性问题。全球价值链关系性嵌入对信息诠释能力的回归模型 F 统计量为 14.523，且通过了 0.1%的显著性检验，可以判断全球价值链关系性嵌入对信息诠释能力影响的回归模型合理，调整后 R^2 为 0.140，说明关系性嵌入能解释信息诠释能力变异的 14.0%，全球价值链关系性嵌入对信息诠释能力影响的回归系数为 0.369，且在 0.1%的水平上显著，表明关系性嵌入对信息诠释能力产生正向影响，验证了结构方程模型的检验结果，*H3b* 再次得到验证。

模型 C4 各变量中 VIF 最大值为 1.579，最小值为 1.011，远小于临界值 10，表明模型不存在共线性问题。F 统计量为 18.796，且在 0.1%的水平上显著，可以进一步判定综合回归模型的合理性，调整后 R^2 为 0.200，意味着全球价值链网络嵌入能解释信息诠释能力变异的 20.0%，结构性嵌入、关系性嵌入对信息诠释能力影响的回归系数分别为 0.261、0.285，且均在 0.1%的显著性水平上显著，表明全球价值链网络嵌入对信息诠释能力产生正向影响。

（三）全球价值链网络嵌入与创新决策能力

根据前文分析，建立全球价值链结构性嵌入、关系性嵌入与创新决策能力关系的回归模型，模型中结构性嵌入、关系性嵌入为自变量，创新决策能力为因变量，员工规模、企业性质、上市与否、销售收入、企业类型为控制变量。表 6-26 为全球价值链网络嵌入对企业创新决策能力影响的回归结果，模型 D1 的解释变量为控制变量，模型 D2、模型 D3 为在模型 D1 的基础上分别增加自变量结构性嵌入、关系性嵌入，模型 D4 包含了所有的自变量、因变量和控制变量。

表 6-26　全球价值链网络嵌入与创新决策能力回归模型检验结果

自变量	模型 D1	模型 D2	模型 D3	模型 D4
员工规模	-0.019	-0.011	-0.033	-0.024
企业性质	0.027	0.028	0.015	0.018
上市与否	0.070	0.067	0.054	0.055
销售收入	-0.002	0.010	-0.003	0.006
企业类型	-0.056	-0.044	-0.038	-0.033
结构性嵌入	—	0.308***	—	0.215***
关系性嵌入	—	—	0.358***	0.288***
常数项	4.411***	3.102***	2.899***	2.280***
VIF（max）	1.576	1.577	1.577	1.579
VIF（min）	1.008	1.004	1.010	1.011
DW	2.085	2.136	2.120	2.147
R^2	0.009	0.104	0.136	0.177

续表

自变量	模型 D1	模型 D2	模型 D3	模型 D4
调整后 R^2	-0.001	0.093	0.126	0.166
F 值	0.915	9.449***	12.924***	15.099***

由模型 D2 回归结果可知，回归模型各变量中 VIF 最大值为 1.577，最小值为 1.004，远小于临界值 10，表明模型不存在共线性问题。全球价值链结构性嵌入对创新决策能力的回归模型 F 统计量为 9.449，且通过了 0.1%的显著性检验，可以判断全球价值链结构性嵌入对创新决策能力影响的回归模型合理，调整后 R^2 为 0.093，说明结构性嵌入能解释创新决策能力变异的 9.3%，全球价值链结构性嵌入对创新决策能力影响的回归系数为 0.308，且在 0.1%的水平上显著，表明结构性嵌入对创新决策能力产生正向影响，验证了结构方程模型的检验结果，*H2c* 再次得到验证。

由模型 D3 回归结果可知，回归模型各变量中 VIF 最大值为 1.577，最小值为 1.010，远小于临界值 10，表明模型不存在共线性问题。全球价值链关系性嵌入对创新决策能力的回归模型 F 统计量为 12.924，且通过了 0.1%的显著性检验，可以判断全球价值链关系性嵌入对创新决策能力影响的回归模型合理，调整后 R^2 为 0.126，说明关系性嵌入能解释创新决策能力变异的 12.6%，全球价值链关系性嵌入对创新决策能力影响的回归系数为 0.358，且在 0.1%的水平上显著，表明关系性嵌入对创新决策能力产生正向影响，验证了结构方程模型的检验结果，*H3c* 再次得到验证。

模型 D4 各变量中 VIF 最大值为 1.579，最小值为 1.011，远小于临界值 10，表明模型不存在共线性问题。F 统计量为 15.099，且在 0.1%的水平上显著，可以进一步判定综合回归模型的合理性，调整后 R^2 为 0.166，意味着全球价值链网络嵌入能解释创新决策能力变异的 16.6%，结构性嵌入、关系性嵌入对创新决策能力影响的回归系数分别为 0.215、0.288，且均在 0.1%的显著性水平上显著，表明全球价值链网络嵌入对创新决策能力产生正向影响。

（四）全球价值链网络嵌入与实施实现能力

根据前文分析，建立全球价值链结构性嵌入、关系性嵌入与实施实现能力关系的回归模型，模型中结构性嵌入、关系性嵌入为自变量，实施实现能力为因变量，员工规模、企业性质、上市与否、销售收入、企业类型为控制变量。表 6-27 为全球价值链网络嵌入对企业实施实现能力影响的回归结果，模型 E1 的解释变量为控制变量，模型 E2、模型 E3 为在模型 E1 的基础上分别增加自变量结构性嵌入、关系性嵌入，模型 E4 包含了所有的自变量、因变量和控制变量。

表 6-27　全球价值链网络嵌入与实施实现能力回归模型检验结果

自变量	模型 E1	模型 E2	模型 E3	模型 E4
员工规模	-0.033	-0.028	-0.048	-0.045
企业性质	0.004	0.005	-0.008	-0.007
上市与否	-0.151	-0.153**	-0.169***	-0.168***
销售收入	0.174	0.181**	0.173***	0.176***
企业类型	-0.037	-0.030	-0.019	-0.017
结构性嵌入	—	0.195***	—	0.079
关系性嵌入	—	—	0.386***	0.361***
常数项	4.351***	3.571***	2.818***	2.605***
VIF（max）	1.576	1.577	1.577	1.579
VIF（min）	1.008	1.004	1.010	1.011
DW	1.967	1.927	1.953	1.933
R^2	0.027	0.065	0.175	0.181
调整后 R^2	0.017	0.054	0.165	0.169
F 值	2.764	5.718***	17.418***	15.473***

由模型 E2 回归结果可知，回归模型各变量中 VIF 最大值为 1.577，最小值为 1.004，远小于临界值 10，表明模型不存在共线性问题。全球价值链结构性嵌入对实施实现能力的回归模型 F 统计量为 5.718，且通过了 0.1%的显著性检验，可以判断全球价值链结构性嵌入对实施实现能力影响

的回归模型合理，调整后 R^2 为 0. 054，说明结构性嵌入能解释实施实现能力变异的 5. 4%，全球价值链结构性嵌入对实施实现能力影响的回归系数为 0. 195，且在 0. 1%的水平上显著，但在综合模型中结构性嵌入对实施实现能力的回归系数为 0. 079，且未通过显著检验，经综合判断，结构性嵌入对实施实现能力产生正向影响的相关假设未得到支持，即 *H2d* 未得到验证。

由模型 E3 回归结果可知，回归模型各变量中 VIF 最大值为 1. 577，最小值为 1. 010，远小于临界值 10，表明模型不存在共线性问题。全球价值链关系性嵌入对实施实现能力的回归模型 *F* 统计量为 17. 418，且通过了 0. 1%的显著性检验，可以判断全球价值链关系性嵌入对实施实现能力影响的回归模型合理，调整后 R^2 为 0. 165，说明关系性嵌入能解释实施实现能力变异的 16. 5%，全球价值链关系性嵌入对实施实现能力影响的回归系数为 0. 386，且在 0. 1%的水平上显著，表明关系性嵌入对实施实现能力产生正向影响，验证了结构方程模型的检验结果，再次证明全球价值链关系性嵌入正向影响实施实现能力，即 *H3d* 得到验证。

模型 *E*4 各变量中 *VIF* 最大值为 1. 579，最小值为 1. 011，远小于临界值 10，表明模型不存在共线性问题。*F* 统计量为 15. 473，且在 0. 1%的水平上显著，可以进一步判定综合回归模型的合理性，调整后 R^2 为 0. 169，意味着全球价值链网络嵌入能解释实施实现能力变异的 16. 9%，结构性嵌入对实施实现能力影响的回归系数为 0. 079，但未通过显著性检验，关系性嵌入对实施实现能力影响的回归系数为 0. 361，且在 0. 1%的显著性水平上显著。经回归模型分析，*H3d* 得到验证，而 *H2d* 没有得到验证。

四、创新能力与知识权力回归模型检验

根据前文分析，建立创新能力与知识权力的回归模型，模型中变异感知能力、信息诠释能力、创新决策能力、实施实现能力——作为自变量，因变量为知识权力，控制变量为员工规模、企业性质、上市与否、销售收入、企业类型。表 6-28 为企业创新能力对知识权力影响的回归结果，模型 F1 的解

释变量为控制变量，模型 F2、模型 F3、模型 F4、模型 F5 为在模型 F1 的基础上分别增加自变量变异感知能力、信息诠释能力、创新决策能力、实施实现能力，模型 F6 包含了所有的自变量、因变量和控制变量。

表 6-28　创新能力对知识权力回归模型检验结果

自变量	模型 F1	模型 F2	模型 F3	模型 F4	模型 F5	模型 F6
员工规模	-0.013	0.005	0.017	-0.004	0.001	0.021
企业性质	0.040	0.045	0.045	0.027	0.038	0.037
上市与否	0.032	0.024	0.019	-0.001	0.094	0.034
销售收入	0.009	0.005	-0.009	0.010	-0.063	-0.035
企业类型	-0.096	-0.084	-0.052	-0.070	-0.081	-0.049
变异感知能力	—	0.473***	—	—	—	0.236***
信息诠释能力	—	—	0.441***	—	—	0.198***
创新决策能力	—	—	—	0.470***	—	0.256***
实施实现能力	—	—	—	—	0.411***	0.198***
常数项	4.584***	2.739***	2.789***	2.597***	2.758***	0.894***
VIF（max）	1.576	1.577	1.580	1.576	1.577	1.577
VIF（min）	1.008	1.002	1.015	1.009	1.009	1.009
DW	2.053	2.064	2.090	2.031	1.942	2.025
R^2	0.012	0.235	0.204	0.231	0.176	0.408
调整后 R^2	0.002	0.226	0.194	0.221	0.166	0.397
F 值	1.203	25.129***	20.941***	24.562***	17.535***	37.343***

由模型 F2 回归结果可知，回归模型各变量中 VIF 最大值为 1.577，最小值为 1.002，远小于临界值 10，表明模型不存在共线性问题。变异感知能力对知识权力的回归模型 *F* 统计量为 25.129，且通过了 0.1%的显著性检验，可以判断变异感知能力对知识权力影响的回归模型合理，调整后 R^2 为 0.226，说明变异感知能力能解释知识权力变异的 22.6%，变异感知能力对知识权力影响的回归系数为 0.473，且在 0.1%的水平上显著，表明变异感知能力对知识权力产生正向影响，验证了结构方程模型的检验结果，*H4a* 再次得到验证。

由模型 F3 回归结果可知，回归模型各变量中 VIF 最大值为 1.580，最小值为 1.015，远小于临界值 10，表明模型不存在共线性问题。信息诠释能力对知识权力的回归模型 *F* 统计量为 20.941，且通过了 0.1%的显著性检验，可以判断信息诠释能力对知识权力影响的回归模型合理，调整后 R^2 为 0.194，说明信息诠释能力能解释知识权力变异的 19.4%，信息诠释能力对知识权力影响的回归系数为 0.441，且在 0.1%的水平上显著，表明信息诠释能力对知识权力产生正向影响，验证了结构方程模型的检验结果，即 *H4b* 再次得到验证。

由模型 F4 回归结果可知，回归模型各变量中 VIF 最大值为 1.576，最小值为 1.009，远小于临界值 10，表明模型不存在共线性问题。创新决策能力对知识权力的回归模型 *F* 统计量为 24.562，且通过了 0.1%的显著性检验，可以判断创新决策能力对知识权力影响的回归模型合理，调整后 R^2 为 0.221，说明创新决策能力能解释知识权力变异的 22.1%，创新决策能力对知识权力影响的回归系数为 0.470，且在 0.1%的水平上显著，表明创新决策能力对知识权力产生正向影响，验证了结构方程模型的检验结果，*H4c* 再次得到验证。

由模型 F5 回归结果可知，回归模型各变量中 VIF 最大值为 1.577，最小值为 1.009，远小于临界值 10，表明模型不存在共线性问题。实施实现能力对知识权力的回归模型 *F* 统计量为 17.535，且通过了 0.1%的显著性检验，可以判断实施实现能力对知识权力影响的回归模型合理，调整后 R^2 为 0.166，说明实施实现能力能解释知识权力变异的 16.6%，实施实现能力对知识权力影响的回归系数为 0.411，且在 0.1%的水平上显著，表明实施实现能力对知识权力产生正向影响，验证了结构方程模型的检验结果，*H4d* 再次得到验证。

模型 F6 各变量中 VIF 最大值为 1.577，最小值为 1.009，远小于临界值 10，表明模型不存在共线性问题。*F* 统计量为 37.343，且在 0.1%的水平上显著，可以进一步判定综合回归模型的合理性，调整后 R^2 为 0.397，意味着创新能力能解释知识权力变异的 39.7%，变异感知能力对知识权力影响的回归系数为 0. 236，信息诠释能力对知识权力影响的回归系数为 0. 198，创新决策能力对知识权力影响的回归系数为 0. 256，实施实现能力对知识权力影响的回归系数为 0. 198，且均在 0. 1%的显著性水平上显著，表明企业创新能力对知识权力产生正向影响。

五、创新能力的中介效应检验

根据 Baron 和 Kenny（1986）提出的中介检验三步骤：第一，自变量对因变量的回归分析，即结构性嵌入、关系性嵌入对知识权力的回归分析。第二，自变量对中介变量的回归分析，即结构性嵌入、关系性嵌入对变异感知能力的回归分析；结构性嵌入、关系性嵌入对信息诠释能力的回归分析；结构性嵌入、关系性嵌入对创新决策能力的回归分析；结构性嵌入、关系性嵌入对实施实现能力的回归分析。第三，中介变量被控制后，自变量对因变量的回归分析，即控制变异感知能力、信息诠释能力、创新决策能力、实施实现能力后，结构性嵌入、关系性嵌入对知识权力的影响是消失还是减少。前文已经进行了第一步的自变量与因变量关系验证，即结构性嵌入、关系性嵌入对知识权力的影响，并得到了验证；也进行了第二步自变量对中介变量的回归分析并进行了验证，即结构性嵌入、关系性嵌入对变异感知能力的回归分析，结构性嵌入、关系性嵌入对信息诠释能力的回归分析，结构性嵌入、关系性嵌入对创新决策能力的回归分析，结构性嵌入、关系性嵌入对实施实现能力的回归分析，其中结构性嵌入对实施实现能力的影响没有得到验证，故不再对其进行分析。本节进行第三步，对创新能力的中介效应进行稳健性检验。

（一）变异感知能力的中介效应分析

根据前文分析，建立变异感知能力在结构性嵌入、关系性嵌入与知识权力间的中介回归模型，模型中结构性嵌入、关系性嵌入、变异感知能力作为自变量，因变量为知识权力，控制变量为员工规模、企业性质、上市与否、销售收入、企业类型。表 6-29 为企业变异感知能力在全球价值链网络嵌入与知识权力间中介作用的回归结果。

表 6-29　变异感知能力的中介效应回归结果

自变量	模型 G1	模型 G2	模型 G3	模型 G4	模型 G5	模型 G6
员工规模	-0.013	-0.002	0.009	-0.031	-0.014	-0.009
企业性质	0.040	0.041	0.045	0.024	0.032	0.033
上市与否	0.032	0.028	0.023	0.009	0.009	0.010
销售收入	0.009	0.024	0.015	0.007	0.005	0.013
企业类型	-0.096*	-0.081	-0.077	-0.072	-0.070	-0.066
结构性嵌入	—	0.388***	0.252***	—	—	0.182***
关系性嵌入	—	—	—	0.494***	0.367***	0.327***
变异感知能力	—	—	0.383***	—	0.334***	0.285***
常数项	4.584***	3.002***	2.057***	2.582***	1.792***	1.406***
VIF（max）	1.576	1.577	1.577	1.577	1.580	1.581
VIF（min）	1.008	1.004	1.009	1.006	1.010	1.011
DW	2.053	2.122	2.122	2.111	2.118	2.138
R^2	0.012	0.162	0.290	0.255	0.350	0.377
调整后 R^2	0.002	0.152	0.280	0.246	0.341	0.367
F 值	1.203	15.829***	28.653***	27.964***	37.662***	37.015***

表 6-29 中，模型 G1 的解释变量为控制变量，被解释变量为知识权力。模型 G2、模型 G4 分别为在模型 G1 的基础上增加自变量结构性嵌入、关系性嵌入，被解释变量均为知识权力。模型 G3、模型 G5 分别为在模型 G2、模型 G4 的基础上增加中介变量变异感知能力，被解释变量均为知识权力。模型 G6 包含了所有的自变量、因变量、中介变量和控制变量。

模型 G3 表明，增加中介变量变异感知能力后 F 统计量为 28.653，且通过了 0.1%的显著性检验，调整后 R^2 为 0.280，说明在变异感知能力的中介作用下，结构性嵌入能解释知识权力变异的 28.0%，结构性嵌入对知识权力影响的回归系数从模型 G2 的 0.388 显著下降到 0.252，在变异感知能力中介的整体模型 G6 中，结构性嵌入对知识权力的回归系数显著下降为 0.182，均通过了 0.1%的显著性检验，表明变异感知能力在结构性嵌入与知识权力间起到部分中介作用，验证了结构方程模型的检验结果，即 *H5a* 得到验证。

由模型 G5 的回归结果可知，关系性嵌入对知识权力的回归模型 *F* 统计量为 37.662，且通过了 0.1%的显著性检验，可以判断关系性嵌入对知识权力的影响回归模型合理，调整后 R^2 为 0.341，说明在变异感知能力的中介作用下，关系性嵌入能解释知识权力变异的 34.1%，关系性嵌入对知识权力影响的回归系数从模型 G4 的 0.494 下降为 0.367，且在 0.1%的水平上显著，在变异感知能力中介的整体模型 G6 中，关系性嵌入对知识权力的回归系数显著下降为 0.327，且通过了 0.1%的显著性检验，表明变异感知能力在关系性嵌入与知识权力间起到部分中介作用，验证了结构方程模型的检验结果，即 *H6a* 得到验证。

（二）信息诠释能力的中介效应分析

根据前文分析，建立信息诠释能力在结构性嵌入、关系性嵌入与知识权力间的中介回归模型，模型中结构性嵌入、关系性嵌入、信息诠释能力作为自变量，因变量为知识权力，控制变量为员工规模、企业性质、上市与否、销售收入、企业类型。表 6-30 为企业信息诠释能力在全球价值链网络嵌入与知识权力间中介作用的回归结果。

表 6-30　信息诠释能力的中介效应回归结果

自变量	模型 H1	模型 H2	模型 H3	模型 H4	模型 H5	模型 H6
员工规模	-0.013	-0.002	0.018	-0.031	-0.007	-0.003
企业性质	0.040	0.041	0.044	0.024	0.031	0.032
上市与否	0.032	0.028	0.019	0.009	0.006	0.007
销售收入	0.009	0.024	0.005	0.007	-0.004	0.005
企业类型	-0.096*	-0.081	-0.051	-0.072	-0.047	-0.048
结构性嵌入	—	0.388***	0.266***	—	—	0.191***
关系性嵌入	—	—	—	0.494***	0.384***	0.341***
信息诠释能力	—	—	0.346***	—	0.298***	0.246***
常数项	4.584***	3.002***	2.092***	2.582***	1.816***	1.422***

续表

自变量	模型 H1	模型 H2	模型 H3	模型 H4	模型 H5	模型 H6
VIF（max）	1.576	1.577	1.580	1.577	1.585	1.585
VIF（min）	1.008	1.004	1.018	1.006	1.018	1.018
DW	2.053	2.122	2.138	2.111	2.126	2.155
R^2	0.012	0.162	0.265	0.255	0.330	0.360
调整后 R^2	0.002	0.152	0.255	0.246	0.321	0.360
F 值	1.203	15.829***	25.263***	27.964***	34.496***	34.424***

表6-30中，模型H1的解释变量为控制变量，被解释变量为知识权力。模型H2、模型H4分别为在模型H1的基础上增加自变量结构性嵌入、关系性嵌入，被解释变量均为知识权力。模型H3、模型H5是在模型H2、模型H4的自变量结构性嵌入、关系性嵌入基础上增加中介变量信息诠释能力，被解释变量均为知识权力。模型H6包含了所有的自变量、因变量、中介变量和控制变量。

模型H3表明，增加中介变量信息诠释能力后 F 统计量为25.263，且通过了0.1%的显著性检验，调整后 R^2 为0.255，说明在信息诠释能力的中介作用下，结构性嵌入能解释知识权力变异的25.5%，结构性嵌入对知识权力影响的回归系数从模型H2的0.388显著下降到0.266，在信息诠释能力中介的整体模型H6中，结构性嵌入对知识权力的回归系数显著下降为0.191，均通过了0.1%的显著性检验，表明信息诠释能力在结构性嵌入与知识权力间起到部分中介作用，验证了结构方程模型的检验结果，即 *H5b* 得到验证。

由模型H5的回归结果可知，关系性嵌入对知识权力的回归模型F统计量为34.496，且通过了0.1%的显著性检验，可以判断关系性嵌入对知识权力的影响回归模型是合理的，调整后 R^2 为0.321，说明在信息诠释能力的中介作用下，关系性嵌入能解释知识权力变异的32.1%，关系性嵌入对知识权力影响的回归系数从模型H4的0.494下降为0.384，且在0.1%的水平上显著，在信息诠释能力中介的整体模型H6中，关系性嵌入对知识权力的回归系数显著下降为0.341，且通过了0.1%的显著性检验，表明信息诠释能力在关系性嵌入与知识权力间起到部分中介作用，验证了结构方程模型的检验结果，即*H6b*得到验证。

（三）创新决策能力的中介效应分析

根据前文分析，建立创新决策能力在结构性嵌入、关系性嵌入与知识权力间的中介回归模型，模型中结构性嵌入、关系性嵌入、创新决策能力作为自变量，因变量为知识权力，控制变量为员工规模、企业性质、上市与否、销售收入、企业类型。表6-31为企业创新决策能力在全球价值链网络嵌入与知识权力间中介作用的回归结果。

表6-31　创新决策能力的中介效应回归结果

自变量	模型I1	模型I2	模型I3	模型I4	模型I5	模型I6
员工规模	-0.013	-0.002	0.002	-0.031	-0.020	-0.014
企业性质	0.040	0.041	0.030	0.024	0.019	0.022
上市与否	0.032	0.028	0.002	0.009	-0.009	-0.006
销售收入	0.009	0.024	0.020	0.007	0.008	0.016
企业类型	-0.096*	-0.081	-0.065	-0.072	-0.059	-0.057
结构性嵌入	—	0.388***	0.269***	—	—	0.192***
关系性嵌入	—	—	—	0.494***	0.374***	0.327***
创新决策能力	—	—	0.387	—	0.336	0.293***
常数项	4.584***	3.002***	1.851	2.582***	1.649***	1.236***
VIF（max）	1.576	1.577	1.577	1.577	1.578	1.580
VIF（min）	1.008	1.004	1.011	1.006	1.012	1.012
DW	2.053	2.122	2.068	2.111	2.068	2.093
R^2	0.012	0.162	0.296	0.255	0.352	0.383
调整后R^2	0.002	0.152	0.286	0.246	0.343	0.373
F值	1.203	15.829***	29.449***	27.964***	38.028***	38.007***

表6-31中，模型I1的解释变量为控制变量，被解释变量为知识权力。模型I2、模型I4分别为在模型I1的基础上增加自变量结构性嵌入、关系

性嵌入，被解释变量均为知识权力。模型I3、模型I5是在模型I2、模型I4的基础上增加中介变量创新决策能力，被解释变量均为知识权力。模型I6包含了所有的自变量、因变量、中介变量和控制变量。

模型I3表明，增加中介变量创新决策能力后 F 统计量为29.449，且通过了0.1%的显著性检验，调整后 R^2 为0.286，说明在创新决策能力的中介作用下，结构性嵌入能解释知识权力变异的28.6%，结构性嵌入对知识权力影响的回归系数从模型 *I2* 的0.388显著下降到0.269，在创新决策能力中介的整体模型 *I6* 中，结构性嵌入对知识权力的回归系数显著下降为0.192，均通过了0.1%的显著性检验，表明创新决策能力在结构性嵌入与知识权力间起到部分中介作用，验证了结构方程模型的检验结果，即 *H5c* 得到验证。

由模型I5的回归结果可知，关系性嵌入对知识权力的回归模型 F 统计量为38.028，且通过了0.1%的显著性检验，可以判断关系性嵌入对知识权力的影响回归模型是合理的，调整后 R^2 为0.343，说明在创新决策能力的中介作用下，关系性嵌入能解释知识权力变异的34.3%，关系性嵌入对知识权力影响的回归系数从模型 *I4* 的0.494下降为0.374，且在0.1%的水平上显著，在创新决策能力中介的整体模型 *I6* 中，关系性嵌入对知识权力的回归系数显著下降为0.327，且通过了0.1%的显著性检验，表明创新决策能力在关系性嵌入与知识权力间起到部分中介作用，验证了结构方程模型的检验结果，即 *H6c* 得到验证。

（四）实施实现能力的中介效应分析

前文全球价值链结构性嵌入对实施实现能力的回归模型的检验结果显示，结构性嵌入对实施实现能力不起显著作用，因此中介效应检验不再将结构性嵌入纳入模型。建立实施实现能力在关系性嵌入与知识权力间的中介回归模型，模型中关系性嵌入、实施实现能力作为自变量，因变量为知识权力，控制变量为员工规模、企业性质、上市与否、销售收入、企业类型。表6-32为企业实施实现能力在关系性嵌入与知识权力间的中介效应的回归结果。

表 6-32 实施实现能力的中介效应回归结果

自变量	模型 J1	模型 J2	模型 J3
员工规模	-0.013	-0.031	-0.019
企业性质	0.040	0.024	0.026
上市与否	0.032	0.009	0.052
销售收入	0.009	0.007	-0.037
企业类型	-0.096*	-0.072	-0.067
关系性嵌入	—	0.494***	0.396***
实施实现能力	—	—	0.255***
常数项	4.584***	2.582***	1.848***
VIF（max）	1.576	1.577	1.580
VIF（min）	1.008	1.006	1.010
DW	2.053	2.111	2.025
R^2	0.012	0.255	0.308
调整后 R^2	0.002	0.246	0.298
F 值	1.203	27.964***	31.202***

表 6-32 中，模型 J1 的解释变量为控制变量，被解释变量为知识权力。模型 J2 为在模型 J1 的基础上增加自变量关系性嵌入，被解释变量为知识权力。模型 J3 是在模型 J2 的自变量关系性嵌入基础上增加中介变量实施实现能力。

模型 J3 表明，增加中介变量实施实现能力后 F 统计量为 31.202，且通过了 0.1%的显著性检验，调整后 R^2 为 0.298，说明在实施实现能力的中介作用下，关系性嵌入能解释知识权力变异的 29.8%，关系性嵌入对知识权力影响的回归系数从模型 *J2* 的 0.494 显著下降到 0.396，表明实施实现能力在关系性嵌入与知识权力间起到部分中介作用，验证了结构方程模型的检验结果，即 *H6d* 得到验证。

六、知识距离的调节效应检验

为研究知识距离在全球价值链网络嵌入对创新能力的影响中是否起到调节作用，本研究采用层次回归法进行检验。

由调节变量分析理论可知，调节变量和自变量为连续性变量的时候，为避免因自变量和交叉乘积项可能产生的多重共线性问题，应该对调节变量和自变量进行中心化处理。同时为了排除个体信息对研究假设的影响，本研究以员工规模、企业性质、上市与否、销售收入、企业类型作为控制变量，进行层次回归。为了检验知识深度距离和知识宽度距离在结构性嵌入、关系性嵌入与变异感知能力、信息诠释能力、创新决策能力、实施实现能力之间的调节作用，建立了 28 个模型进行检验。

（一）知识距离在全球价值链网络嵌入与变异感知能力之间的调节效应

为检验知识距离在结构性嵌入、关系性嵌入与变异感知能力之间的调节作用，共建立 8 个模型，变异感知能力为被解释变量。表 6-33 给出了知识距离在全球价值链网络嵌入与企业变异感知能力之间的调节作用检验结果。模型 K1、模型 K3、模型 K5、模型 K7 为在 5 个控制变量基础上分别纳入全球价值链结构性嵌入与知识深度距离、关系性嵌入与知识深度距离、结构性嵌入与知识宽度距离、关系性嵌入与知识宽度距离等变量，模型 K2、模型 K4、模型 K6、模型 K8 分别在模型 K1、模型 K3、模型 K5、模型 K7 的基础上对应加入交互项结构性嵌入×知识深度距离、关系性嵌入×知识深度距离、结构性嵌入×知识宽度距离、关系性嵌入×知识宽度距离。为简化回归结果表，采用简写形式，*SE* 为结构性嵌入，*RE* 为关系性嵌入，*KDD* 为知识深度距离，*KWD* 为知识宽度距离（下文表格中缩写同，不再一一赘述）。

表 6-33 知识距离的调节效应回归结果（变异感知能力）

自变量	模型 K1	模型 K2	模型 K3	模型 K4	模型 K5	模型 K6	模型 K7	模型 K8
员工规模	-0.019	-0.019	-0.042	-0.047	-0.021	-0.019	-0.042	-0.016
企业性质	-0.007	-0.010	-0.019	-0.026	-0.010	-0.025	-0.022	-0.014
上市与否	0.021	0.024	0.008	0.011	0.026	0.015	0.013	0.006
销售收入	0.021	0.007	0.008	-0.008	0.007	0.013	-0.006	-0.003
企业类型	-0.005	-0.011	-0.003	0.010	-0.003	0.003	0.002	0.005
SE	0.312***	0.342***	—	—	0.311***	0.337***	—	—
RE	—	—	0.328***	0.323***	—	—	0.339***	0.341***
KDD	-0.200***	-0.186***	-0.159***	-0.160***	—	—	—	—
KWD	—	—	—	—	-0.166***	-0.165***	-0.161***	-0.151***
SE×*KDD*	—	-0.216***	—	—	—	—	—	—
RE×*KDD*	—	—	—	-0.166***	—	—	—	—
SE×*KWD*	—	—	—	—	—	-0.230***	—	—
RE×*KWD*	—	—	—	—	—	—	—	-0.203***
常数项	3.896***	3.718***	3.657***	3.687***	3.871***	3.711***	3.723***	3.521***
VIF（max）	1.579	1.579	1.582	1.583	1.579	1.579	1.582	1.599
VIF（min）	1.010	1.011	1.125	1.011	1.012	1.013	1.013	1.013
DW	2.128	2.067	2.101	2.075	—	—	—	—
R^2	0.165	0.210	0.168	0.195	0.152	0.204	0.169	0.210
调整后 R^2	0.153	0.197	0.156	0.182	0.140	0.191	0.157	0.197
R 变化量	0.165	0.045	0.168	0.027	0.152	0.052	0.169	0.040
F	13.795***	16.257***	14.115***	14.787***	12.563***	15.672***	14.257***	16.213***
F 变化量	13.795***	28.143***	14.115***	16.391***	12.563***	31.887***	14.257***	25.009***

从表 6-33 可以看出，模型 K2 中加入了交互项结构性嵌入×知识深度距离后，其 *F* 变化量为 28.143，对应的 *p* 值在 0.1%水平上达到显著，说明加入的交互项结构性嵌入×知识深度距离对变异感知能力有显著的影响，即知识深度距离在结构性嵌入对变异感知能力的正向影响中起到调节作用，由于其交互项系数为-0.216，因此该调节为负向调节，也就是说，在高程度的知识深度距离下，结构性嵌入对变异感知能力的正向影响将会降低，调节作用成立，*H7a* 得到验证。模型 K4 中加入了交互项关系性嵌入×知识深度距离后，其 *F* 变化量为 16.391，对应的 *p* 值在 0.1%水平上达到显著，说明加入的交互项关系性嵌入×知识深度距离对变异感知能力有显

著的影响，即知识深度距离在关系性嵌入对变异感知能力的正向影响中起到调节作用，由于其交互项系数为-0.166，因此该调节为负向调节，也就是说，在高程度的知识深度距离下，关系性嵌入对变异感知能力的正向影响将会降低，调节作用成立，*H8a* 得到验证。模型 K6 中加入了交互项结构性嵌入×知识宽度距离后，其 F 变化量为 31.887，对应的 p 值在 0.1%水平上达到显著，说明加入的交互项结构性嵌入×知识宽度距离对变异感知能力有显著的影响，即知识宽度距离在结构性嵌入对变异感知能力的正向影响中起到调节作用，由于其交互项系数为-0.230，因此该调节为负向调节，也就是说，在高程度的知识宽度距离下，结构性嵌入对变异感知能力的正向影响将会降低，调节作用成立，*H9a* 得到验证。模型 K8 中加入了交互项关系性嵌入×知识宽度距离后，其 F 变化量为 25.009，对应的 p 值在 0.1%水平上达到显著，说明加入的交互项关系性嵌入×知识宽度距离对变异感知能力有显著的影响，即知识宽度距离在关系性嵌入对变异感知能力的正向影响中起到调节作用，由于其交互项系数为-0.203，因此该调节为负向调节，也就是说，在高程度的知识宽度距离下，关系性嵌入对变异感知能力的正向影响将会降低，调节作用成立，*H10a* 得到验证。

（二）知识距离在全球价值链网络嵌入与信息诠释能力之间的调节效应

检验知识距离在结构性嵌入、关系性嵌入与信息诠释能力之间的调节作用，共建立 8 个模型，信息诠释能力为被解释变量。表 6-34 给出了知识距离在全球价值链网络嵌入与企业信息诠释能力之间的调节作用检验结果。模型 L1、模型 L3、模型 L5、模型 L7 分别为在控制变量基础上加入了全球价值链结构性嵌入与知识深度距离、关系性嵌入与知识深度距离、结构性嵌入与知识宽度距离、关系性嵌入与知识宽度距离等变量，模型 L2、模型 L4、模型 L6、模型 L8 分别在模型 L1、模型 L3、模型 L5、模型 L7 的基础上加入了结构性嵌入×知识深度距离、关系性嵌入×知识深度距离、结构性嵌入×知识宽度距离、关系性嵌入×知识宽度距离的交互项。

表 6-34 知识距离的调节效应回归结果（信息诠释能力）

自变量	模型 L1	模型 L2	模型 L3	模型 L4	模型 L5	模型 L6	模型 L7	模型 L8
员工规模	-0.050	-0.051	-0.070	-0.077	-0.050	-0.049	-0.071	-0.048
企业性质	-0.009	-0.012	-0.017	-0.028	-0.009	-0.022	-0.021	-0.014
上市与否	0.037	0.040	0.021	0.026	0.037	0.028	0.025	0.019
销售收入	0.038	0.025	0.040	0.016	0.038	0.044	0.025	0.028
企业类型	-0.078	-0.084	-0.079	-0.061	-0.078	-0.073	-0.074	-0.071
SE	0.310***	0.341***	—	—	0.310***	0.332***	—	—
RE	—	—	0.311***	0.304***	—	—	0.327***	0.329***
KDD	-0.169***	-0.155***	-0.179***	-0.181	—	—	—	—
KWD	—	—	—	—	-0.169***	-0.168***	-0.166***	-0.158***
SE×KDD	—	-0.221***	—	—	—	—	—	—
RE×KDD	—	—	—	-0.235***	—	—	—	—
SE×KWD	—	—	—	—	—	-0.197***	—	—
RE×KWD	—	—	—	—	—	—	—	-0.176***
常数项	4.208***	4.005***	4.137***	4.180***	4.208***	4.066***	4.120***	3.940***
VIF（max）	1.579	1.579	1.582	1.583	1.579	1.579	1.582	1.599
VIF（min）	1.012	1.013	1.011	1.016	1.012	1.020	1.013	1.013
DW	2.007	1.993	2.083	2.102	—	—	—	—
R^2	0.166	0.213	0.179	0.234	0.166	0.204	0.176	0.207
调整后 R^2	0.168	0.201	0.168	0.221	0.154	0.191	0.165	0.194
R 变化量	0.166	0.048	0.179	0.054	0.166	0.038	0.176	0.030
F	13.921***	16.593***	15.296***	18.648***	13.921***	15.667***	14.988***	15.920***
F 变化量	13.921***	29.608***	15.296***	34.740***	13.921***	23.433***	14.988***	18.663***

从表 6-34 可以看出，模型 L2 中加入了交互项结构性嵌入×知识深度距离后，其 *F* 变化量为 29.608，对应的 *p* 值在 0.1%水平上达到显著，说明加入的交互项结构性嵌入×知识深度距离对信息诠释能力有显著的影响，即知识深度距离在结构性嵌入对信息诠释能力的正向影响中起到调节作用，由于其交互项系数为-0.221，因此该调节为负向调节，也就是说，在高程度的知识深度距离下，结构性嵌入对信息诠释能力的正向影响将会降低，调节作用成立，*H7b* 得到验证。模型 L4 中加入了交互项关系性嵌入×知识深度距离后，其 *F* 变化量为 34.740，对应的 *p* 值在 0.1%水平上达到

显著，说明加入的交互项关系性嵌入×知识深度距离对信息诠释能力有显著的影响，即知识深度距离在关系性嵌入对信息诠释能力的正向影响中起到调节作用，由于其交互项系数为-0.235，因此该调节为负向调节，也就是说，在高程度的知识深度距离下，关系性嵌入对信息诠释能力的正向影响将会降低，调节作用成立，*H8b* 得到验证。模型 L6 中加入了交互项结构性嵌入×知识宽度距离后，其 *F* 变化量为 23.433，对应的 *p* 值在 0.1%水平上达到显著，说明加入的交互项结构性嵌入×知识宽度距离对信息诠释能力有显著的负向影响，即知识宽度距离在结构性嵌入对信息诠释能力的正向影响中起到调节作用，由于其交互项系数为-0.197，因此该调节为负向调节，也就是说，在高程度的知识宽度距离下，结构性嵌入对信息诠释能力的正向影响将会降低，调节作用成立，*H9b* 得到验证。模型 L8 中加入了交互项关系性嵌入×知识宽度距离后，其 *F* 变化量为 18.663，对应的 *p* 值在 0.1%水平上达到显著，说明加入的交互项关系性嵌入×知识宽度距离对信息诠释能力有显著的影响，即知识宽度距离在关系性嵌入对信息诠释能力的正向影响中起到调节作用，由于其交互项系数为-0.176，因此该调节为负向调节，也就是说，在高程度的知识宽度距离下，关系性嵌入对信息诠释能力的正向影响将会降低，调节作用成立，*H10b* 得到验证。

（三）知识距离在全球价值链网络嵌入与创新决策能力之间的调节效应

检验知识距离在结构性嵌入、关系性嵌入与创新决策能力之间的调节作用，共建立 8 个模型，创新决策能力为被解释变量。表 6-35 给出了知识距离在全球价值链网络嵌入与企业创新决策能力之间的调节作用检验结果。模型 M1、模型 M3、模型 M5、模型 M7 分别为在控制变量基础上加入了全球价值链结构性嵌入与知识深度距离、关系性嵌入与知识深度距离、结构性嵌入与知识宽度距离、关系性嵌入与知识宽度距离等变量，模型 M2、模型 M4、模型 M6、模型 M8 分别在模型 M1、模型 M3、模型 M5、模型 M7 的基础上加入了结构性嵌入×知识深度距离、关系性嵌入×知识深度距离、结构性嵌入×知识宽度距离、关系性嵌入×知识宽度距离的交互项。

表 6-35 知识距离的调节效应回归结果（创新决策能力）

自变量	模型 M1	模型 M2	模型 M3	模型 M4	模型 M5	模型 M6	模型 M7	模型 M8
员工规模	0.001	0.001	−0.019	−0.026	−0.001	0.000	−0.021	0.010
企业性质	0.032	0.029	0.021	0.011	0.028	0.016	0.017	0.026
上市与否	0.077	0.080	0.064	0.069	0.082	0.073	0.069	0.061
销售收入	0.009	−0.006	−0.002	−0.024	−0.008	−0.003	−0.018	−0.015
企业类型	−0.036	−0.041	−0.033	−0.016	−0.033	−0.028	−0.028	−0.024
SE	0.255***	0.288***	—	—	0.256***	0.277***	—	—
RE	—	—	0.290***	0.284***	—	—	0.310***	0.312***
KDD	−0.247***	−0.233***	−0.207***	−0.208***	—	—	—	—
KWD	—	—	—	—	−0.200***	−0.199***	−0.187***	−0.176***
SE×*KDD*	—	−0.233***	—	—	—	—	—	—
RE×*KDD*	—	—	—	−0.225***	—	—	—	—
SE×*KWD*	—	—	—	—	—	−0.188***	—	—
RE×*KWD*	—	—	—	—	—	—	—	−0.235***
常数项	4.267***	4.094***	3.972***	4.009***	4.208***	4.090***	3.931***	3.721***
VIF（max）	1.579	1.579	1.582	1.583	1.579	1.579	1.582	1.599
VIF（min）	1.010	1.011	1.011	1.016	1.012	1.013	1.013	1.013
DW	2.069	2.054	2.077	2.121	—	—	—	—
R^2	0.161	0.214	0.174	0.224	0.140	0.175	0.169	0.223
调整后 R^2	0.150	0.202	0.163	0.212	0.128	0.161	0.157	0.210
R 变化量	0.161	0.053	0.174	0.050	0.140	0.035	0.169	0.054
F	13.482***	16.682***	14.787***	17.681***	11.422***	12.964***	14.225***	17.541***
F 变化量	13.482***	32.931***	14.787***	31.492***	11.422***	20.564***	14.225***	34.039***

从表 6-35 可以看出，模型 M2 中加入了交互项结构性嵌入×知识深度距离后，其 *F* 变化量为 32.931，对应的 *p* 值在 0.1%水平上达到显著，说明加入的交互项结构性嵌入×知识深度距离对创新决策能力有显著的影响，即知识深度距离在结构性嵌入对创新决策能力的正向影响中起到调节作用，由于其交互项系数为−0.233，因此该调节为负向调节，也就是说，在高程度的知识深度距离下，结构性嵌入对创新决策能力的正向影响将会降低，调节作用成立，*H7c* 得到验证。模型 M4 中加入了交互项关系性嵌入×

知识深度距离后，其 F 变化量为 31.492，对应的 p 值在 0.1%水平上达到显著，说明加入交互项关系性嵌入×知识深度距离对创新决策能力有显著的影响，即知识深度距离在关系性嵌入对创新决策能力的正向影响中起到调节作用，由于其交互项系数为-0.225，因此该调节为负向调节，也就是说，在高程度的知识深度距离下，关系性嵌入对创新决策能力的正向影响将会降低，调节作用成立，*H8c* 得到验证。模型 M6 中加入了交互项结构性嵌入×知识宽度距离后，其 F 变化量为 20.564，对应的 p 值在 0.1%水平上达到显著，说明加入的交互项结构性嵌入×知识宽度距离对创新决策能力有显著的影响，即知识宽度距离在关系性嵌入对创新决策能力的正向影响中起到调节作用，由于其交互项系数为-0.188，因此该调节为负向调节，也就是说，在高程度的知识宽度距离下，结构性嵌入对创新决策能力的正向影响将会降低，调节作用成立，*H9c* 得到验证。模型 M8 中加入了交互项关系性嵌入×知识宽度距离后，其 F 变化量为 34.039，对应的 p 值在 0.1%水平上达到显著，说明加入的交互项关系性嵌入×知识宽度距离对创新决策能力有显著的影响，即知识宽度距离在关系性嵌入对创新决策能力的正向影响中起到调节作用，由于其交互项系数为-0.235，因此该调节为负向调节，也就是说，在高程度的知识宽度距离下，关系性嵌入对创新决策能力的正向影响将会降低，调节作用成立，*H10c* 得到验证。

（四）知识距离在全球价值链网络嵌入与实施实现能力之间的调节效应

全球价值链结构性嵌入对实施实现能力的回归模型的检验结果显示结构性嵌入对实施实现能力不起显著作用，因此此处不再检验知识距离在二者之间的调节作用，只检验知识距离在关系性嵌入与实施实现能力之间的调节作用，共建立 4 个模型，实施实现能力为被解释变量。表 6-36 给出了知识距离在全球价值链关系性嵌入与企业实施实现能力之间的调节作用检验结果。模型 N1、模型 N3 分别为在控制变量基础上加入了全球价值链关系性嵌入与知识深度距离、关系性嵌入与知识宽度距离等变量，模型N2、模型N4分别为在模型N1、模型N3的基础上相应加入了关系性嵌入×知识深度距离、关系性嵌入×知识宽度距离的交互项。

表 6-36　知识距离的调节效应回归结果（实施实现能力）

自变量	模型 N1	模型 N2	模型 N3	模型 N4
员工规模	-0.035	-0.039	-0.036	-0.015
企业性质	-0.002	-0.009	-0.006	0.000
上市与否	-0.159**	-0.156**	-0.154**	-0.160**
销售收入	0.174***	0.158**	0.158**	0.160**
企业类型	-0.014	-0.002	-0.009	-0.007
RE	0.321***	0.317***	0.342***	0.343***
KDD	-0.198***	-0.199***	—	—
KWD	—	—	-0.175***	-0.167***
RE×*KDD*	—	-0.150***	—	—
RE×*KWD*	—	—	—	-0.162***
常数项	3.784***	3.807***	3.724***	3.587***
VIF（max）	1.582	1.583	1.582	1.599
VIF（min）	1.011	1.017	1.013	1.013
DW	1.937	1.991	—	—
R^2	0.210	0.233	0.204	0.230
调整后 R^2	0.199	0.220	0.192	0.217
R 变化量	0.210	0.022	0.204	0.026
F	18.648***	18.518***	17.923***	18.210***
F 变化量	18.648***	14.111***	17.923***	16.302***

从表 6-36 可以看出，模型 N2 中加入了交互项关系性嵌入×知识深度距离后，其 *F* 变化量为 14.111，对应的 *p* 值在 0.1%水平上达到显著，说明加入的交互项关系性嵌入×知识深度距离对实施实现能力有显著的影响，即知识深度距离在关系性嵌入对实施实现能力的正向影响中起到调节作用，由于其交互项系数为-0.150，因此该调节为负向调节，也就是说，在高程度的知识深度距离下，关系性嵌入对实施实现能力的正向影响将会降

低，调节作用成立，*H8d* 得到验证。模型 N4 中加入了交互项关系性嵌入×知识宽度距离后，其 *F* 变化量为 16.302，对应的 *p* 值在 0.1%水平上达到显著，说明加入的交互项关系性嵌入×知识宽度距离对实施实现能力有显著的影响，即知识宽度距离在关系性嵌入对实施实现能力的正向影响中起到调节作用，由于其交互项系数为-0.162，因此该调节为负向调节，也就是说，在高程度的知识宽度距离下，关系性嵌入对实施实现能力的正向影响将会降低，调节作用成立，*H10d* 得到验证。

第四节　研究结果讨论

一、全球价值链网络嵌入与知识权力

前文研究假设模型中，对于全球价值链网络嵌入与知识权力间关系提出了 2 条相关假设，通过大样本实证检验，2 条假设均通过验证，检验结果见表 6-37。在企业成长环境越来越网络化的知识经济时代，企业所嵌入的网络成为其发展的主要动力（蒲明、毕克新，2017）。

表 6-37　全球价值链网络嵌入对知识权力影响的检验结果

假设	假设内容	检验结果
H1a	全球价值链结构性嵌入正向影响企业知识权力	支持
H1b	全球价值链关系性嵌入正向影响企业知识权力	支持

H1a 即全球价值链结构性嵌入正向影响企业知识权力通过检验。全球价值链结构性嵌入与知识权力关系的回归系数在结构方程模型和线性回归模型中的检验结果分别为 0.287、0.255，两种检验方式印证全球价值链结构性嵌入能够积极影响企业知识权力，结果具有稳健性。全球价值链网络嵌入的结构性特征是指企业与全球价值链内其他网络节点如供应商、合作

者、采购者、竞争者等的外部联结，能够使企业获得网络内异质性知识及其他资源进而改善企业知识结构（马海燕、熊英、钟倩，2018），倒逼企业提升自身影响力和控制力。全球价值链结构性嵌入与知识权力的关系表明，提升企业影响力和控制力，需要将企业放置到更广阔的全球领域内。

*H*1*b* 即全球价值链关系性嵌入正向影响企业知识权力通过检验。全球价值链关系性嵌入与知识权力关系的回归系数在结构方程模型和线性回归模型中的检验结果分别为 0.445、0.411，两种检验方式印证全球价值链关系性嵌入能够积极影响企业知识权力，结果具有稳健性。全球价值链关系性嵌入可使网络节点间的知识交流和分享更为频繁，节点企业通过与合作伙伴的关系亲密性可以获取更多的知识尤其是隐性知识，同时关系性嵌入能够加大声望效应，特别是与价值链内声望更高的企业形成密切关系，更能提升其他企业对其的认可和依赖。

全球价值链结构性嵌入、关系性嵌入与知识权力关系的 2 个假设 *H*1*a*、*H*1*b* 均得到了验证，但从系数大小对比看，相比全球价值链结构性嵌入，全球价值链关系性嵌入对知识权力的提升作用更大。Lazega 等（2012）研究表明，参与者可以从网络其他成员那里获得更高地位；Ritter 等（2002）研究发现，企业对网络内资源的可得性并非源于市场交易或权威体系中的优势，更多源于企业嵌入网络的结构特征或关系中的特殊角色即全球价值链的结构嵌入或关系嵌入特征。虽然张闯、张涛、庄贵军（2015）的研究发现，网络结构嵌入特点如网络密度和网络中心性对强制权并无显著性影响，但网络中弱势企业（如制造商）的网络特性对其非强制性权力（如技术权力）有显著的正向影响。这些研究均说明弱势企业更容易从价值链网络中得到知识权力提升。从权力动态性看，Montgomery（2007）、Benton 和 Maloni（2005）证明了网络中大量的弱组件（weak components）会积极促进权力动态变化。随着企业嵌入性的加深，网络节点间权力的平衡会发生改变，关系网络的配置可以促进或阻碍组织的行为和绩效。全球价值链网络中每个企业都有其弱组件，所有企业都不一定也没必要连接到每个节点，潜在的合作伙伴将从其网络中的大量弱组件中受益，这就为企业在某一领域形成专家权或参照权提供了可能（Everett and Krackhardt，2012；Yeniyurt and Carnovale，2017）。经济地理学领域研究者如 Jones 和 Murphy（2011）提出跨企业间关系实践决定了价值链权力动态性。从地理空间意义上讲，全球价值链结构性嵌入和关系性嵌入都具备本地网络嵌入和超本地网络嵌入的双重性嵌入特征，双重性嵌入既可以促进本地知识和超本地知识的互补性知识整合，又可以促进辅助性知识整合，有利于企业在更大范围内有更多机会获取多样性的"全球"知识和技能以弥补本土知识的不足，通过倒逼效应、机会效应、声望效应，全球价值链结构性嵌入和关系性嵌入使企业可以从价值链上、下游合作者那里获得更高地位。

二、全球价值链网络嵌入与企业创新能力

前文研究假设模型中，对于全球价值链网络嵌入与创新能力关系提出了 8 条相关假设，通过大样本实证检验，7 条假设通过验证，1 条未通过验证，检验结果见表 6-38。在全球化的知识经济时代，企业所嵌入的网络通过提供知识可促进企业创新能力提升。

表 6-38　全球价值链网络嵌入对创新能力影响的检验结果

假设	假设内容	检验结果
H2a	全球价值链结构性嵌入正向影响企业变异感知能力	支持
H2b	全球价值链结构性嵌入正向影响企业信息诠释能力	支持
H2c	全球价值链结构性嵌入正向影响企业创新决策能力	支持
H2d	全球价值链结构性嵌入正向影响企业实施实现能力	不支持
H3a	全球价值链关系性嵌入正向影响企业变异感知能力	支持
H3b	全球价值链关系性嵌入正向影响企业信息诠释能力	支持
H3c	全球价值链关系性嵌入正向影响企业创新决策能力	支持
H3d	全球价值链关系性嵌入正向影响企业实施实现能力	支持

H2a 即全球价值链结构性嵌入正向影响企业变异感知能力通过检验，全球价值链结构性嵌入与企业变异感知能力关系的回归系数在结构方程模型和线性回归模型中的检验结果分别为 0.297、0.258，两种检验方式印证

全球价值链结构性嵌入能够积极影响企业变异感知能力，结果具有稳健性；*H2b* 即全球价值链结构性嵌入正向影响企业信息诠释能力通过检验，全球价值链结构性嵌入与企业信息诠释能力关系的回归系数在结构方程模型和线性回归模型中的检验结果分别为 0. 320、0. 261，两种检验方式印证全球价值链结构性嵌入能够积极影响企业信息诠释能力，结果具有稳健性；*H2c* 即全球价值链结构性嵌入正向影响企业创新决策能力通过检验，全球价值链结构性嵌入与企业创新决策能力关系的回归系数在结构方程模型和线性回归模型中的检验结果分别为 0. 259、0. 215，两种检验方式印证全球价值链结构性嵌入能够积极影响企业创新决策能力，结果具有稳健性；*H2d* 即全球价值链结构性嵌入正向影响企业实施实现能力未通过检验，全球价值链结构性嵌入与企业实施实现能力关系的回归系数在结构方程模型和线性回归模型中的检验结果分别为 0. 082、0. 079，两种检验结果均表明，全球价值链结构性嵌入对企业实施实现能力不存在显著的正向影响；*H3a* 即全球价值链关系性嵌入正向影响企业变异感知能力通过检验，全球价值链关系性嵌入与企业变异感知能力关系的回归系数在结构方程模型和线性回归模型中的检验结果分别为 0. 345、0. 296，两种检验方式印证全球价值链关系性嵌入能够积极影响企业变异感知能力，结果具有稳健性；*H3b* 即全球价值链关系性嵌入正向影响企业信息诠释能力通过检验，全球价值链关系性嵌入与企业信息诠释能力关系的回归系数在结构方程模型和线性回归模型中的检验结果分别为 0. 344、0. 285，两种检验方式印证全球价值链关系性嵌入能够积极影响企业信息诠释能力，结果具有稳健性；*H3c* 即全球价值链关系性嵌入正向影响企业创新决策能力通过检验，全球价值链关系性嵌入与企业创新决策能力关系的回归系数在结构方程模型和线性回归模型中的检验结果分别为 0. 348、0. 288，两种检验方式印证全球价值链关系性嵌入能够积极影响企业创新决策能力，结果具有稳健性；*H3d* 即全球价值链关系性嵌入正向影响企业实施实现能力通过检验，全球价值链关系性嵌入与企业实施实现能力关系的回归系数在结构方程模型和线性回归模型中的检验结果分别为 0. 429、0. 361，两种检验方式印证全球价值链关系性嵌入能够积极影响企业实施实现能力，结果具有稳健性。

嵌入跨国界、跨业界的全球价值链技术供给体系，发达国家以及来自全球各国的跨国巨头企业都可成为关键知识源，既可满足企业对相对成熟的产品技术需求，又可通过全球价值链为企业提供多元化的外部知识资源，提升共性技术研发能力（杨晔、朱晨，2019）。全球价值链主导企业可能会存在因核心知识或关键技术溢出而失去竞争优势的顾虑，导致知识共享不足，进而使嵌入企业获取知识资源受限，但全球价值链成员企业间的知识鸿沟过大产生高度非对称性也会严重影响主导企业对全球资源的高效利用，因此全球价值网络内知识共享成为必要和可能（吉迎东等，2014）。全球价值链网络嵌入是企业搜索新知识、学习新知识、整合新知识的主要途径，外包合作联盟对承包企业创新能力的提升、价值链核心企业对合作企业创新能力的提升均是充分的证据。即便在核心企业有意无意设置“技术天花板”前提下，网络作为外部知识来源对企业新知识生成能力仍有绝对的积极影响。对于全球价值链内弱势企业而言，网络嵌入迫使其直面外部环境的变化，如若企业知识存量与价值链网络所需要的知识出现“不匹配”，倒逼效应就会发挥作用，使企业在价值链核心企业驱动下通过知识整合应对挑战。

但事实上，多数企业嵌入全球价值链动机之一便是从其价值链伙伴那里获取技术诀窍和提升自身能力。在高竞争环境下，即便价值链上被追随学习的核心企业专门为边缘企业设置技术障碍以保护其核心知识资源不被价值链成员获取，但在实际中，价值链网络内企业间目标的实现往往相互排斥，这使得“技术障碍”难以大行其道，基于大样本调查数据提供的证据也表明，网络嵌入尤其是关系信任可保障知识共享、知识溢出，特别在企业间隐性知识的共享上更加有效。需要注意的是，*H2d* 即全球价值链结构性嵌入正向影响企业实施实现能力并没有通过验证，可能的原因是，实施实现能力需要深度的企业整合能力、内部学习、吸收消化等综合能力，而结构性嵌入只是提供了提升实施实现能力的可能，但企业通过价值链网络结构嵌入能否真正地提高创新能力，还需要看企业内部能否实现更深层次的整合。

三、企业创新能力与知识权力

前文研究假设模型中，对于企业创新能力与知识权力间关系提出了 4 条相关假设，通过大样本实证检验，4 条假设均通过验证，检验结果见表 6-39。创新的本质是知识的重新组合，基于“知觉—响应”过程的创新能力，是企业获取核心知识、不可替代知识的过程，是提升对价值网络中其他企业的影响力和控制力的途径。

表 6-39　企业创新能力对企业知识权力影响的检验结果

假设	假设内容	检验结果
*H*4*a*	企业变异感知能力正向影响企业知识权力	支持
*H*4*b*	企业信息诠释能力正向影响企业知识权力	支持
*H*4*c*	企业创新决策能力正向影响企业知识权力	支持
*H*4*d*	企业实施实现能力正向影响企业知识权力	支持

*H*4*a* 即企业变异感知能力正向影响企业知识权力通过检验，企业变异感知能力与企业知识权力关系的回归系数在结构方程模型和线性回归模型中的检验结果分别为 0. 273、0. 236，两种检验结果均表明，企业变异感知能力能够显著提升企业知识权力；*H*4*b* 即企业信息诠释能力正向影响企业知识权力通过检验，企业信息诠释能力与企业知识权力关系的回归系数在结构方程模型和线性回归模型中的检验结果分别为 0. 208、0. 198，两种检验结果均表明，企业信息诠释能力能够显著提升企业知识权力；*H*4*c* 即企业创新决策能力正向影响企业知识权力通过检验，企业创新决策能力与企业知识权力关系的回归系数在结构方程模型和线性回归模型中的检验结果分别为 0. 268、0. 256，两种检验结果均表明，企业创新决策能力能够显著提升企业知识权力；*H*4*d* 即企业实施实现能力正向影响企业知识权力通过检验，企业实施实现能力与企业知识权力关系的回归系数在结构方程模型和线性回归模型中的检验结果分别为 0. 192、0. 198，两种检验结果均表明，企业实施实现能力能够显著提升企业知识权力。

基于“知觉—响应”过程的创新能力隐含着对内外部知识吸收、整合并运用与更新过程，是核心知识、不可替代知识的形成过程，掌握知识尤其是核心知识便能提升知识权力（摩根，2005；孙国强、窦捷、吉迎东，2018），同时基于“知觉—响应”过程的创新能力也隐含着影响合作企业决策的过程，因此创新能力是构成知识权力对知识掌控的能力基础。实证研究结果表明，创新能力中变异感知能力、创新决策能力对知识权力的影响更大，信息诠释能力、实施实现能力的影响较弱。

企业变异感知能力和信息诠释能力影响企业如何理解情景和解释情境、影响企业如何把从网络内获取的信息和符号从一个环境转移到另一个环境，决定着企业能否识别出到环境中的机会；创新决策能力和实施实现能力决定企业如何利用机会。“知觉—响应”过程的创新能力使企业更早地意识到价值链网络内对企业的要求，更快地识别洞察到企业发展的机会，进而根据自身能力确定知识资源获取战略，实现资源整合，有利于企业在价值链上的攀升，甚至有助于企业攀升至核心位置。通过对外部资源的内部消化和整合并进一步转化为自己的新知识以高级创新形式供给给合作企业，并通过在价值链上、下游间的竞争而大大提高其影响力（Golish et al. ,2010），可以提高其他节点对其的认知、认可、依赖，同时企业也可以对全球价值链合作伙伴进行相对自由的切换，企业的附属议价权力得以提升（Ciabuschi et al. , 2012）。尤其是当企业的创新能力被网络内节点更多的企业感知到时，更能为企业提升其影响力和控制力提供长期的可持续性（Prahalad，2011）。

四、创新能力的中介作用

前文研究假设模型中，对于创新能力在全球价值链网络嵌入与知识权力之间的中介作用提出了 8 条相关假设，通过大样本实证检验，7 条假设通过验证，1 条假设未通过验证，检验结果见表 6-40。将网络内资源和机遇转化为影响力和控制力的升级过程并不自动发生，通过企业内部创新能力的动态转化，全球价值链网络嵌入才能提升企业知识权力。

表 6-40　创新能力在全球价值链网络嵌入与知识权力之间的中介作用的检验结果

假设	假设内容	检验结果
H5a	企业变异感知能力在全球价值链结构性嵌入与知识权力关系间起到中介作用	支持
H5b	企业信息诠释能力在全球价值链结构性嵌入与知识权力关系间起到中介作用	支持
H5c	企业创新决策能力在全球价值链结构性嵌入与知识权力关系间起到中介作用	支持
H5d	企业实施实现能力在全球价值链结构性嵌入与知识权力关系间起到中介作用	不支持
H6a	企业变异感知能力在全球价值链关系性嵌入与知识权力关系间起到中介作用	支持
H6b	企业信息诠释能力在全球价值链关系性嵌入与知识权力关系间起到中介作用	支持
H6c	企业创新决策能力在全球价值链关系性嵌入与知识权力关系间起到中介作用	支持
H6d	企业实施实现能力在全球价值链关系性嵌入与知识权力关系间起到中介作用	支持

结构方程模型和线性回归模型的检验结果均表明，在全球价值链结构性嵌入与知识权力关系模型中分别加入企业变异感知能力、信息诠释能力、创新决策能力后，在全球价值链关系性嵌入与知识权力关系模型中分别加入企业变异感知能力、信息诠释能力、创新决策能力、实施实现能力后，全球价值链结构性嵌入、关系性嵌入与知识权力关系的回归系数均出现下降，且均通过了显著性检验，表明 *H5a* 即企业变异感知能力在全球价值链结构性嵌入与知识权力关系间起到中介作用、*H5b* 即企业信息诠释能力在全球价值链结构性嵌入与知识权力关系间起到中介作用、*H5c* 即企业创新决策能力在全球价值链结构性嵌入与知识权力关系间起到中介作用、*H6a* 即企业变异感知能力在全球价值链关系性嵌入与知识权力关系间起到中介作用、*H6b* 即企业信息诠释能力在全球价值链关系性嵌入与知识权力关系间起到中介作用、*H6c* 即企业创新决策能力在全球价值链关系性嵌入与知识权力关系间起到中介作用、*H6d* 即企业实施实现能力在全球价值链关系性嵌入与知识权力关系间起到中介作用通过检验，而 *H5d* 即企业实施实现能力在全球价值链结构性嵌入与知识权力关系间起到中介作用未通过检验。

全球价值链网络作为开放式网络，可以为企业获取异质性知识资源提供更多机会和便利，基于动态能力观的创新能力是企业动态地对内外部知识资源进行整合、运用的“知觉—响应”过程，蕴含着企业对内外部知识资源进行整合、开发和转化的过程，有助于企业以更开放、更包容的心态将外部资源转变为有价值的内部资源，是决定企业知识权力最关键也是最重要的因素。发展中国家参与全球价值链可以全方位地获取领先企业的研发知识、生产知识和销售知识，通过“干中学”提升自主创新能力进而实现价值链升级；对中小企业集群网络的研究也提出，通过网络成员间互动，成员企业的创新能力得以提升，网络内非核心成员在创新能力提升的情况下可以降低核心企业对于其行为的控制，即非核心成员自身的知识权力得以提升（Ngugi et al. ,2013）。参与全球价值链提升了发展中国家的技术和产业化水平，但只有通过创新能力的提升才能为市场提供更为复杂、技术更为密集的产品，也才能提高其他企业对其的依赖程度（Stone et al. , 2015）。

研究表明，那些希望通过全球业务活动进行国际扩张的企业可以通过利用现有的网络获得更好的融资、更多的分销渠道和更多的市场准入，全球价值链被视为企业竞争优势的潜在来源，但只有通过提升企业能力或填补市场空白获得的联合和学习的能力，才是获取竞争优势的关键途径。无论是宝洁还是苹果，能够获取全球价值链网络中的核心地位，得益于它们将全球网络资源转化为内部创新能力而成为典范。企业在全球价值链内知识权力提升的过程，正是企业进行内外部知识资源整合、匹配、提升的过程，这一过程主要通过以“知识创造”为本质的创新能力提升来实现。能力陷阱是新兴经济体制造企业长期被低端锁定的根源所在，而创新能力是动态能力的核心，在有限的全球资源和不断强化的环境约束下，企业间跨国、跨行业的全球资源竞争日益激烈，以传统资源掌控为目的的传统模式获得的利润和发展空间越来越小，全球价值链网络嵌入提供了丰富的异质性资源，为企业创新能力提升降低难度和成本，提升创新能力是企业摆脱低端锁定效应以提升知识权力的关键所在。

五、知识距离的调节作用

前文研究假设模型中，对于知识距离在全球价值链网络嵌入与创新能力之间的调节作用提出了16条相关假设，通过大样本实证检验，14条假设通过验证，2条假设未通过验证，检验结果见表6-41。

表6-41 知识距离在全球价值链网络嵌入与创新能力之间调节作用的检验结果

假设	假设内容	检验结果
H7a	知识深度距离负向调节全球价值链结构性嵌入与企业变异感知能力的关系	支持
H7b	知识深度距离负向调节全球价值链结构性嵌入与企业信息诠释能力的关系	支持
H7c	知识深度距离负向调节全球价值链结构性嵌入与企业创新决策能力的关系	支持
H7d	知识深度距离负向调节全球价值链结构性嵌入与企业实施实现能力的关系	不支持
H8a	知识深度距离负向调节全球价值链关系性嵌入与企业变异感知能力的关系	支持
H8b	知识深度距离负向调节全球价值链关系性嵌入与企业信息诠释能力的关系	支持
H8c	知识深度距离负向调节全球价值链关系性嵌入与企业创新决策能力的关系	支持
H8d	知识深度距离负向调节全球价值链关系性嵌入与企业实施实现能力的关系	支持
H9a	知识宽度距离负向调节全球价值链结构性嵌入与企业变异感知能力的关系	支持
H9b	知识宽度距离负向调节全球价值链结构性嵌入与企业信息诠释能力的关系	支持
H9c	知识宽度距离负向调节全球价值链结构性嵌入与企业创新决策能力的关系	支持
H9d	知识宽度距离负向调节全球价值链结构性嵌入与企业实施实现能力的关系	不支持
H10a	知识宽度距离负向调节全球价值链关系性嵌入与企业变异感知能力的关系	支持
H10b	知识宽度距离负向调节全球价值链关系性嵌入与企业信息诠释能力的关系	支持
H10c	知识宽度距离负向调节全球价值链关系性嵌入与企业创新决策能力的关系	支持
H10d	知识宽度距离负向调节全球价值链关系性嵌入与企业实施实现能力的关系	支持

利用多层线性回归模型进行检验，除了全球价值链结构性嵌入与企业实施实现能力的关系本身不显著导致知识距离在二者之间的调节作用无从检验之外，其余14个假设均得到了验证。企业与所嵌入全球价值链网络内的国外合作企业间知识距离越大，越不利于企业吸收全球价值链内其他成员企业的知识，会对企业创新能力提升形成阻碍。

企业与全球价值链合作企业间的知识深度距离负向调节全球价值链网络嵌入与创新能力的关系。过大的知识深度距离导致企业难以理解、吸收来自高知识位势企业的专业性知识，中国制造企业在技术引进过程中出现的“落后—引进—再落后—再引进”的恶性循环正由知识深度距离的鸿沟所致。因为知识深度距离过大导致全球价值链带来的机会难以被捕捉到，受限于已有知识依赖使企业在知识搜索的范围上局限于固有知识，且有利于企业创新的合作机会难以进入企业筛选范围，更难被捕捉，企业越发难以跨越这一知识鸿沟。同时具备较强创新能力的价值链合作企业由于提供了更具创新性的产品解决方案，间接降低了企业进行主动创新的意愿。

企业与全球价值链合作企业间的知识宽度距离特别是企业间知识结构在全球价值链网络嵌入与创新能力关系间起到负向调节作用。实证结果表明，企业与合作伙伴拥有相似的部门结构和企业发展历程有助于提升企业对远程外部资源的有效利用。一定程度上说明知识宽度距离是企业充分利用网络嵌入实现创新能力提升的关键条件。因此，缩小知识宽度距离同样有利于企业与全球价值链企业进行有效沟通，扩大企业知识搜寻机会，提升知识吸收效率且可以降低创新成本。

本章小结

在498份有效问卷数据分析的基础上，本章进一步对前文提出的理论假设一一进行检验。首先利用AMOS检验了测量模型的解释效果。其次建立结构方程模型与多层次线性回归模型，利用AMOS 21.0、SPSS 21.0对全球价值链网络嵌入与创新能力、知识权力之间关系进行了假设检验，结果表明，大部分的假设都得到了支持，实证检验结果汇总见表6-42；且结构方程模型与多层次线性回归模型两种检验的结果一致，表明结果具有稳健性。最后建立知识距离在全球价值链网络嵌入与企业创新能力间调节作用的多层次线性回归模型，并利用SPSS 21.0对调节效应进行检验。实证结果较好地反映了研究问题，证明了本研究理论与假设的科学性与合理性。

表 6-42　实证检验结果

序号	假设	假设内容	验证结果
1	*H*1*a*	全球价值链结构性嵌入正向影响企业知识权力	支持
2	*H*1*b*	全球价值链关系性嵌入正向影响企业知识权力	支持
3	*H*2*a*	全球价值链结构性嵌入正向影响企业变异感知能力	支持
4	*H*2*b*	全球价值链结构性嵌入正向影响企业信息诠释能力	支持
5	*H*2*c*	全球价值链结构性嵌入正向影响企业创新决策能力	支持
6	*H*2*d*	全球价值链结构性嵌入正向影响企业实施实现能力	不支持
7	*H*3*a*	全球价值链关系性嵌入正向影响企业变异感知能力	支持
8	*H*3*b*	全球价值链关系性嵌入正向影响企业信息诠释能力	支持
9	*H*3*c*	全球价值链关系性嵌入正向影响企业创新决策能力	支持
10	*H*3*d*	全球价值链关系性嵌入正向影响企业实施实现能力	支持
11	*H*4*a*	企业变异感知能力正向影响企业知识权力	支持
12	*H*4*b*	企业信息诠释能力正向影响企业知识权力	支持
13	*H*4*c*	企业创新决策能力正向影响企业知识权力	支持
14	*H*4*d*	企业实施实现能力正向影响企业知识权力	支持
15	*H*5*a*	企业变异感知能力在全球价值链结构性嵌入与知识权力关系间起到中介作用	支持
16	*H*5*b*	企业信息诠释能力在全球价值链结构性嵌入与知识权力关系间起到中介作用	支持
17	*H*5*c*	企业创新决策能力在全球价值链结构性嵌入与知识权力关系间起到中介作用	支持
18	*H*5*d*	企业实施实现能力在全球价值链结构性嵌入与知识权力关系间起到中介作用	不支持
19	*H*6*a*	企业变异感知能力在全球价值链关系性嵌入与知识权力关系间起到中介作用	支持
20	*H*6*b*	企业信息诠释能力在全球价值链关系性嵌入与知识权力关系间起到中介作用	支持
21	*H*6*c*	企业创新决策能力在全球价值链关系性嵌入与知识权力关系间起到中介作用	支持
22	*H*6*d*	企业实施实现能力在全球价值链关系性嵌入与知识权力关系间起到中介作用	支持

续表

序号	假设	假设内容	验证结果
23	*H*7*a*	知识深度距离负向调节全球价值链结构性嵌入与企业变异感知能力的关系	支持
24	*H*7*b*	知识深度距离负向调节全球价值链结构性嵌入与企业信息诠释能力的关系	支持
25	*H*7*c*	知识深度距离负向调节全球价值链结构性嵌入与企业创新决策能力的关系	支持
26	*H*7*d*	知识深度距离负向调节全球价值链结构性嵌入与企业实施实现能力的关系	不支持
27	*H*8*a*	知识深度距离负向调节全球价值链关系性嵌入与企业变异感知能力的关系	支持
28	*H*8*b*	知识深度距离负向调节全球价值链关系性嵌入与企业信息诠释能力的关系	支持
29	*H*8*c*	知识深度距离负向调节全球价值链关系性嵌入与企业创新决策能力的关系	支持
30	*H*8*d*	知识深度距离负向调节全球价值链关系性嵌入与企业实施实现能力的关系	支持
31	*H*9*a*	知识宽度距离负向调节全球价值链结构性嵌入与企业变异感知能力的关系	支持
32	*H*9*b*	知识宽度距离负向调节全球价值链结构性嵌入与企业信息诠释能力的关系	支持
33	*H*9*c*	知识宽度距离负向调节全球价值链结构性嵌入与企业创新决策能力的关系	支持
34	*H*9*d*	知识宽度距离负向调节全球价值链结构性嵌入与企业实施实现能力的关系	不支持
35	*H*10*a*	知识宽度距离负向调节全球价值链关系性嵌入与企业变异感知能力的关系	支持
36	*H*10*b*	知识宽度距离负向调节全球价值链关系性嵌入与企业信息诠释能力的关系	支持
37	*H*10*c*	知识宽度距离负向调节全球价值链关系性嵌入与企业创新决策能力的关系	支持
38	*H*10*d*	知识宽度距离负向调节全球价值链关系性嵌入与企业实施实现能力的关系	支持

第七章　总结与展望

本研究关注制造企业全球价值链网络嵌入对企业知识权力影响这一问题，通过理论分析和实证检验等研究方法，深入探讨了全球价值链网络嵌入对中国制造企业知识权力影响的内在影响机理，一定程度上为“全球价值链网络嵌入是否影响企业价值链地位”“全球价值链网络嵌入如何影响企业全球价值链地位”等问题提供了新的解释或答案，为当下企业融入全球经济的相关研究提供了新的视角。通过前文的理论检验，本章进一步提炼相关研究成果，提出研究结论、理论贡献以及研究局限和未来研究展望。

第一节　研究结论

本研究系统梳理了全球价值链网络嵌入与企业知识权力的相关研究，提出全球价值链网络嵌入与知识权力的关系模型，并将创新能力和知识距离纳入全球价值链网络嵌入和知识权力关系模型中，构建了全球价值链网络嵌入、创新能力、知识距离与知识权力的研究模型，主要得出以下结论：

第一，在全球价值链网络内，无论是结构性嵌入维度还是关系性嵌入维度均对企业知识权力产生促进作用。

首先，从微观上以知识权力进一步解释网络嵌入对全球价值链地位产生的影响。全球价值链的出现为新兴经济体国际化提供了机会，生产链条上的具体投入或任务的专业化，直接影响企业甚至国家的竞争力，随着全球化发展、资本积累及产业结构调整，主导产业的技术会越来越接轨全球产业并走向技术前沿。经济学视角下的研究普遍认为“制造企业全球价值链地位总体提升”“全球价值链参与提升企业的生产率”，然而，从微观层面看，全球价值链网络嵌入对不同企业产生的引致效应存在极大的不平衡，存在“升级”和“陷阱”的矛盾。本研究从微观层面，将资源缩小至知识资源，进一步明确了宏观研究结论与微观企业现实之间的矛盾的根源所在。知识资源是制造企业发展的关键性战略资源，但依赖企业自身的知识资源和能力提升难以应对高速发展的新技术环境与日趋激烈的行业竞争，缺少知识资源的更新更是难以形成恒久的核心竞争优势，尤其是企业对冗余知识与既有能力的高度依赖形成“核心刚性”以致陷入成长陷阱，导致全球价值链网络嵌入在微观层面对不同企业产生的引致效应存在“升级”和“陷阱”的矛盾现象。但聚焦于知识资源这一核心要素，可进一步发现这一矛盾现象根源所在，企业只有在知识资源的基础上才有产生竞争优势的可能性。在全球产业和产品国际梯度转移的背景下，能够从全球价值链中获益的关键在于知识资源的获取。

其次，从微观层面研究进一步发现，全球价值链结构性嵌入、关系性嵌入均能提升企业知识权力。网络嵌入被视为获取前沿知识、争夺技术优先权、提高行业影响力的“捷径”，企业可以通过不同方式嵌入全球价值链提升企业全球地位，但相比结构性嵌入，关系性嵌入对知识权力影响更大。权力是资源依赖理论的核心，资源依赖理论强调由于资源依赖企业会主动寻求控制外部环境，资源依赖下的组织也总是在试图将依赖程度降到最小，提高自己对资源的控制，组织成长的关键在于随着环境的变化调整战略以减小资源受限带来的阻碍，并改变和管理原有的依赖模式。企业通过与外部环境的联络达到控制重要资源的目的，但企业行为由于外部环境的介入而发生权变，所以从外部环境获取必需资源的能力便是改变约束的途径之一。社会网络理论强调组织间的各种关系纽带以解释企业的存在、成长等相关问题。由于组织和组织中的个体都嵌入其所处的网络中，可以通过其网络中有价值的社会连带关系获得社会资源，参与者可以从其他成员那里获得更高地位，因此全球价值链结构性嵌入、关系性嵌入能够起到提升知识权力的作用。但相比结构性嵌入，全球价值链关系性嵌入既能使企业获取结构性嵌入下的倒逼效应、机会效应、声望效应，更能因信任、互助、承诺等关系使企业获取更多的知识溢出效应，因此，全球价值链关系性嵌入更能提升企业知识权力。

第二，创新能力在全球价值链网络嵌入与企业知识权力关系间起到中介作用。

全球价值链嵌入赋予企业获得各种资源的机会，建立组织网络可以降低企业交易成本，尤其是组织间信任和承诺更能起到声誉的作用，还能控制机会主义行为并降低不确定性，也能间接起到降低交易成本的作用，因此结构性嵌入和关系性嵌入可以有力地解释组织间互动是如何影响组织存在与发展的。在开放的“新经济”时代，全球价值链网络嵌入可为企业带来更丰富的知识资源，可能是市场知识，也可能是技术标准、商业秘密、全球品牌、原材料供应等相关信息知识以及其他能够给企业带来动态竞争优势的技术知识，但能否充分利用这种机会，还依赖于将外部知识资源转化为内部知识的创新过程。动态能力观下的创新能力侧重于面对快速变化的环境，组织必须具有创建新的知识资源、更新或修改其资源组合的能力，动态能力的价值在于不断创造新的知识资源，不能创建允许企业维持或增强其可持续竞争优势的资源的动态能力并无价值。“全球价值链网络嵌入促进企业知识权力提升的内在驱动是创新”这一结论很好地解释了全球价值链嵌入给不同企业带来的引致效应不平衡的内在原因。

第三，知识距离在全球价值链结构性嵌入、全球价值链关系性嵌入与创新能力关系间起到负向调节作用。

企业间不同的知识基是影响知识快速获取、充分吸收与有效应用的关键，全球价值链结构性嵌入、全球价值链关系性嵌入与创新能力的关系在价值链上、下游企业间不同知识基的影响下具有不同的动态发展趋势。企业与全球价值链合作企业间的知识深度距离和知识宽度距离均负向调节全球价值链网络嵌入与创新能力的关系。过大的知识距离导致企业难以理解、吸收来自高知识位势企业的专业性知识，也不利于提升企业对远程外部资源的有效利用，同时知识距离会形成知识交流的鸿沟，既不利于企业捕捉全球价值链机会，也不利于企业进行全球价值链内的知识搜索，而且知识距离过大会阻碍弱势企业的创新意愿。因此，全球价值链网络内企业间知识距离是企业能否充分利用网络嵌入实现创新能力提升的关键条件。

第二节　研究贡献与管理启示

一、研究贡献

本研究以中国制造企业作为研究对象，探究全球价值链网络嵌入、创新能力、知识权力之间的关系。具体而言，本研究的贡献主要体现在以下几个方面：

首先，从微观角度探讨全球价值链网络嵌入对企业全球价值链地位即知识权力的影响。现有研究以宏观和中观层面的全球价值链地位指标解释全球价值链的引致效应，掩盖了企业全球价值链网络嵌入对价值链地位的内在影响机理。少数学者将知识权力纳入企业网络化研究框架，但围绕全球价值链中的核心企业或网络整体展开研究，缺少对新兴经济体弱势企业的关注，更缺少对新兴经济体全球价值链地位变迁现象的研究，同时依据宏观数据的中观和宏观研究无法解释微观上为何全球价值链网络嵌入对不同企业产生的引致效应存在“升级”和“陷阱”的矛盾现象。本研究聚焦于知识资源这一核心要素，围绕知识资源探讨全球价值链地位可发现这一矛盾现象根源所在，企业只有在知识资源的基础上才有产生竞争优势的可能性。本研究将知识权力视为全球价值链地位，利用中国制造企业的有效样本数据，检验了全球价值链网络嵌入、创新能力与知识权力的关系，是对新兴经济体的企业全球化行为逻辑的理论解读，从微观层面厘清全球价值链网络嵌入的引致效应存在的“升级”和“陷阱”矛盾问题，也进一步印证了宏观研究结论，扩展了全球价值链网络嵌入影响的理论范围。

其次，揭示了全球价值链网络嵌入对知识权力的影响及其内在机理。社会网络理论的文献表明，网络参与者可以从网络其他成员那里获得更高地位。网络嵌入有助于企业从网络中获取知识资源，是制造企业知识权力提升必不可少的途径，其结构性维度和关系性维度对企业国际化具有显著影响，但缺少对知识权力的前因研究。本研究提出全球价值链网络嵌入对企业知识权力具有正向的影响，并依据“网络—能力—权力”的理论逻辑提出创新能力在二者之间具有中介效应，通过微观数据进行检验并予以验证。全球价值链汇集来自各国各行各类企业的大量丰富的资源，其全球性的跨地理、跨产品特征使知识元素差异性更强、知识元素组合效应更大，全球价值链通过大市场效应、中间品效应、竞争效应等为企业提供新的、异质性、优质的资源，但能否充分利用这种机会提升知识权力，还依赖于将外部知识资源转化为内部知识的创新过程。结论支持并拓展了许晖等（2018）有关跨国企业子公司全球网络嵌入演化机理的案例研究的结论，验证了“网络—能力—权力”的内在逻辑的合理性（党兴华等，2012），诠释了全球价值链背景下网络嵌入的双重特征，深化并丰富了网络嵌入与网络权力的相关研究。

最后，揭示了知识距离在全球价值链网络嵌入与创新能力、知识权力关系中的作用。在全球价值链中，链内企业动态能力提升不仅受到自身的影响，也受到链内企业间的相互影响，全球价值链内上、下游节点企业间尤其是核心企业与边缘企业存在较大的差异，如政治距离、制度距离、知识距离等，这些因素起到何种作用也是本研究需要揭示的问题。考虑到本研究围绕知识资源要素展开，就制造企业融入全球价值链的背景而言，特别关注知识距离这一特殊的情景因素在全球价值链网络嵌入与创新能力、知识权力关系中的作用。本研究将知识距离引入全球价值链结构性嵌入、关系性嵌入、创新能力、知识权力的理论模型中，并实证检验出全球价值链结构性性嵌入、全球价值链关系性嵌入对创新能力的积极作用受价值链上、下游企业间不同知识距离的负向影响。这一发现有助于制造企业在融入全球价值链情境下，充分意识到与价值链上、下游企业间知识距离的重要性，也回应并澄清了知识距离在网络嵌入与创新能力关系中的作用是负向还是"U"形的争论（戴勇等，2018）。

二、管理启示

由于全球价值链网络对知识权力的影响作用具有动态性和复杂性，嵌入企业必须把握权力关系演变的动态规律，才能确保其通过融入全球价值链实现从外部获取赖以生存和成长的资源并突破自身资源匮乏的约束。本研究紧密结合中国制造业现实情况，以制造企业全球价值链网络为背景，探讨中国制造企业全球价值链网络嵌入特性与企业知识权力提升的关系，并深入研究二者间影响关系的作用机制。研究的相关结论对中国制造企业有效地嵌入全球价值链提高其在价值网络内的影响力和控制力提供了有益的启示，也为其他新兴经济体的制造企业提供了有益指导。结合研究结论，本研究对融入全球价值链的制造企业管理实践提出以下建议：

（一）结构性嵌入与关系性嵌入并重

作为网络组织的独特形式，全球价值链网络因初始资源绝对优势上的差异导致权力不平衡，并形成典型的"核心—外围"结构特征，在这一权力结构下，具有绝对优势的企业主要是来自发达国家的跨国企业，其因对关键或稀缺资源的控制而处于"核心"地位。就知识权力而言，既有来自企业内部先天所具有的知识存储形成的技术势差，也有因企业绝对优势或比较优势或"网络规范"等制度因素引致的知识位势优势。但网络中的权力结构绝非静态的，企业可以利用嵌入网络，通过结构优化和关系优化来促进外部知识与内部知识的糅合，进而提升知识权力。

1. 企业应充分认识到网络嵌入带来的正向作用，积极主动地利用全球价值网络的资源

企业必须认识到全球价值链权力结构是动态的，是可以改变的，在全球价值链嵌入过程中，要有自觉学习价值链网络内先进知识资源的意识，在维持较高的结构性嵌入强度的同时，尝试开拓更为密切的合作关系，与上、下游企业建立更为紧密的联结。结构性嵌入能让企业接触到更多的不同背景的价值链成员，可以提高企业获取外部知识的数量，而关系可增强全球价值链上、下游企业间信任与相互交流的意愿，有利于不可编码信息与隐性知识的转移，便于跟踪、获取、吸收、消化海外企业的最新知识。通过融入全球价值链企业扩大了知识搜索的范围，从而获取更多异质性知识，对提升企业的影响力和控制力至关重要。

2. 丰富全球价值链结构性嵌入度

可以通过多种方式实现网络嵌入，如代工生产、来料加工、生产设计、技术协同、合作开发等，探寻适合企业发展的嵌入方式融入全球价值链，同时努力维持与全球价值链企业合作的时间，多国多渠道发展业务合作企业，不断物色不同类型的全球价值链合作对象，引进国外项目、人才和资金，不断扩大全球价值链合作对象的范围和合作领域。

3. 提升关系性嵌入质量

加大与全球价值链合作对象的业务交流和非正式交流频度，如互派人员进行学习交流，创造融洽的合作关系，并通过各种形式的互动保持关系稳定；在业务合作过程中，积极面对制度距离、政治距离等不可控制的因素可能带来的不利影响，在彼此信任的前提下进行合作；在面对共同问题时，尽力通过协商的方式互相帮助共同解决问题。

（二）以创新驱动提升知识权力

全球价值链上弱势企业虽然自身知识资源有限，但是可以利用全球价值链内资源来增加自身的知识存储和发展能力，使得其他节点逐渐认同和接受其在价值网络中的作用和身份，但必须牢牢将创新视为企业发展壮大

的重要驱动力，才能实现知识权力的提升。动态观下的创新能力是引领国家发展和企业成长第一动力，对于新兴经济体而言，关键性资源的获取是创新驱动价值链升级的要点。

在开放的环境下，全球企业间合作带来的收益可使交易成本降低、企业技术效率提高，更重要的是在全球合作的基础上实现能力互补，且这种能力互补收益是动态的。企业融入全球价值链后应投资于结构性特征和关系性特征的战略行动以及伴随着资源置换关系展开被动或主动的知识整合过程，始终应将创新视为企业获得竞争力的关键因素，特别是对那些在全球价值链中初始资源不足的企业，更应将创新视为引领国家发展和企业成长的第一动力，努力以自己的创新能力改变全球价值链地位。

中国制造业正是因为首先专注于全球价值链的终端装配，通过创新提升中间品复杂性和质量来逐步提升其议价能力。但中长期内中国制造业需要通过技术创新打破低端锁定，进而才能实现价值链跃迁。“中国制造”之所以廉价，其重要原因是技术含量低，主要集中在生产加工环节，设计研发能力不强，许多产品不具有自主知识产权，导致定价权掌握在国外企业手中，中国制造企业迅速崛起的主要驱动力仍然是粗放式的高投入，这种发展方式难以成为维持企业可持续发展的持久动力，反而使制造企业陷入沉重的成本泥潭，创新的作用在中国制造企业的发展历程中还未充分地发挥出来。因此，必须进一步在全球价值链背景下提升创新能力，特别是自主创新能力，建立从“要素驱动”转向“创新驱动”的内在发展理念，“十三五”规划也提出了更多依靠创新驱动引领发展的重要命题。“中国制造 2025”和供给侧结构性改革均提出将发展的驱动力由过去的要素投入转变为创新投入，从而提高中国的制造业在全球价值链网络内的话语权，提高产业影响力，跨越“中等收入陷阱”，真正地实现由“中国制造”到“中国智造”的转变。

中国制造企业在全球价值链融入过程中利用价值链资源的经验也为其他新兴经济体的企业以及其他行业如何发挥全球价值链网络嵌入的引致效

应提供了有价值的借鉴和参考。以劳动力规模、自然资源规模等低端方式高速且全方位地建立全球网络，在极短的时间内以“飞跃”的姿态实现规模化扩张，遍地开花地融入西方发达国家主导的全球价值链网络，但必须逐步摆脱“人口红利”以及“资源红利”甚至“政策红利”，“要素驱动”下带来的企业提升意愿是消极和被动的，尤其是在知识经济时代，必须打破比较优势陷阱，提高获取知识和创造知识的能力以应对快速变化的环境，建立从内到外的“创新驱动”的发展理念。

（三）企业应当充分意识到与价值链上、下游企业间知识距离的重要性

网络嵌入为企业带来了新的“生产机会”，为企业获取管理经验、技术知识、创新渠道以及新市场提供了机会，有利于企业获取转移的知识，尤其对组织能力有限的企业，全球价值链为企业获取外部知识提供了跨国界、跨业界的最大限度的搜寻范围，有助于企业识别、获取与整合外部资源，可作为企业融入开放式创新体系进而提高创新能力、提升知识权力的途径。但全球价值链网络嵌入对企业知识权力的影响过程并不自动发生，知识距离是企业全球价值链网络嵌入能否提升企业创新能力进而转化成知识权力的一个重要的内部情境因素和外部情境因素的结合，应降低知识距离带来的负面效应，更大程度地利用全球价值链资源。因此，企业应重视与全球价值链企业间的知识差距，自觉提高内在知识存量，更大程度上发挥全球价值链网络嵌入的正向效应，从而快速实现企业的发展壮大。

1. 培育自觉学习的理念

开放市场条件下只有锐意学习，努力缩小与先进企业的知识距离，才能有效发挥西方成熟市场体制的桥梁作用，全球价值链网络嵌入与创新能力的正向关系才不会被企业间知识距离所削弱，最终更大程度提升其影响力和控制力，提升企业在国际市场中的话语权。

2. 提高专业知识水平

提高专业知识水平，缩小与领先企业的知识深度距离，如在企业内或

企业间定期举办技术交流活动、对员工进行整体专业技术培训、鼓励非正式的技术交流活动等，甚至可以根据全球价值链特定部分的需求进行员工的量身定制培训。北非国家增加全球价值链收益的一个特别重要的工具就是支持教育和技术培训的政策以缩小企业间知识差距，缩小知识深度距离有利于企业与全球价值链企业进行技术知识、市场知识的有效沟通，更有利于提升企业全球价值链网络嵌入带来的机会效应、知识溢出效应等。

3. 提高非专业知识水平

提高非专业知识水平，缩小与全球价值链企业间的知识宽度距离，建立共同语言。提高非专业知识水平可以通过员工背景多样化实现。首先，重视多样化人才招聘，如吸纳具有不同发展背景和不同专业背景的新员工加入。其次，针对现有内部员工，企业应积极鼓励其通过进修、委培等方式不断吸收新的知识，特别是向全球价值链上核心企业学习，为企业提供源源不断的知识源。

第三节　研究局限与未来展望

一、研究的局限性

本研究深入探讨了全球价值链背景下的网络嵌入与知识权力间关系及其内在机制，并以规范的管理学研究范式进行实证分析，但本研究中涉及概念如知识权力、网络嵌入、创新能力均囊括多个交叉领域，还存在以下研究局限：

第一，未考虑前因复杂性。在网络嵌入—知识权力关系模型中未考虑网络复杂性和知识复杂性，就全球价值链的嵌入形式而言可分为内部性嵌入和外部性嵌入，本研究仅考察了外部性嵌入，未将内部性嵌入如跨国公司的子公司嵌入、企业间跨国籍的人才互派等纳入研究，同时网络嵌入维度即关系性嵌入和结构性嵌入之间可能也存在耦合关系，也有待进一步研究澄清。就知识复杂性而言，本研究假定所有知识关系都是平等的，但事实上知识本身也是复杂的，知识（如通用知识或专用知识）与权力也必然不是对等的。

第二，内在机制的研究缺少对其他变量的考察。本书仅考虑了创新能力的中介作用，未就影响创新能力的其他变量如学习能力、吸收能力甚至创新方式进行综合研究。对全球价值链地位的替代指标知识权力也未进行区分，如对影响力和控制力进行区分，对全球价值链内知识权力和国内价值链的知识权力等进行区分。

第三，调研对象局限于制造企业。一方面，本研究仅考察了制造企业；另一方面，本研究的制造企业仅限于中国制造企业。中国制造企业经历了20多年的全球价值链发展历程，虽然可以作为新兴经济体的代表，但各国制造企业存在诸多外部差异；作为生产性企业，其价值链本身就具有显著的与上、下游互动的特征，这种互动特征与服务业、农业的全球化有所区别。因此，从实证研究的外部效度看，限制了研究结果向其他国家以及其他特殊行业推广的理论价值。

第四，截面数据影响结论的可靠性。本研究仅采用截面数据对研究假设进行检验，但事实上网络内企业知识权力的提升会随着网络嵌入和创新能力在不同阶段而呈现差异化，本研究未结合其他方式如纵向研究方式对中介模型、调节模型进行检验，可能会影响结论的可靠性。

二、未来研究展望

本研究将全球价值链网络、创新能力、知识权力以及知识距离置于同一框架内，以中国制造企业为研究对象，得到了有益的结论，但研究也存在一定的局限性，对网络嵌入与知识权力之间关系的未来研究可以朝以下几个方向展开：

第一，深入探讨更完整的网络嵌入—知识权力关系模型。鉴于需要交换隐性知识和敏感信息，结构性嵌入和关系性嵌入最有可能持续地双向互动，如全球价值链关系性嵌入与结构性嵌入维度之间是否存在交互效应，如何调整关系性嵌入与结构性嵌入的耦合度使其共同促进价值链弱势企业的知识权力提升这一问题应在未来研究中予以关注。

第二，未来研究还可扩大样本区域并拓展行业范围，以检验不同产业环境（如农业和酒店服务业、体育产业等）下本研究结论的正确性。本研究调研对象仅关注制造业，鉴于在此背景下缺乏先前的理论模型研究，本研究没有对不同行业、不同国家的企业进行比较。嵌入特性与知识权力的关系以及创新能力、知识距离的影响会因行业、国别差异而不同，因此，为提升结果的解释力度，未来研究的一个有用方向是根据其他地区和其他行业的新样本数据检验本研究的概念模型。

第三，未来的研究应关注全球价值链网络的嵌入形式对知识权力的影响。中国企业嵌入全球价值链的方式具有多样性，如加工贸易、联合研发、R&D 新建投资或直接并购等；每一种方式又具有内部差异性，仅以加工贸易为例，就有两种不同的形式即来料加工和进料加工，前者主要从事加工组装任务，而后者需要自主购买中间品并进行加工组装。在嵌入全球价值链的过程中，不同的嵌入类型对知识获取、知识吸收、知识整合的促进作用不同，必然也会引起对企业知识权力的差异效应。

第四，进一步考察变量之间的因果关系。全球价值链权力结构即治理模式决定了初始的企业知识权力，对于发展中国家的企业来说，不存在权力结构选择问题，只有在嵌入全球价值链后通过改变与核心企业间关系提升创新能力，进而提升知识权力，知识权力再慢慢改变权力结构。但从网络运行的复杂性看，网络中的权力结构会改变竞争，而竞争会影响创新，那么全球价值链权力结构的变化又会对嵌入企业的创新能力产生怎样的影响？知识权力是无形资产和自我增值的财富资源，能够产生积极的福利效应，受限于现有研究的前期工作，本研究仅关注全球价值链网络嵌入如何通过创新能力提升企业知识权力，后期研究会继续深挖知识权力会如何反过来提升全球价值链中企业的创新能力，以及二者之间的内在共生性问题。

参考文献

[1] 艾米顿．知识经济的创新战略智慧的觉醒［M］．北京：新华出版社，1998.

[2] 白贵玉，徐鹏．管理层权力、研发决策与企业成长——来自中国民营上市公司的经验证据［J］．科技进步与对策，2019，36（9）：110-117.

[3] 曹永辉．动态能力视角下供应链质量管理对企业质量绩效的作用机制研究［D］．浙江大学，2016.

[4] 陈春花，朱丽，宋继文．学者价值何在？高管学术资本对创新绩效的影响研究［J］．经济管理，2018，40（10）：92-105.

[5] 陈力田，许庆瑞．知识搜寻跨边界协同对自主创新能力结构类型影响的实证研究［J］．科学学与科学技术管理，2014（10）：13-25.

[6] 陈立敏，周材荣，倪艳霞．全球价值链网络嵌入、制度质量与产业国际竞争力——基于贸易增加值视角的跨国面板数据分析［J］．中南财经政法大学学报，2016（5）：118-126.

[7] 陈涛，王铁男，朱智洺．知识距离、环境不确定性和组织间知识共享——一个存在调节效应的实证研究［J］．科学学研究，2013，31（10）：1532-1540.

[8] 陈晓萍，徐淑英，樊景立．组织与管理研究的实证方法（第二版）［M］．北京：北京大学出版社，2012.

[9] 陈岩，张红霞，王琦．知识资源对企业创新影响的实证研究［J］．科研管理，2018，39（11）：61-68.

［10］陈勇兵，李燕，周世民．中国企业出口持续时间及其决定因素［J］．经济研究，2012，47（7）：48-61.

［11］程聪，谢洪明，池仁勇．中国企业跨国并购的组织合法性聚焦：内部、外部还是内部+外部？［J］．管理世界，2017（4）：158-173.

［12］崔芳，孙笑明，熊旺，等．关键研发者自我中心网络变化对企业创新绩效的影响：以整体网络为中介变量［J］．科技进步与对策，2017（17）：80-90.

［13］戴勇，林振阳．产学研合作的知识势差与知识产权风险研究［J］．科研管理，2018（2）：75-85.

［14］党兴华，查博．知识权力对技术创新网络治理绩效的影响研究［J］．管理学报，2011，8（8）：1183-1189.

［15］党兴华，李莉．技术创新合作中基于知识位势的知识创造模型研究［J］．中国软科学，2005（11）：143-148.

［16］党兴华，刘立．技术创新网络中企业知识权力测度研究［J］．管理评论，2014（6）：67-73.

［17］党兴华，张巍．网络嵌入性、企业知识能力与知识权力［J］．中国管理科学，2012（s2）：615-620.

［18］杜健，周超．母国网络关系嵌入性与企业跨国动态能力——来自中国的经验证据［J］．外国经济与管理，2018，40（4）：43-55.

［19］丰超，庄贵军，张闯，李汝琦．网络结构嵌入、关系型渠道治理与渠道关系质量［J］．管理学报，2018，15（10）：980-987.

［20］冯泽，陈凯华，戴小勇．研发费用加计扣除是否提升了企业创新能力？——创新链全视角［J］．科研管理，2019，40（10）：73-86.

［21］耿伟，郝碧榕．全球价值链网络嵌入位置与劳动收入差距——基于跨国跨行业下游度指标的研究［J］．国际贸易问题，2018（6）：54-67.

［22］郭献强，党兴华，刘景东．基于资源依赖视角下企业创新网络中知识权力的形成研究［J］．科学学与科学技术管理，2014，35（4）：136-145.

[23] 韩莹，陈国宏．基于隐形契约的集群企业知识共享伙伴选择研究［J］．中国管理科学，2018，26（1）：179-185.

[24] 郝明君．知识与权力——课程作为政治文本之研究［D］．西南大学，2006.

[25] 何瑛，于文蕾，戴逸驰，王砚羽．高管职业经历与企业创新［J］．管理世界，2019，35（11）：174-192.

[26] 侯杰泰，温忠麟，成子娟．结构方程模型及其应用［M］．北京：经济科学出版社，2004.

[27] 胡春艳．科学技术政治学的“研究纲领”［D］．厦门大学，2006.

[28] 胡京波，欧阳桃花，曾德麟，冯海龙．创新生态系统的核心企业创新悖论管理案例研究：双元能力视角［J］．管理评论，2018，30（8）：291-305.

[29] 胡明霞．管理层权力、技术创新投入与企业绩效［J］．科学学与科学技术管理，2015，36（8）：140-149.

[30] 黄芳铭．结构方程模式：理论与应用［M］．北京：中国税务出版社，2005.

[31] 吉迎东，党兴华，弓志刚．技术创新网络中知识共享行为机理研究——基于知识权力非对称视角［J］．预测，2014（3）：8-14.

[32] 贾镜渝，李文．距离、战略动机与中国企业跨国并购成败——基于制度和跳板理论［J］．南开管理评论，2016，19（6）：122-132.

[33] 蒋楠，赵嵩正．知识连接、知识距离与知识共创关系研究［J］．情报科学，2016，34（6）：138-142.

[34] 金蕾．制度环境、社会资本对社区社会组织有效性的影响及其作用机制［D］．浙江大学，2017.

[35] 康淑娟．基于行业异质性解构我国高技术产业创新价值链［J］．软科学，2017，31（7）：1-5.

[36] 康淑娟．行业异质性视角下的中国制造业在全球价值链中的地位

及影响因素［J］．国际商务（对外经济贸易大学学报），2018（4）：74-85.

［37］赖伟娟，钟姿华．中国与欧、美、日制造业全球价值链分工地位的比较研究［J］．世界经济研究，2017（1）：125-134+137.

［38］黎耀奇，谢礼珊．社会网络分析在组织管理研究中的应用与展望［J］．管理学报，2013，10（1）：146-154.

［39］李洪，叶广宇，赵文丽．知识距离与中国企业跨国并购的创新绩效研究［J］．管理学报，2019，16（9）：1366-1374.

［40］李怀祖．管理研究方法论（第2版）［M］．西安：西安交通大学出版社，2004.

［41］李庆满，戴万亮，王乐．产业集群环境下网络权力对技术标准扩散的影响——知识转移与技术创新的链式中介作用［J］．科技进步与对策，2019，36（8）：28-34.

［42］李拓宇．从独占性到合法性：集群企业知识资产治理机制研究［D］．浙江大学，2018.

［43］李卫东，刘洪．研发团队成员信任与知识共享意愿的关系研究——知识权力丧失与互惠互利的中介作用［J］．管理评论，2014，26（3）：128-138.

［44］李宇，陆艳红．知识权力如何有效运用："有核"集群的知识创造及权力距离的调节作用［J］．南开管理评论，2018，21（6）：107-120.

［45］林筠，刘伟，李随成．企业社会资本对技术创新能力影响的实证研究［J］．科研管理，2011，32（1）：35-44.

［46］刘宏曼，郎郸妮．农业参与全球价值链分工的制度影响研究——基于世界投入产出表的跨国面板数据［J］．国际商务（对外经济贸易大学学报），2019（1）：11-20.

［47］刘磊．全球价值链网络嵌入与我国制造业技术含量提升［J］．科学学研究，2019，37（10）：1786-1796.

［48］刘磊，谢申祥，步晓宁．全球价值链网络嵌入能提高企业的成本加成吗？——基于中国微观数据的实证检验［J］．世界经济研究，2019

(11)：122-133+136.

[49] 刘立，党兴华．知识价值性、企业权力对知识转移的影响研究[J]．科研管理，2015，36 (12)：39-46.

[50] 刘群慧，胡杨，刘二丽．环境压力、企业家网络与合作创新意愿的关系 [J]．科研管理，2014，35 (12)：103-111.

[51] 刘维林，李兰冰，刘玉海．全球价值链网络嵌入对中国出口技术复杂度的影响 [J]．中国工业经济，2014 (6)：83-95.

[52] 刘雪锋，徐芳宁，揭上锋．网络嵌入性与知识获取及企业创新能力关系研究 [J]．经济管理，2015，37 (3)：150-159.

[53] 卢彬彬．中小制造企业转型升级路径：非研发创新 [J]．当代经济管理，2017，39 (8)：70-75.

[54] 卢艳秋，叶英平，肖艳红．产学合作中网络权力对网络惯例的影响 [J]．社会科学战线，2017 (4)：257-260.

[55] 吕文晶，陈劲，汪欢吉．组织间依赖研究述评与展望 [J]．外国经济与管理，2017，39 (2)：72-85.

[56] 吕一博，施萧萧，冀若楠．开放式创新对企业渐进性创新能力的影响研究 [J]．科学学研究，2017，35 (2)：289-301.

[57] 吕越，黄艳希，陈勇兵．全球价值链网络嵌入的生产率效应：影响与机制分析 [J]．世界经济，2017，40 (7)：28-51.

[58] 吕越，刘之洋，吕云龙．中国企业参与全球价值链的持续时间及其决定因素 [J]．数量经济技术经济研究，2017 (6)：37-53.

[59] 吕越，吕云龙．全球价值链网络嵌入会改善制造业企业的生产效率吗？——基于双重稳健倾向得分加权估计 [J]．财贸经济，2016，37 (3)：109-122.

[60] 吕越，罗伟，刘斌．异质性企业与全球价值链网络嵌入：基于效率和融资的视角 [J]．世界经济，2015 (8)：29-55.

[61] 马海燕，熊英，钟倩．网络嵌入、服务创新与制造企业转型升级绩效的关系研究 [J]．中国地质大学学报（社会科学版），2018，99

(1): 122-132.

[62] 马庆国. 管理统计 [M]. 北京: 科学出版社, 2010.

[63] 摩根. 组织 [M]. 北京: 清华大学出版社, 2005.

[64] 潘伟, 张庆普. 感知的知识所有权对知识隐藏的影响机理研究——基于知识权力视角的分析 [J]. 研究与发展管理, 2016, 28 (3): 25-35.

[65] 培根. 新工具 [M]. 北京: 商务印书馆, 1984.

[66] 彭新敏, 郑素丽, 吴晓波, 吴东. 后发企业如何从追赶到前沿? ——双元性学习的视角 [J]. 管理世界, 2017 (2): 142-158.

[67] 彭正银, 黄晓芬, 隋杰. 跨组织联结网络、信息治理能力与创新绩效 [J]. 南开管理评论, 2019, 22 (4): 187-198.

[68] 蒲明, 毕克新. 内部嵌入性、学习过程与跨国子公司发展研究 [J]. 中国软科学, 2017 (4): 132-140.

[69] 秦升. 全球价值链治理理论: 回顾与展望 [J]. 国外理论动态, 2014 (12): 14-21.

[70] 秦伟平, 陈欣, 李晋, 等. 组织无边界化中团队知识整合与团队权力配置的协同演化研究 [J]. 管理学报, 2017, 14 (11): 1616-1623.

[71] 邱斌, 叶龙凤, 孙少勤. 参与全球生产网络对我国制造业价值链提升影响的实证研究——基于出口复杂度的分析 [J]. 中国工业经济, 2012 (1): 57-67.

[72] 芮正云, 罗瑾琏. 新创企业联盟能力、网络位置跃迁对其知识权力的影响——基于知识网络嵌入视角 [J]. 管理评论, 2017, 29 (8): 187-197.

[73] 沙依甫加玛丽·肉孜, 邓峰. 要素价格扭曲、环境污染与区域创新能力 [J]. 经济经纬, 2019, 36 (2): 9-16.

[74] 沈艺峰, 王夫乐, 陈维. "学院派" 的力量: 来自具有学术背景独立董事的经验证据 [J]. 经济管理, 2016 (5): 176-186.

[75] 盛伟忠, 陈劲. 制造业中小企业创新能力测度指标研究 [J].

管理工程学报，2015，29（4）：49-55.

［76］石乘齐，党兴华．技术创新网络中组织间依赖的影响因素及形成研究［J］．管理工程学报，2017，31（1）：1-9.

［77］史会斌，杨东．CEO 权力配置对企业双元创新的影响研究［J］．软科学，2017（11）：49-51.

［78］宋华，卢强．什么样的中小企业能够从供应链金融中获益？——基于网络和能力的视角［J］．管理世界，2017（6）：104-121.

［79］宋艳双，刘人境．知识阈值对组织学习绩效的影响研究［J］．管理科学，2016，29（4）：94-103.

［80］宋志红，陈澍，范黎波．知识特性、知识共享与企业创新能力关系的实证研究［J］．科学学研究，2010，28（4）：597-604.

［81］苏郁锋，张延平，周翔．互联网初创企业制度拼凑与整合策略多案例研究［J］．管理学报，2019，16（2）：168-179.

［82］孙国强，窦捷，吉迎东．网络权力决定论研究回顾与展望［J］．科技管理研究，2018，38（1）：261-266.

［83］孙学敏，王杰．全球价值链网络嵌入的“生产率效应”：基于中国微观企业数据的实证研究［J］．国际贸易问题，2016（3）：3-14.

［84］孙永磊，党兴华．基于知识权力的网络惯例形成研究［J］．科学学研究，2013，31（9）：1372-1380.

［85］谭云清，马永生，李元旭．社会资本、动态能力对创新绩效的影响：基于我国国际接包企业的实证研究［J］．中国管理科学，2013，21（S2）：784-789.

［86］陶晓波，张欣瑞，范正芳，等．顾客参与对新产品开发绩效的影响机理研究［J］．中国软科学，2019，340（4）：130-137.

［87］天阳，肖皓，孟渤，许和连．制造业全球价值链网络的拓扑特征及影响因素——基于 WWZ 方法和社会网络的研究［J］．管理评论，2018，30（9）：49-60.

［88］屠年松，曹宇芙．知识产权保护对服务业全球价值链地位的影

响研究——基于 OECD 国家面板数据的实证研究［J］. 软科学，2019，33（6）：37-41+48.

［89］汪涛，陆雨心，金珞欣. 动态能力视角下组织结构有机性对逆向国际化绩效的影响研究［J］. 管理学报，2018，15（2）：174-182.

［90］王斌. 基于网络结构的集群知识网络共生演化模型的实证研究［J］. 管理评论，2014，26（9）：128-138.

［91］王建军，叶明海，曹宁. 知识权力、跨界搜索与企业创新绩效的关系研究［J］. 软科学，2020，34（2）：1-7.

［92］王雷，姚洪心. 全球价值链网络嵌入对集群企业创新绩效的影响［J］. 科研管理，2014，35（6）：41-46.

［93］王猛，姜照君. 服务业集聚区、全球价值链与服务业创新［J］. 财贸经济，2017，38（1）：146-161.

［94］王伟光，冯荣凯，尹博. 产业创新网络中核心企业控制力能够促进知识溢出吗？［J］. 管理世界，2015，261（6）：106-116.

［95］王元. 知识权力的生成路径、作用机理及位域结构［J］. 内蒙古大学学报（哲学社会科学版），2015（3）：63-68.

［96］王振，柳卸林，朱丽. “嵌入性”视角下行业连接与企业竞争能力关系研究——基于“声望”和“权力”的中介效应［J］. 华东经济管理，2018，32（1）：127-136.

［97］尉建文，赵延东. 权力还是声望？——社会资本测量的争论与验证［J］. 社会学研究，2011（3）：64-83.

［98］魏江，王诗翔，杨洋. 向谁同构？中国跨国企业海外子公司对制度双元的响应［J］. 管理世界，2016（10）：134-149.

［99］魏江，徐蕾. 知识网络双重嵌入、知识整合与集群企业创新能力［J］. 管理科学学报，2014，17（2）：34-47.

［100］魏龙，党兴华. 网络权力、网络搜寻与网络惯例——一个交互效应模型［J］. 科学学与科学技术管理，2017，38（2）：136-147.

［101］温忠麟，侯杰泰，张雷. 调节效应与中介效应的比较和应用

[J]. 心理学报，2005，37（2）：268-274.

[102] 吴波，李生校. 全球价值链网络嵌入是否阻碍了发展中国家集群企业的功能升级？——基于绍兴纺织产业集群的实证研究 [J]. 科学学与科学技术管理，2010，31（8）：60-65.

[103] 吴俊杰，王节祥，耿新. 企业家社会网络总是有助于提升创新绩效吗？[J]. 科学学研究，2015，33（12）：1883-1893.

[104] 吴明隆. 结构方程模型：AMOS的操作与应用（第2版）[M]. 重庆：重庆大学出版社，2010.

[105] 吴明隆. 结构方程模型——AMOS实务进阶 [M]. 重庆：重庆大学出版社，2013.

[106] 吴小节，杨书燕，汪秀琼. 资源依赖理论在组织管理研究中的应用现状评估——基于111种经济管理类学术期刊的文献计量分析 [J]. 管理学报，2015，12（1）：61-71.

[107] 武梦超，李随成，王玮. 外部知识获取与新产品开发绩效：资源协奏与信息处理的视角 [J]. 预测，2019，38（5）：1-8.

[108] 肖丁丁，朱桂龙. 跨界搜寻对组织双元能力影响的实证研究——基于创新能力结构视角 [J]. 科学学研究，2016，34（7）：1076-1085.

[109] 肖志雄. 知识距离对知识吸收能力影响的实证研究——以服务外包企业为例 [J]. 情报科学，2014，32（10）：61-64+69.

[110] 谢荷锋，刘姿，牟腊春. 高管经验、权力与跨企业战略学习——基于知识转移视角的分析 [J]. 商业研究，2017，59（2）：118-125.

[111] 谢永平，党兴华，毛雁征. 技术创新网络核心企业领导力与网络绩效研究 [J]. 预测，2012（5）：23-29.

[112] 谢永平，韦联达，邵理辰. 核心企业网络权力对创新网络成员行为影响 [J]. 工业工程与管理，2014（3）：72-78.

[113] 徐建中，朱晓亚. 社会网络嵌入情境下R&D团队内部知识转移影响机理——基于制造企业的实证研究 [J]. 系统管理学报，2018，27（3）：422-432+451.

［114］徐可，何桢，王瑞．技术创新网络的知识权力、结构权力对网络惯例影响［J］．管理科学，2014（5）：24-34.

［115］徐可，于淏川，陈卫东．在孵企业创新驱动研究：网络权力与关系承诺视角［J］．南开管理评论，2019，22（5）：38-48.

［116］许冬兰，于发辉，张敏．全球价值链网络嵌入能否提升中国工业的低碳全要素生产率？［J］．世界经济研究，2019（8）：60-72+135.

［117］许晖，单宇．新兴经济体跨国企业子公司网络嵌入演化机理研究［J］．管理学报，2018，15（11）：1591-1600.

［118］许庆瑞，吴志岩，陈力田．转型经济中企业自主创新能力演化路径及驱动因素分析［J］．管理世界，2013（4）：64-77.

［119］闫俊，葛宝山，董保宝．高科技新创企业关系嵌入与结构嵌入的交互对绩效的影响——双元创新的中介效用研究［J］．南方经济，2018（10）：27-48.

［120］严太华，刘焕鹏．自主研发与知识积累：基于金融发展视角的门限模型研究［J］．中国管理科学，2015，23（5）：73-81.

［121］炎冰．知识权力与科学方法——兼论培根的科学哲学思想［J］．扬州大学学报（人文社会科学版），2007（2）：96-101.

［122］杨晔，朱晨．合作网络可以诱发企业创新吗？——基于网络多样性与创新链视角的再审视［J］．管理工程学报，2019，33（4）：28-37.

［123］杨毅，党兴华，成泷．技术创新网络分裂断层与知识共享——网络位置和知识权力的调节作用［J］．科研管理，2018（9）：59-67.

［124］易靖韬，蒙双，蔡菲莹．外部 R&D、技术距离、市场距离与企业创新绩效［J］．中国软科学，2017（4）：141-151.

［125］于茂荐，孙元欣．供应商创新能力、知识距离与企业创新能力——来自上市公司的经验证据［J］．科学学与科学技术管理，2017，38（10）：82-91.

［126］余东华，水冰．信息技术驱动下的价值链嵌入与制造业转型升级研究［J］．财贸研究，2017（8）：53-62.

［127］余泳泽，刘大勇．创新价值链视角下的我国区域创新效率提升

路径研究［J］．科研管理，2014，35（5）：27-37.

［128］臧维，赵联东，徐磊，姚亚男．团队跨界行为、知识整合能力与团队创造力［J］．管理学报，2019，16（7）：1063-1071.

［129］曾德明，文金艳．协作研发网络中心度、知识距离对企业二元式创新的影响［J］．管理学报，2015，12（10）：1479-1486.

［130］曾萍，邓腾智，宋铁波．社会资本、动态能力与企业创新关系的实证研究［J］．科研管理，2013，34（4）：50-59.

［131］曾萍，黄紫薇，夏秀云．外部网络对企业双元创新的影响：制度环境与企业性质的调节作用［J］．研究与发展管理，2017，29（5）：113-122.

［132］曾珣．中美产业竞争力及经常账户可维持性分析——基于贸易增加值视角［J］．当代经济科学，2017，39（6）：57-66.

［133］詹湘东，谢富纪．外部知识网络与企业技术能力：知识距离的调节作用［J］．科学学与科学技术管理，2019，40（4）：76-93.

［134］张朝宾，吴洁，黄伟，等．网络结构与组织间知识转移绩效关系的实证研究［J］．科技进步与对策，2011，28（19）：112-116.

［135］张闯，张涛，庄贵军．渠道权力应用、冲突与合作：营销渠道网络结构嵌入的影响［J］．商业经济与管理，2015（2）：57-67.

［136］张贵，孔月辉，刘泽阳．嵌入和结构位视角下企业创新网络研究［J］．产业经济评论，2017（5）：55-72.

［137］张辉．全球价值链理论与我国产业发展研究［J］．中国工业经济，2004（5）：38-46.

［138］张惠琴，尚甜甜，邵云飞．嵌入式关系对创新网络中知识内化及竞争模式选择的影响［J］．管理学报，2016，13（4）：605-612.

［139］张践明，雷志华．论科学知识与权力的交融［J］．求索，2007（2）：153-154.

［140］张军，许庆瑞，张素平．动态环境中企业知识管理与创新能力关系研究［J］．科研管理，2014，35（4）：59-67.

[141] 张军，许庆瑞，张素平．企业创新能力内涵、结构与测量——基于管理认知与行为导向视角［J］．管理工程学报，2014，28（3）：1-10.

[142] 张军，许庆瑞，张素平．知识积累、知识激活与创新能力关系研究［J］．中国管理科学，2014，22（10）：142-148.

[143] 张军，许庆瑞．知识积累、创新能力与企业成长关系研究［J］．科学学与科学技术管理，2014，35（8）：86-95.

[144] 张军，张素平，许庆瑞．企业动态能力构建的组织机制研究——基于知识共享与集体解释视角的案例研究［J］．科学学研究，2012，30（9）：1405-1415.

[145] 张莉，和金生．知识距离与组织内知识转移效率［J］．现代管理科学，2009（3）：43-44.

[146] 张骞，吴晓飞．信息化对区域创新能力的影响——马太效应存在吗［J］．科学决策，2018（7）：1-21.

[147] 张天顶．全球价值链重构视角下中国企业国际化的影响因素［J］．统计研究，2017，34（1）：33-43.

[148] 张巍，党兴华．企业网络权力与网络能力关联性研究——基于技术创新网络的分析［J］．科学学研究，2011，29（7）：1094-1101.

[149] 张文彤，董伟．SPSS 统计分析高级教程［M］．北京：高等教育出版社，2004.

[150] 张玉娟，汤湘希．基于熵值—突变级数法的企业创新能力测度——以创业板上市公司为例［J］．山西财经大学学报，2017，39（8）：15-27.

[151] 张玉明，李荣，王欣．小微企业互联网环境与企业家社会资本对技术创新的影响研究［J］．管理学报，2018，15（2）：230-236+292.

[152] 张悦，梁巧转，范培华．网络嵌入性与创新绩效的 Meta 分析［J］．科研管理，2016，37（11）：80-88.

[153] 赵文军，王学东．社会网络嵌入视角下的虚拟团队知识网络治理对策研究［J］．情报理论与实践，2012，35（1）：80-84.

［154］赵息，李文亮．知识特征与突破性创新的关系研究——基于企业社会资本异质性的调节作用［J］．科学学研究，2016，34（1）：99-106.

［155］郑方，彭正银．基于关系传递的结构嵌入演化与技术创新优势——一个探索性案例研究［J］．科学学与科学技术管理，2017，38（1）：120-133.

［156］郑方．治理与战略的双重嵌入性——基于连锁董事网络的研究［J］．中国工业经济，2011（9）：108-118.

［157］郑刚，陈箫，雷明田子．中小企业非研发与研发创新活动交互效应研究［J］．科学学研究，2019，37（12）：2265-2273+2295.

［158］郑刚，刘仿，徐峰，等．非研发创新：被忽视的中小企业创新另一面［J］．科学学与科学技术管理，2014（1）：142-148.

［159］郑建阳．知识视角下科技成果转化机制研究［J］．科学管理研究，2017（2）：39-42.

［160］朱娟，李永发．非研发创新与地区生产率——基于空间面板计量模型的分析［J］．北京师范大学学报（社会科学版），2019（4）：147-160.

［161］朱丽，刘军，等．异质性行业连接、网络权力与创新绩效关系研究——基于中国上市公司全网络［J］．经济管理，2017（9）：35-49.

［162］朱丽，柳卸林，刘超，等．高管社会资本、企业网络位置和创新能力——“声望”和“权力”的中介［J］．科学学与科学技术管理，2017，38（6）：94-109.

［163］Adams R，Bessant J，Phelps R. Innovation Management Measurement：A Review［J］. International Journal of Management Reviews，2010，8（1）：21-47.

［164］Agostino M，Brancati E，Giunta A，et al. Firms' Efficiency and Global Value Chains：An Empirical Investigation on Italian Industry［J］. World Economy，2019（8）：1-34.

［165］Ahituv N，Carmi N. Measuring the Power of Information in Organizations［J］. Human Systems Management，2007，26（4）：231-246.

［166］Albæk E. Between Knowledge and Power：Utilization of Social Science in Public Policy Making [J]. Policy Sciences, 1995, 28 (1): 79-100.

[167] Alcacer J, Oxley J. Learning by Supplying [J]. Strategic Management Journal, 2014, 35 (2): 204-223.

[168] Andersson U, Forsgren M, Holm U. Balancing Subsidiary Influence in the Federative MNC: A Business Network View [J]. Journal of International Business Studies, 2007, 38 (5): 802-818.

[169] Asakawa K, Park Y J, Song J, et al. Internal Embeddedness, Geographic Distance, and Global Knowledge Sourcing by Overseas Subsidiaries [J]. Journal of International Business Studies, 2017 (3): 1-10.

[170] Ashkenas R, et al. The Boundaryless Organization: Breaking the Chains of Organizational Structure [J]. The Jossey-Bass Management Series , 1996, 39 (1): 103-105.

[171] Athreye S, Batsakis G, Singh S. Local, Global, and Internal Knowledge Sourcing: The Trilemma of Foreign-Based R&D Subsidiaries [J]. Journal of Business Research, 2016, 69 (12): 5694-5702.

[172] Bagozzi R P. Evaluating Structural Equation Models with Unobservable Variables and Measurement Error: A Comment [J]. Journal of Marketing Research, 1981, 18 (3): 375-381.

[173] Bagozzi R P, Yi Y. On the Evaluation of Structural Equation Models [J]. Journal of the Academy of Marketing Science, 1988, 16 (1): 74-94.

[174] Balland P A, Belsomartínez J A, Morrison A. The Dynamics of Technical and Business Knowledge Networks in Industrial Clusters: Embeddedness, Status, or Proximity? [J]. Economic Geography, 2016, 92 (1): 35-60.

[175] Bamfield P. The Innovation Chain, Research and Development Management in the Chemical and Pharmaceutical Industry [M]. Weinheim, 2004.

[176] Barney J B. Looking Inside for Competitive Advantage [J]. Academy of Management Executive, 1995, 9 (4): 49-61.

[177] Baron R M, Kenny D A. The Moderator-Mmediator Vvariable Ddis-

tinction in Ssocial Pspsychological Rresearch: Conceptual, Sstrategic, and Sstatistical Cconsiderations [J] . 1986, 51 (6): 1173-1182.

[178] Bas M, Strauss - Kahn V. Does Importing More Inputs Raise Exports? Firm-Level Evidence from France [J] . Review of World Economics, 2014, 150 (2): 241-275.

[179] Baumgartner H, Homburg C. Applications of Structural Equation Modeling in Marketing and Consumer Research: A Review [J] . International Journal of Research in Marketing, 1996, 13 (2): 139-161.

[180] Beghin J, Maertens M, Swinnen J F M. Non-Tariff Measures and Standards in Trade and Global Value Chains [J] . Annual Review of Resource Economics, 2015 (7): 425-450.

[181] Bentler P M, Chou C. Practical Issues in Structural Modeling [J] . Sociological Methods Research, 1987, 16 (1): 78-117.

[182] Benton W C, Maloni M. The Influence of Power Driven Buyer/Seller Relationships on Supply Chain Satisfaction [J] . Journal of Operations Management, 2005, 23 (1): 1-22.

[183] Bigley G A, Wiersema M F. New CEOs and Corporate Strategic Refocusing: How Experience as Heir Apparent Influences the Use of Power [J] . Administrative Science Quarterly, 2002, 47 (4): 707-727.

[184] Blanchard K. Rural and Remote SMEs' Innovative Behavior: Is It in the Genes or Location? An Examination of Entrepreneurial Traits and Characteristics [J] . Strategic Change, 2017, 26 (4): 301-309.

[185] Bloom N, Schankerman M, Van Reenen J. Identifying Technology Spillovers and Product Market Rivalry [J] . Econometrica, 2013, 81 (4): 1347-1393.

[186] Bunz T, Casulli L, Jones M V, et al. The Dynamics of Experiential Learning: Microprocesses and Adaptation in a Professional Service INV [J] . International Business Review, 2016, 26 (2): 225-238.

[187] Burt R S. Structural Holes and Good Ideas [J] . American Journal of Sociology, 2004, 110 (2): 349-399.

[188] Bush S R, Oosterveer P, Bailey M. Sustainability Governance of Chains and Networks: A Review and Future Outlook [J] . Journal of Cleaner Production, 2015 (107): 8-19.

[189] Caner T, Sun J, Prescott J E. When a Firm's Centrality in R&D Alliance Network is (Not) the Answer for Invention: The Interaction of Centality, Inward and Outward Knowledge Transfer [J] . Journal of Engineering & Technology Management, 2014, 33 (C): 193-209.

[190] Caniëls M C J, Gelderman C J. Power and Interdependence in Buyer Supplier Relationships: A Purchasing Portfolio Approach [J] . Industrial Marketing Management, 2007, 36 (2): 219-229.

[191] Cao Q V. Predictions of Individual - Tree and Whole - Stand Attributes for Loblolly Pine Plantations [J] . Forest Ecology & Management, 2006, 236 (2): 342-347.

[192] Capaldo A, Lavie D, Petruzzelli A M. Knowledge Maturity and the Scientific Value of Innovations: The Roles of Knowledge Distance and Adoption [J] . Journal of Management, 2017, 43 (2): 503-533.

[193] Capaldo A, Petruzzelli A M. In Search of Slliance-Level Relational Capabilities: Balancing Innovation Value Creation and Appropriability in R&D Alliances [J] . Scandinavian Journal of Management, 2011, 27 (3): 273-286.

[194] Cattaneo O, Gereffi G, Miroudot S, Taglioni D. Joining, Upgrading and Being Competitive in Global Value Chains: A Strategic Framework [R] . World Bank Policy Research Working Paper, 2013.

[195] Cendon B V, Jarvenpaa S L. The Development and Exercise of Power by Leaders of Support Units in Implementing Information Technology - Based Services [J] . Journal of Strategic Information Systems, 2001, 10 (2): 121-158.

[196] Ciabuschi F, Dellestrand H, Kappen P. The Good, the Bad, and the Ugly: Technology Transfer Competence, Rent-Seeking, and Bargaining Power [J]. Journal of World Business, 2012, 47 (4): 664-674.

[197] Clancy M. Commodity Chains, Services and Development: Theory and Preliminary Evidence from the Tourism Industry [J]. Review of International Political Economy, 1998, 5 (1): 122-148.

[198] Coad A, Pellegrino G, Savona M. Barriers to Innovation and Firm Productivity [J]. Economics of Innovation & New Technology, 2016, 25 (3): 321-334.

[199] Collis D J. Research Note: How Valuable are Organizational Capabilities? [J]. Strategic Management Journal, 2010, 15 (S1): 143-152.

[200] Cowan R, Jonard N, Zimmermann J B. Bilateral Collaboration and the Emergence of Innovation Networks [J]. Management Science, 2007, 53 (7): 1051-1067.

[201] Cox A. Understanding Buyer and Supplier Power: A Framework for Procurement and Supply Competence [J]. Journal of Supply Chain Management, 2010, 37 (2): 8-15.

[202] Cox S. Power Relations and Small and Medium-Sized Enterprise Strategies for Capturing Value in Global Production Networks: Visual Effects (VFX) Service Firms in the Hollywood Film Industry [J]. Regional Studies, 2013, 47 (7): 1095-1110.

[203] Crossan M M, Apaydin M. A Multi-Dimensional Framework of Organizational Innovation: A Systematic Review of the Literature [J]. Journal of Management Studies, 2010, 47 (6): 1154-1191.

[204] Cummings J L, Teng B S. Transferring R&D Knowledge: The Key Factors Affecting Knowledge Transfer Success [J]. Journal of Engineering & Technology Management, 2003, 20 (1): 39-68.

[205] Cuny C. When Knowledge is Power: Evidence from the Municipal Bond

Market [J] . Journal of Accounting and Economics, 2018, 65 (1): 109-128.

[206] Cusumano M. Technology Strategy and Management: Dealing with the Venture Capital Crisis [M] . ACM, 2009.

[207] Dacin M T, Oliver C, Roy J P. The Legitimacy of Strategic Alliances: An Institutional Perspective [J] . Strategic Management Journal, 2007, 28 (2): 169-187.

[208] De Luca L M, Atuahene-Gima K. Market Knowledge Dimensions and Cross-Functional Collaboration: Examining the Different Routes to Product Innovation Performance [J] . Journal of Marketing, 2007, 71 (1): 95-112.

[209] De Lucio J, Mínguez R, Minondo A, et al. Why Firms Set Different Export Prices? Evidence from Spain [J] . Applied Economics Letters, 2019 (3): 250-254.

[210] Dicken P. Global Shift: Mapping the Changing Contours of the World Economy [M] . Fifth Edition. London: Sage, 2007.

[211] Dolan C, Humphrey J. Changing Governance Patterns in the Trade in Fresh Vegetables between Africa and the United Kingdom [J] . Environment and Planning Part A , 2004, 36 (3): 491-509.

[212] Doran J, Mccarthy N, O′Connor M. The Importance of Internal Knowledge Generation and External Knowledge Sourcing for SME Innovation and Performance: Evidence from Ireland [J] . International Journal of Innovation Management, 2019, 23 (7): 1-30.

[213] Drees J M, Heugens P P M A R. Synthesizing and Extending Resource Dependence Theory: A Meta-Analysis [J] . Journal of Management, 2012, 39 (6): 1666-1698.

[214] Eisenhardt K M , Martin J A . Dynamic Capabilities: What are They? [J] . Strategic Management Journal, 2000, 21 (10-11): 1105-1121.

[215] Esteve-Pérez S, Pallardó-López V, Requena-Silvente F. The Duration of Firm-Destination Export Relationships: Evidence from Spain 1997-

2006 [J] . Economic Inquiry, 2012, 51 (1): 159-180.

[216] Everett M G, Krackhardt D. A Second Look at Krackhardt's Graph Theoretical Dimensions of Informal Organizations [J] . Social Networks, 2012, 34 (2): 159-163.

[217] Ferrary M, Granovetter M. The Role of Venture Capital Firms in Silicon Valley's Complex Innovation Network [J] . Economy and Society, 2009, 38 (2): 326-359.

[218] Finkelstein S. Power in Top Management Teams: Dimensions, Measurement, and Validation [J] . Academy of Management Journal Academy of Management, 1992, 35 (3): 505-538.

[219] Fornell C, Larcker D F. Evaluating Structural Equation Models with Unobservable Variables and Measurement Error [J] . Journal of Marketing Research, 1981, 18 (1): 39-50.

[220] Forsgren M, Johanson U H J. Knowledge, Networks and Power (The Uppsala School of International Business) [M] . Palgrave Macmillan UK, 2015.

[221] Forsman H. Innovation Capacity and Innovation Development in Small Enterprises: A Comparison Between the Manufacturing and Service Sectors [J] . Research Policy, 2011, 40 (5): 739-750.

[222] Foster-Mcgregor N, Isaksson A, Kaulich F. Importing, Exporting and Performance in Sub-Saharan African Manufacturing Firms [J] . Review of World Economics, 2014, 150 (2): 309-336.

[223] Foucault M. The Discourse on Language, As an Appendix to the Archaeology of Knowledge [M] . New York: Pantheon Books, 1972.

[224] Freeman C. Technology Policy and Economic Performance: Lessons from Japan [M] . London: Pinter, 1987.

[225] French J R P J, Raven B. The Bases of Social Power [J] . University of Michigan, 1959: 150-167.

［226］ Fuerst S，Zettinig P. Knowledge Creation Dynamics Within the International New Venture ［J］. European Business Review，2015，27（2）：182-213.

［227］ Garcia-Villaverde P M，Rodrigo J，Requena G P，et al. Technological Dynamism and Entrepreneurial Orientation：The Heterogeneous Effects of Social Capital ［J］. Journal of Business Research，2018（83）：51-64.

［228］ Gebreeyesus M，Mohnen P. Innovation Performance and Embeddedness in Networks：Evidence from the Ethiopian Footwear Cluster ［J］. World Development，2013，41（3）：302-316.

［229］ Geerlings L R C，Lundberg A. Global Discourses and Power/Knowledge：Theoretical Reflections on Futures of Higher Education During the Rise of Asia ［J］. Asia Pacific Journal of Education，2018：1-12.

［230］ Gereffi G，Korzeniewicz M. Commodity Chains and Global Capitalism ［M］. Moscow：Greenwood Pub Group，1994.

［231］ Gereffi G，Humphrey J，Sturgeon T. The Governance of Global Value Chains ［J］. Review of International Political Economy，2005，1（12）：78-104.

［232］ Ghosh A，Martin X，Pennings J M，et al. Ambition Is Nothing Without Focus：Compensating for Negative Transfer of Experience in R&D ［J］. Drganization Science，2014，25（2）：572-590.

［233］ Gibbon P. Upgrading Primary Production：A Global Commodity Chain Approach ［J］. World Development，2001，29（2）：345-363.

［234］ Gilsing V A，Duysters G M. Understanding Novelty Creation in Exploration Networks - Structural and Relational Embeddedness Jointly Considered ［J］. Technovation，2008，28（10）：693-708.

［235］ Giuliani E，De Marchi V，Rabellotti R. Do Global Value Chains Offer Developing Countries Learning and Innovation Opportunities？［J］. The European Journal of Development Research，2017（30）：389-407.

［236］ Golicic S L，Foggin J H，Mentzer J T. Relationship Magnitude and Its Role in Interorganizational Relationship Structure ［J］. Journal of Business

Logistics, 2011, 24 (1): 57-75.

[237] Golish B L, Besterfield-Sacre M E, Shuman L J. Comparing Academic and Corporate Technology Development Processes [J] . Journal of Product Innovation Management, 2010, 25 (1): 47-62.

[238] Gonzalez J A, Chakraborty S. Expatriate Knowledge Utilization and MNE Performance: A Multilevel Framework [J] . Human Resource Management Review, 2014, 24 (4): 299-312.

[239] Goodman D, Dupuis E M. Knowing Food and Growing Food: Beyond the Production - Consumption Debate in the Sociology of Agriculture [J] . Sociologia Ruralis, 2002, 42 (1): 5-22.

[240] Goswami S, Ravichandran T, Teo H H, et al. Achieving High Performing Supply Networks Through Value Network Transparency [C] . Pacis: Pacific Asia Conference on Information Systems, 2011: 68.

[241] Granovetter M. Economic Action and Social Structure: The Problem of Embeddedness [J] . American Journal of Sociology, 1985, 91 (3): 481-510.

[242] Granovetter M. Economic Institutions as Social Constructions: A Framework for Analysis [J] . Acta Sociologica, 1992, 35 (1): 3-11.

[243] Grant R M. The Resource-Based Theory of Competitive Advantage: Implications for Strategy Formulation [J] . Knowledge & Strategy, 1999, 33 (3): 3-23.

[244] Grant R M. Toward a Knowledge-Based Theory of the Firm [J] . Strategic Management Journal, 1996, 17 (S2): 109-122.

[245] Gresov C, Stephens C. The Context of Interunit Influence Attempts [J] . Administrative Science Quarterly, 1993, 38 (2): 252-276.

[246] Grigoriou K, Rothaermel F T. Organizing for Knowledge Generation: Internal Knowledge Networks and the Contingent Effect of External Knowledge Sourcing [J] . Strategic Management Journal, 2017, 38 (2): 395-414.

[247] Guan J, Ma N. Innovative Capability and Export Performance of

Chinese Firms ［J］. Technovation, 2003, 23 (9): 737-747.

［248］ Gulati R, Gargiulo M. Where do Inter-Organizational Networks Come From? ［J］. American Journal of Sociology, 1999, 104 (5): 1438-1439.

［249］ Gulati R, Sytch M. Dependence Asymmetry and Joint Dependence in Interorganizational Relationships: Effects of Embeddedness on a Manufacturer's Performance in Procurement Relationships ［J］. Administrative Science Quarterly, 2007, 52 (1): 32-69.

［250］ Hair J F, Black W C, Babin B J, Anderson R E. Multivariate Data Analysis: Pearson New International Edition ［M］. NJ: Pearson Higher Education, 2014.

［251］ Handley S M, Benton W C. The Influence of Exchange Hazards and Power on Opportunism in Outsourcing Relationships ［J］. Journal of Operations Management, 2012, 30 (1/2): 55-68.

［252］ Han Y, Li D, et al. Effects of Intellectual Capital on Innovative Performance: The Role of Knowledge-Based Dynamic Capability ［J］. Management Decision, 2015, 51 (1): 40-56.

［253］ He Q, Ghobadian A, Gallear D. Knowledge Acquisition in Supply Chain Partnerships: The Role of Power ［J］. International Journal of Production Economics, 2013, 141 (2): 605-618.

［254］ He Z L, Wong P K. Exploration vs. Exploitation: An Empirical Test of the Ambidexterity Hypothesis ［J］. Organization Science, 2004, 15 (4): 481-494.

［255］ Hillman A J, Withers M C, Collins B J. Resource Dependence Theory: A Review ［J］. Journal of Management, 2015, 35 (6): 1404-1427.

［256］ Hoek R V. Adapt or Die: Transforming Your Supply Chain into an Adaptive Business Network ［J］. Supply Chain Management: An International Journal, 2004, 9 (1): 118-119.

［257］ Hueske A K, Endrikat J, Guenther E. External Environment, the

Innovating Organization, and Its Individuals: A Multilevel Model for Identifying Innovation Barriers Accounting for Social Uncertainties [J]. Journal of Engineering & Technology Management, 2015 (35): 45-70.

[258] Hueske A K, Guenther E. What Hampers Innovation? External Stakeholders, the Organization, Groups and Individuals: A Systematic Review of Empirical Barrier Research [J]. Management Review Quarterly, 2015, 65 (2): 113-148.

[259] Hummels D L, Ishii J, Yi K M. The Nature and Growth of Vertical Specialization in World Trade [J]. Journal of International Economics, 2001, 54 (1): 75-96.

[260] Husain Z, Dayan M, Benedetto C A D. The Impact of Networking on Competitiveness via Organizational Learning, Employee Innovativeness, and Innovation Process: A Mediation Model [J]. Journal of Engineering & Technology Management, 2016 (40): 15-28.

[261] Iii P E B, Damanpour F, Santoro M D. The Application of External Knowledge: Organizational Conditions for Exploration and Exploitation [J]. Journal of Management Studies, 2009, 46 (3): 481-509.

[262] Imbert E, Morone P, Bigi F. Assessing the Potential of Social Enterprises Through Social Network Analysis - Evidence from Albania [J]. Journal of Evolutionary Economics, 2019 (29): 1211-1239.

[263] Ireland R D, Webb J W. A Multi-Theoretic Perspective on Trust and Power in Strategic Supply Chains [J]. Journal of Operations Management, 2007, 25 (2): 482-497.

[264] Jacobides M G. How Capability Differences, Transaction Costs, and Learning Curves Interact to Shape Vertical Scope [J]. Organization Science, 2008, 19 (2): 306-326.

[265] Jaffe A B. Technological Opportunity and Spillovers of R&D: Evidence from Firms' Patents, Profits, and Market Value [J]. American

Economic Review, 1986, 76 (5): 984-1001.

[266] Johanson J, Mattsson L G. Interorganizational Relations in Industrial Systems: A Network Approach Compared with the Transaction Cost Approach [J]. International Studies of Management & Organization, 1987, 17 (1): 34-48.

[267] Johanson J, Vahlne J E. The Uppsala Internationalization Process Model Revisited: From Liability of Foreignness to Liability of Outsidership [J]. Journal of International Business Studies, 2009 (40): 1411-1431.

[268] Johnson R. Measuring Global Value Chains [J]. Annual Review of Economics, 2018 (10): 207-236.

[269] Jones A, Murphy J T. Theorizing Practice in Economic Geography: Foundations, Challenges, and Possibilities [J]. Progress in Human Geography, 2011, 35 (3): 366-392.

[270] Kaiser H F. The Application of Electronic Computers to Factor Analysis [J]. Educational & Psychological Measurement, 1960, 20 (1): 141-151.

[271] Kale P, Singh H, Perlmutter H. Learning and Protection of Proprietary Assets in Strategic Alliances: Building Relational Capital [J]. Strategic Management Journal, 2000, 21 (3): 217-237.

[272] Kang D, Dall'erba S. Exploring the Spatially Varying Innovation Capacity of the US Counties in the Framework of Griliches' Knowledge Production Function: A Mixed GWR Approach [J]. Journal of Geographical Systems, 2016, 18 (2): 125-157.

[273] Kankanhalli A, Tan B C Y, Wei K K. Contributing Knowledge to Electronic Knowledge Repositories: An Empirical Investigation [J]. MIS Quarterly, 2005, 29 (1): 113-143.

[274] Kähkönen A K, Virolainen V M. Sources of Structural Power in the Context of Value Nets [J]. Journal of Purchasing & Supply Management, 2011, 17 (2): 109-120.

[275] Kim D Y. Understanding Supplier Structural Embeddedness: A

Social Network Perspective [J] . Journal of Operations Management, 2014, 32 (5): 219-231.

[276] Knoke D. Networks of Political Action: Toward Theory Construction [J] . Social Forces, 1990, 68 (4): 1041-1063.

[277] Koc T, Ceylan C. Factors Impacting the Innovative Capacity in Large-Scale Companies [J] . Technovation, 2007, 27 (3): 110-114.

[278] Kogut B. Designing Global Strategies: Comparative and Competitive Value-Added Chains [J] . Sloan Management Review, 1985, 26 (4): 15-28.

[279] Kogut B, Zander U. Knowledge of the Firm, Combinative Capabilities, and the Replication of Technology [M] . Informs, 1992.

[280] Koopman R, Powers W M, Wang Z, et al. Give Credit Where Credit is Due: Tracing Value Added in Global Production Chains [R] . Working Paper, 2010.

[281] Krishanduth M, Chan K Y. Sustaining Firm Performance Through Cross-Border Knowledge Transfer: The Foskor-Coromandel Case Study [C] . 2012 Proceedings of PICMET, 2012: 2245-2253.

[282] Lall S. Technological Capabilities and Industrialization [J] . World Development, 1992, 20 (2): 165-186.

[283] Lambe C J, Spekman R E, Hunt S D. Alliance Competence, Resources, and Alliance Success: Conceptualization, Measurement, and Initial Test [J] . Journal of the Academy of Marketing Science, 2002, 30 (2): 141-158.

[284] Latiff H S B H N M A, Hassan A. Rise and Fall of Knowledge Power: An In-Depth Investigation [J] . Humanomics the International Journal of Systems & Ethics, 2008, 24 (1): 17-27.

[285] Lawson B, Samson D. Developing Innovation Capability in Organisations: A Dynamic Capabilities Approach [J] . International Journal of Innovation Management, 2014, 5 (3): 0100042.

[286] Lazega E, Mounier L, Snijders T, et al. Norms, Status and the

Dynamics of Advice Networks: A Case Study [J]. Social Networks, 2012, 34 (3): 323-332.

[287] Lazzarini S, Chaddad F, Cook M. Integrating Supply Chain and Network Analyses: The Study of Netchains [J]. Journal on Chain & Network Science, 2001, 1 (1): 7-22.

[288] Lee J, Gereffi G. Global Value Chains, Rising Power Firms and Economic and Social Upgrading [J]. Critical Perspectives on International Business, 2015, 11 (3/4): 319-339.

[289] Lema R, Quadros R, Schmitz H. Reorganising Global Value Chains and Building Innovation Capabilities in Brazil and India [J]. Research Policy, 2015, 44 (7): 1376-1386.

[290] Leonidou L C, Talias M A, Leonidou C N. Exercised Power as a Driver of Trust and Commitment in Cross-Border Industrial Buyer-Seller Relationships [J]. Industrial Marketing Management, 2008, 37 (1): 92-103.

[291] Lichtenthaler U, Lichtenthaler E. A Capability-Based Framework for Open Innovation: Complementing Absorptive Capacity [J]. Journal of Management Studies, 2009, 46 (8): 24.

[292] Li D, Liu J. Dynamic Capabilities, Environmental Dynamism, and Competitive Advantage: Evidence from China [J]. Journal of Business Research, 2014, 67 (1): 2793-2799.

[293] Li J J, Poppo L, Zhou K Z. Relational Mechanisms, Formal Contracts, and Local Knowledge Acquisition by International Subsidiaries [J]. Strategic Management Journal, 2010, 31 (4): 349-370.

[294] Lillis B, Szwejczewski M, Goffin K. The Development of Innovation Capability in Services: Research Propositions and Management Implications [J]. Operations Management Research, 2015, 8 (1-2): 1-21.

[295] Linderman K, Schroeder R G, Zaheer S, et al. Integrating Quality Management Practices with Knowledge Creation Processes [J]. Journal of Oper-

ations Management, 2004, 22 (6): 589-607.

[296] Lipparini A, Lorenzoni G, Ferriani S. From Core to Periphery and Back: A Study on the Deliberate Shaping of Knowledge Flows in Interfirm Dyads and Networks [J] . Strategic Management Journal, 2014, 35 (4): 578-595.

[297] Liu H, Mihm J, Sosa M. Where Do Stars Come From? The Role of Star versus Non-Star Collaborators in Creative Settings [J] . Insead Working Papers Collection , 2016 (37): 1-39.

[298] Louçã F. The Elusive Concept of Innovation for Schumpeter, Marschak and the Early Econometricians [J] . Research Policy, 2014, 43 (8): 1442-1449.

[299] Lundvall B. National Systems of Innovation: Toward a Theory of Innovation and Interactive Learning [M] . London: Anthem Press, 2010.

[300] Madhok A, Tallman S B. Resources, Transactions and Rents: Managing Value Through Interfirm Collaborative Relationships [J] . Organization Science, 1998, 9 (3): 326-339.

[301] Maglaras G, Bourlakis M, Fotopoulos C. Power-Imbalanced Relationships in the Dyadic Food Chain: An Empirical Investigation of Retailers' Commercial Practices with Suppliers [J] . Industrial Marketing Management, 2015, 48 (31): 187-201.

[302] Maloni M, Benton W C. Power Influences in the Supply Chain [M], 2000.

[303] Marrocu E, Paci R, Usai S. Proximity, Networking and Knowledge Production in Europe: What Lessons for Innovation Policy? [J] . Technological Forecasting & Social Change, 2013, 80 (8): 1484-1498.

[304] Mazzola E, Perrone G, Kamuriwo D S. Network Embeddedness and New Product Development in the Biopharmaceutical Industry: The Moderating Role of Open Innovation Flow [J] . International Journal of Production Economics, 2015 (160): 106-119.

[305] Mc Donald F. The Importance of Power in Partnership Relationships [J] . Journal of General Management, 1999, 25 (1): 43-59.

[306] Mcevily B, Zaheer A. Bridging Ties: A Source of Firm Heterogeneity in Competitive Capabilities [J] . Strategic Management Journal, 2015, 20 (12): 1133-1156.

[307] Meschi P X, Wassmer U. The Effect of Foreign Partner Network Embeddedness on International Joint Venture Failure: Evidence from European Firms' Investments in Emerging Economies [J] . International Business Review, 2013, 22 (4): 713-724.

[308] Mohiuddin M, Su Z. Global Value Chains and the Competitiveness of Canadian Manufacturing SMEs [J] . Social Science Electronic Publishing, 2014, 10 (2): 82-92.

[309] Mohr J J, Fisher R J, Nevin J R. Collaborative Communication in Interfirm Relationships: Moderating Effects of Integration and Control [J] . Journal of Marketing, 1996, 60 (3): 103-115.

[310] Montgomery J D. The Structure of Norms and Relations in Patronage Systems [J] . Social Networks, 2007, 29 (4): 565-584.

[311] Nahapiet J, Ghoshal S. Social Capital, Intellectual Capital, and the Organizational Advantage [J] . Knowledge & Social Capital, 2000, 23 (2): 119-157.

[312] Ngugi I K, Johnsen R E, Erdélyi P. Relational Capabilities for Value Co-creation and Innovation in SMEs [J] . Journal of Small Business & Enterprise Development, 2013, 17 (2): 260-278.

[313] Nonaka I. A Dynamic Theory of Organizational Knowledge Creation [J] . Organization Science, 1994, 5 (1): 14-37.

[314] Oliveira J S, Yazdani N, Cadogan J W, et al. The Empirical Link between Export Entry Mode Diversity and Export Performance: A Contingency and Institutional - Based Examination [J] . Journal of Business Research,

2018, 88 (7): 505-512.

[315] Omta O, Trienekens J, Beers G. The Knowledge Domain of Chain and Network Science [J]. Journal on Chain and Network Science, 2001, 1 (2): 77-85.

[316] O' Reilly C A I, Tushman M L. Organizational Ambidexterity: Past, Present and Future [J]. Research Papers, 2013, 27 (4): 324-338.

[317] Phelps C C. A Longitudinal Study of the Influence of Alliance Network Structure and Composition on Firm Exploratory Innovation [J]. Academy of Management Journal, 2010, 53 (4): 890-913.

[318] Pippel G. R&D Cooperation for Non-Technological Innovations [J]. Economics of Innovation and New Technology, 2014, 23 (7): 611-630.

[319] Piskorski C M J. Power Imbalance, Mutual Dependence, and Constraint Absorption: A Closer Look at Resource Dependence Theory [J]. Administrative Science Quarterly, 2005, 50 (2): 167-199.

[320] Plucker J A, Beghetto R A, Dow G T. Why isn't Creativity More Important to Educational Psychologists? Potentials, Pitfalls, and Future Directions in Creativity Research [J]. Educational Psychologist, 2004, 39 (2): 83-96.

[321] Ponte S, Sturgeon T. Explaining Governance in Global Value Chains: A Modular Theory Building Effort [J]. Review of International Political Economy, 2014, 21 (1): 195-223.

[322] Popa S, Soto-Acosta P, Martinez-Conesa I. Antecedents, Moderators, and Outcomes of Innovation Climate and Open Innovation: An Empirical Study in SMEs [J]. Technological Forecasting and Social Change, 2017 (5): 134-142.

[323] Prahalad C K. Bottom of the Pyramid as a Source of Breakthrough Innovations [J]. Journal of Product Innovation Management, 2011, 29 (1): 6-12.

[324] Prete D D, Giovannetti G, Marvasi E. Global Value Chains Participation and Productivity Gains for North African Firms [J] . Review of World Economics, 2016: 1-27.

[325] Pérez-Nordtvedt L, Kedia B L, Datta D K, et al. Effectiveness and Efficiency of Cross-Border Knowledge Transfer: An Empirical Examination [J] . Journal of Management Studies, 2010, 45 (4): 714-744.

[326] Pugliese A, Minichilli A, Zattoni A. Integrating Agency and Resource Dependence Theory: Firm Profitability, Industry Regulation, and Board Task Performance [J] . Journal of Business Research, 2014, 67 (6): 1189-1200.

[327] Rajan R G, Zingales L. Power in a Theory of the Firm [J] . NBER Working Papers, 1998, 113 (2): 387-432.

[328] Raynolds L T. Consumer/Producer Links in Fair Trade Coffee Networks [J] . Sociologia Ruralis, 2002, 42 (4): 404-424.

[329] Rinehart L M, Eckert J A, Handfield R B, et al. An Assessment of Supplier-Customer Relationships [J] . Journal of Business Logistics, 2011, 25 (1): 25-62.

[330] Ritter T, Wilkinson F, Johnston J. Measuring Network Competence: Some International Evidence [J] . Journal of Business & Industrial Marketing, 2002, 17 (2-3): 119-138.

[331] Rodan S. Structural Holes and Managerial Performance: Identifying the Underlying Mechanisms [J] . Social Networks, 2010, 32 (3): 168-179.

[332] Rubera G, Chandrasekaran D, Ordanini A. Open Innovation, Product Portfolio Innovativeness and Firm Performance: The Dual Role of New Product Development Capabilities [J] . Journal of the Academy of Marketing Science, 2016, 44 (2): 166-184.

[333] Rycroft R W, Kash D E. The Complexity Challenge-Technological Innovation for the 21th Century [M] . New York: Cassell, 1999.

[334] Ryu C, Yong J K, Chaudhury A, et al. Knowledge Acquisition via Three Learning Processes in Enterprise Information Portals: Learning - by - Investment, Learning - by - Doing, and Learning - from - Others [J] . MIS Quarterly, 2005, 29 (2): 245-278.

[335] Sahasranamam S, Rentala S, Rose E. Knowledge Sources and International Business Activity in a Changing Innovation Ecosystem: A Study of the Indian Pharmaceutical Industry [J] . Management & Organization Review, 2019, 15 (3): 595-614.

[336] Schmitz H. How Does Insertion in Global Value Chains Affect Upgrading in Industrial Clusters? [J] . Regional Studies, 2002, 36 (9): 1017-1027.

[337] Sáenz M J, Revilla E, Knoppen D. Absorptive Capacity in Buyer-Supplier Relationships: Empirical Evidence of Its Mediating Role [J] . Journal of Supply Chain Management, 2014 (2): 18-40.

[338] Shi W, Sun S L, Pinkham B C, et al. Domestic Alliance Network to Attract Foreign Partners: Evidence from International Joint Ventures in China [J] . Journal of International Business Studies, 2014, 45 (3): 338-362.

[339] Singh B, Rao M K. Effect of Intellectual Capital on Dynamic Capabilities [J] . Journal of Organizational Change Management, 2016, 29 (2): 129-149.

[340] Sinkovics N, Sinkovics R R. International Business and Global Value Chains [A] //Ponte G, Gereffi P G, Raj-Reichert G. The Handbook of Global Value Chains [C] . Cheltenham: Edward Elgar, 2019.

[341] Song J, Almeida P. Learning-by-Hiring: When is Mobility More Likely to Facilitate Interfirm Knowledge Transfer? [J] . Management Science, 2003, 49 (4): 351-365.

[342] Spencer J W. Firms'Knowledge-Sharing Strategies in the Global Innovation System: Empirical Evidence from the Flat Panel Display Industry [J] . Strategic Management Journal, 2003, 24 (3): 217-233.

[343] Stańczyk - Hugiet E, Strychalski M. Dependence Asymmetry and Joint Dependence in Interorganizational Relationships: Effects of Embeddedness on a Manufacturer's Performance in Procurement Relationships [J] . Administrative Science Quarterly, 2007, 52 (1): 32-69.

[344] Stam W, Arzlanian S, Elfring T. Social Capital of Entrepreneurs and Small Firm Performance: A Meta-Analysis of Contextual and Methodological Moderators [J] . Social Science Electronic Publishing, 2014, 29 (1): 152-173.

[345] Stannack P. Purchasing Power and Supply Chain Management Power - A Response to Ramsay's Purchasing Power (1995) [J] . European Journal of Purchasing & Supply Management, 1996, 2 (1): 47-56.

[346] Stone S, Mikic M, Agyeben M, et al. Asia-Pacific Trade and Investment Report 2015: Supporting Participation in Value Chains [R] . United Nations ESCAP, 2015.

[347] Sturgeon T J. From Commodity Chains to Value Chains: Interdisciplinary Theory Building in an Age of Globalization [J] . Eutopia: Revista de Desarrollo Economico Territorial, 2013, 10 (2): 11-38.

[348] Suh T, Houston M B. Distinguishing Supplier Reputation from Trust in Buyer - Supplier Relationships [J] . Industrial Marketing Management, 2010, 39 (5): 744-751.

[349] Svahn S, Westerlund M. The Modes of Supply Net Management: A Capability View [J] . Supply Chain Management: An International Journal, 2007, 12 (5): 369 - 376.

[350] Szeto E. Innovation Capacity: Working Towards a Mechanism for Improving Innovation Within an Inter-Organizational Network [J] . The TQM Magazine, 2000, 12 (2): 149-158.

[351] Talbot J M. The Comparative Advantages of Tropical Commodity Chain Analysis [M] //Frontiers of Commodity Chain Research. Stanford: Stanford University Press, 2009: 93-109.

[352] Teece D J, Pisano G, Shuen A. Dynamic Capabilities and Strategic Management [J]. Strategic Management Journal, 1997, 18 (7): 509-533.

[353] Thakur-Wernz P, Samant S. Relationship between International Experience and Innovation Performance: Importance of Organizational Learning for EMNEs Forthcoming in Global Strategy Journal [J]. Global Strategy Journal, 2017 (8): 1-27.

[354] Trippl M. Developing Cross-border Regional Innovation Systems: Key Factors and Challenges [J]. Tijdschrift Voor Economischeen Sociale Geografie, 2010, 101 (2): 150-160.

[355] Turkenburg W C. The Innovation Chain: Policies to Promote Energy Innovation, Energy for Sustainable Development [M]. New York: The UN Publication, 2002.

[356] Turner S F, Bettis R A, Burton R M. Exploring Depth Versus Breadth in Knowledge Management Strategies [J]. Computational & Mathematical Organization Theory, 2002, 8 (1): 49-73.

[357] Uéronique A, Bowman C. What are Dynamic Capabilities and are They a Useful Construct in Strategic Management? [J]. International Journal of Management Reviews, 2010, 11 (1): 29-49.

[358] Uzzi B. The Sources and Consequences of Embeddedness for Economic Performance of Organizations: The Network Effect [J]. American Sociological Review, 1996, 61 (4): 674-698.

[359] Vries G D, Chen Q, Hasan R, et al. Do Asian Countries Upgrade in Global Value Chains? A Novel Approach and Empirical Evidence [J]. Asian Economic Journal, 2019, 33 (1): 13-37.

[360] Wang C, Huang M, Chen D. Evolution of Technology Dependence Among Leading Semiconductor Companies [J]. Industrial Management & Data Systems, 2011, 111 (7): 1136-1152.

[361] Wang C L, Ahmed P K. Dynamic Capabilities: A Review and Re-

search Agenda [J] . International Journal of Management Reviews, 2007, 9 (1): 31-51.

[362] Wang K Y, Wang Y, Huang K P, et al. Heterogeneous Networks and Resource Acquisition of SMEs in Emerging Economies [J] . Quality & Quantity, 2012, 46 (5): 1643-1657.

[363] Weng P S, Chen W Y. Doing Good or Choosing Well? Corporate Reputation, CEO Reputation, and Corporate Financial Performance [J] . North American Journal of Economics & Finance, 2017, 39 (1): 223-240.

[364] Wikhamn B R, Wikhamn W, Styhre A. Open Innovation in SMEs: A Study of the Swedish Bio-Pharmaceutical Industry [J] . Journal of Small Business & Entrepreneurship, 2016: 1-17.

[365] Winter S G. Understanding Dynamic Capabilities [J] . Strategic Management Journal, 2003, 24 (10): 991-995.

[366] Wolfe A W. Social Network Analysis: Methods and Applications [J] . American Ethnologist, 1995, 24 (48): 136-137.

[367] Wong S S, Boh W F. Leveraging the Ties of Others to Build a Reputation for Trustworthiness among Peers [J] . Academy of Management Journal, 2010, 53 (1): 129-148.

[368] Wong S S, Ho V T, Lee C H. A Power Perspective to Interunit Knowledge Transfer: Linking Knowledge Attributes to Unit Power and the Transfer of Knowledge [J] . Journal of Management Official Journal of the Southern Management Association, 2008, 34 (1): 127-150.

[369] Xiao Z, Tsui A S. When Brokers May Not Work: The Cultural Contingency of Social Capital in Chinese High-tech Firms [J] . Administrative Science Quarterly, 2007, 52 (1): 1-31.

[370] Yeniyurt S, Carnovale S. Global Supply Network Embeddedness and Power: An Analysis of International Joint Venture Formations [J] . International Business Review, 2017, 26 (2): 203-213.

[371] Yeung W, Coe N M. Toward a Dynamic Theory of Global Production Networks [J]. Economic Geography, 2014, 91 (1): 29-58.

[372] Zahra S, Sapienza H, Davidsson P. Entrepreneurship and Dynamic Capabilities: A Review, Model and Research Agenda [J]. Journal of Management Studies, 2006 (43): 917-955.

[373] Zhao H, Tong X, Wong P K, et al. Types of Technology Sourcing and Innovative Capability: An Exploratory Study of Singapore Manufacturing Firms [J]. Journal of High Technology Management Research, 2005, 16 (2): 224.

[374] Zhao X, Huo B, Flynn B B, et al. The Impact of Power and relationship Commitment on the Integration between Manufacturers and Customers in a Supply Chain [J]. Journal of Operations Management, 2008, 26 (3): 368-388.

[375] Zollo M, Winter S G. Deliberate Learning and the Evolution of Dynamic Capabilities [J]. Organization Science, 2002, 13 (3): 339-351.

附　录

附录A　深度访谈提纲

※相关概念解释

全球价值链网络嵌入：与国外企业的各种业务往来，包括进口和出口，具体形式如代工生产、来料加工、生产设计、自有品牌出口、设备出口、采购国外设备、合作开发、技术协同等均属于全球价值链网络嵌入范畴。结构性嵌入指全球价值链网络嵌入的方式、嵌入位置、嵌入便利性等决定企业获得网络资源途径的特征，代表了一种基于价值链位置的机会优势。关系性嵌入是指嵌入全球价值链内节点企业间的互动、信任、互惠等决定嵌入企业获取资源质量难易程度的特征。

知识权力：指企业在其所嵌入的价值链中因其特有的知识对价值链成员的影响力和价值链治理能力（对其他企业的控制力）。这种权力是由该企业所拥有的知识特质内在规定的，由于权力具有相对性，知识权力也随着企业所拥有的知识在价值链中的地位变化而变化，故本研究中的知识权力指企业相对知识权力，知识权力提升既包括相对于网络内其他节点的知识权力提升，也包括相对自身已有知识权力的提升。

创新能力：指在价值网络中获得、固化而产生的能与网络内其他企业相适应的能力，能自己创造新价值的能力，能生产新知识的能力，并将其解构为变异感知能力、信息诠释能力、创新决策能力、实施实现能力。

知识距离：指全球价值链合作企业间拥有知识的差异性，并从知识的丰富性角度将其分为两个维度，即知识宽度距离和知识深度距离。知识宽度距离指知识的多样性，如双方在发展历程、人员结构等方面的差异；知识深度距离是指知识的集中度和专业性，如双方在自身专注领域的复杂性和独特性知识方面的差异。

一、企业基本情况及全球价值链活动信息

（1）请您简单介绍贵公司的基本情况，如经营范围、所处行业、员工数量、年收入状况、企业发展历程以及现状。

（2）请谈谈贵公司业务构成，各个业务尤其是主营业务在行业中的地位，这种地位有没有发生明显的改变，如果有，促成企业地位变化的典型事件有哪些。

（3）谈谈您对全球价值链活动的理解，结合您的工作岗位，谈谈贵公司的全球价值链业务对贵公司经营产生的影响有哪些，如对企业的创新能力的影响、对企业地位的影响等，请举出一些实例。

二、全球价值链网络嵌入情况

（1）贵企业与全球各国业务往来企业（如同行企业、供应商、用户）什么时候开始接触？在什么样的背景下，以什么方式和国外企业进行接触，比如产品销售（贴牌还是产品设计，还是自有品牌）、技术合作、技术指导、技术支持、技术交流、专利授权等？

（2）贵公司是否与多个国家都有业务往来？主要与哪些国家有合作？进出口业务中产品种类是否很多？请具体说明。

（3）贵公司与其他国家商业伙伴合作了哪些项目？具体有哪些合作方式？合作过程中接触的频率如何？

（4）贵公司在与其他国家商业伙伴的业务往来中投入了哪些资源，比如机器、厂房、劳力派遣等？结合您的工作岗位，能否举出一些例子说明？

（5）贵公司有没有特别信任的国外合作企业？如果有，请谈谈贵公司是如何做到与国外企业间相互信任的。如果没有特别信任的企业，请说说您认为可能的原因在哪里，您认为是否有必要与国外合作企业建立信任关系。

三、企业创新能力情况

（1）您认为与国外商业伙伴合作中能否获得有用信息，比如对新产品开发、产品质量提升、工艺改进和成本控制、国际潮流、市场需求等方面是否有作用？请举例说明。

（2）通过与国外企业接触、交流，企业获得了哪些信息，如市场行情、产品技术等方面？这些信息对企业的创新有什么影响？请结合具体创新项目予以说明。

（3）全球价值链业务对贵公司的新产品开发、产品质量提升、工艺改进和成本控制等方面的作用如何，如国外业务伙伴会对贵公司的生产工艺提供建议和指导吗？在引进国外技术或设备过程中，有没有存在吸收、消化问题？如果没有，是如何实现的？如果有这方面的问题，目前状况如何？将如何解决？谈谈贵公司吸收、利用国际领先技术的方式方法。

（4）您认为其他非主营业务的全球活动是否对贵公司创新产生影响？价值链上、下游企业（合作企业）是否对贵公司创新活动有影响？请您结合具体创新项目举例说明。

四、企业知识权力情况

（1）国外业务往来对企业的国际地位有什么影响，比如对贵公司技术专家的认可、贵公司在国际标准制定中的话语权、在国际同行业中的讨价还价余地等？

（2）国外业务往来对贵公司的国内地位有什么影响，比如对贵公司技术专家的认可、贵公司在国内标准制定中的话语权、在国内同行业中的讨价还价余地等？

（3）如果有必要，企业可以通过强硬方式（比如合作企业的违约行为、合作企业的恶意破坏）迫使国内外业务往来企业接受合作吗？

五、企业间知识距离情况

（1）贵公司与全球价值链合作企业在主营业务上的业务能力差距大吗，比如双方间主营业务的规模差距，主营业务上的员工规模差距如专家和技术人员的数量差距、专家和技术人员的学历背景差异？分析主要原因可能是什么。

（2）贵公司与全球价值链合作企业在其他方面如企业规模、企业发展理念、员工规模等方面差距大吗？这种差距会对双方合作产生哪些影响？

（3）与全球价值链合作企业在专业背景、发展历史等方面的差异，是否对企业创新活动产生影响？如果有影响，这种影响是阻碍了企业创新还是促进了企业创新？请结合实例谈一谈。

附录 B 正式调研问卷

全球价值链网络嵌入、创新能力与知识权力调查问卷

一、调查说明

调查目的：本次调查是为了了解全球价值链网络嵌入、创新能力、知识权力间的关系。贵公司的状况反映了全球价值链网络嵌入与知识权力关系的发展轨迹，对其他企业提升全球价值链地位具有借鉴意义。

填写人员：调查问卷由主管企业外贸业务、运作管理、技术研发人员等填写。

保密事项：本调查不涉及企业商业机密，也将对企业的相关信息保密。

二、问卷填写说明

全球价值链网络嵌入界定：与国外企业有业务往来，包括进口和出口，如代工生产、来料加工、生产设计、自有品牌出口、设备进出口、合作开发、技术协同等均属于全球价值链嵌入范畴。

填写说明：请结合企业实际和您的工作岗位情况如实填写，请勿参照他人。本套问卷如无特殊说明，均为单项选择。纸质版填写：请在您满意的答案下“□”内打“√”；电子版填写：请在您满意的答案选项后“□”涂重色。其他填写方式相同。

注意事项：填写完毕烦请再次核实问卷内容，以确保问卷质量；烦请再次确认题项全部填写。感谢您的配合！

帮助指导：填写中如有任何问题，请与我们联系。E-mail：connie82981@

163. com，电话：13803797472，18613799990。

问卷调查以匿名形式展开，不存在问卷数据与您个人信息的关联，请放心填写。我们严格遵照科研道德规范，问卷数据和调研结果仅供科学研究所用，如贵企业需要研究结果，请留下联系方式方便反馈给贵企业，供您参考。对您的真诚合作与支持致以衷心的感谢！

请将填写完毕的调查问卷发送至 E-mail：connie82981@163. com。

地址：陕西省西安市长安区西北大学经济管理学院

邮编：710127　电话：13803797472　QQ：21262087

全球价值链网络嵌入与知识权力关系研究课题组

2017 年 12 月 27 日

填报人基本信息

1. 您的性别：□男　□女

2. 您的年龄：□25 岁及以下　□26～30 岁　□31～35 岁

□36～40 岁　□41～45 岁　□46～50 岁

□51～55 岁　□56～60 岁　□61 岁及以上

3. 您的职位（单项选择，如果身兼多职，请以主要职位填写）：

□高层管理者

□业务部门的经理或负责人

□技术部门的经理或负责人

□职能部门的经理或负责人

□其他

4. 您的工龄：□3 年以下　□3～6 年　□7～9 年　□9 年以上

5. 您的最高学历：□专科　□本科　□硕士　□博士　□其他

企业基本信息

1. 贵公司参与全球价值链活动的方式（可以多选）：

□代工生产　□来料加工　□生产设计　□自有品牌出口

□技术协同 □合作开发 □设备采购 □其他

2. 贵公司参与全球价值链活动大概有：

□1 年及以内 □2~3 年 □4~5 年 □6~7 年

□8 年及以上

3. 在尝试参与全球业务活动时，贵公司所处的业务发展阶段为：

□创业阶段 □发展阶段 □成熟阶段 □衰退阶段

4. 贵公司在与国外业务往来企业合作过程中处于劣势地位？

□是 □不是

5. 贵公司正式职工人数：

□100 人及以下 □101~200 人 □201~500 人

□501~1000 人 □1001~5000 人 □5000 人以上

6. 贵公司（或所属集团）是否是上市公司？ □否 □是

7. 贵公司属于：□国有企业 □中外合资企业 □民营企业

□外商独资企业 □其他

8. 贵公司最近一年的年销售额：

□1000 万元及以下 □1001~5000 万元 □5001 万~1 亿元

□1 亿~10 亿元 □10 亿元以上

9. 贵公司行业属于（单项选择，如果行业归类不明确，请以主营业务填写）：

□农副食品加工制造 □机械产品制造 □纺织和皮毛制造

□木材及家具制造 □文教体育用品制造 □化工类产品制造

□医药产品制造 □金属、非金属制造 □烟草制造

□电子设备制造 □其他________________

第一部分　全球价值链网络嵌入

全球价值链结构性嵌入　　只选择一个选项

	贵公司在全球价值链中的结构性嵌入特征	非常不认同	很不认同	不认同	不能判断	认同	很认同	非常认同
*SE*1	贵公司与国外业务往来对象的持续时间较长	□	□	□	□	□	□	□
*SE*2	贵公司与多个国家有业务合作往来	□	□	□	□	□	□	□
*SE*3	贵公司不断寻找不同类型的国际合作对象，引进国外项目、人才和资金	□	□	□	□	□	□	□
*SE*4	贵公司与国外业务往来对象的合作范围和交涉领域不断扩大	□	□	□	□	□	□	□

全球价值链关系性嵌入　　只选择一个选项

	贵公司在全球价值链中的关系性嵌入特征	非常不认同	很不认同	不认同	不能判断	认同	很认同	非常认同
*RE*1	贵公司与国外往来企业的交流（非正式或正式）非常频繁	□	□	□	□	□	□	□
*RE*2	贵公司与国外往来企业的交流很融洽	□	□	□	□	□	□	□
*RE*3	贵公司与国外往来企业的业务关系很稳定	□	□	□	□	□	□	□
*RE*4	贵公司能与国外往来企业互相帮助共同解决问题	□	□	□	□	□	□	□

第二部分　知识权力

判断开展国际业务往来对贵公司因知识而引起的国际地位和国内地位的变化情况进行判断。

企业知识权力　　　　**只选择一个选项**

	评价与国外业务往来对企业在国内外业务合作中的因知识引起的影响力和控制力变化的作用	非常不认同	很不认同	不认同	不能判断	认同	很认同	非常认同
*KP*1	贵公司与国内或国外业务往来企业在知识交流中得到了重视	□	□	□	□	□	□	□
*KP*2	贵公司的技术提升引起了国内或国外业务往来企业的重视	□	□	□	□	□	□	□
*KP*3	贵公司的技能得到了国内或国外业务往来企业的重视	□	□	□	□	□	□	□
*KP*4	贵公司的经验被国内或国外企业模仿或学习	□	□	□	□	□	□	□
*KP*5	贵公司可以利用技术优势迫使国内或国外业务往来企业接受合作	□	□	□	□	□	□	□

第三部分　知识距离

您所在部门/公司与国外业务往来企业相应的部门/公司在知识方面的差距。

知识深度距离　　　　**只选择一个选项**

	请对您部门/公司与国外相关的部门/公司在专业领域中的知识含量上的差距进行评价	非常不认同	很不认同	不认同	不能判断	认同	很认同	非常认同
*KDD*1	贵公司员工与国外业务往来企业的技术代表在专业领域的交流存在很大障碍	□	□	□	□	□	□	□
*KDD*2	贵公司和国外业务往来企业的主营业务技术水平差距很大	□	□	□	□	□	□	□
*KDD*3	贵公司和国外业务往来企业在科研人员专业背景与数量方面的差距很大	□	□	□	□	□	□	□

知识宽度距离　　　　**只选择一个选项**

	请对您部门/公司与国外相关的部门/公司在知识多样性上的差距进行评价	非常不认同	很不认同	不认同	不能判断	认同	很认同	非常认同
*KWD*1	贵公司与国外业务往来企业的技术发展历程和经营管理沿革有很大的不同	□	□	□	□	□	□	□
*KWD*2	贵公司和国外业务往来企业的员工在多样性上存在较大差异	□	□	□	□	□	□	□
*KWD*3	贵公司和国外业务往来企业在信息获取渠道及种类上的差距很大	□	□	□	□	□	□	□

第四部分 企业创新能力

企业创新能力的表现

只选择一个选项

	对企业创新能力的状况进行评价	非常不认同	很不认同	不认同	不能判断	认同	很认同	非常认同
变异感知能力								
*VPA*1	贵公司市场人员能与客户进行广泛沟通	□	□	□	□	□	□	□
*VPA*2	贵公司能及时获取客户需求信息	□	□	□	□	□	□	□
*VPA*3	贵公司设有专门的市场研究职能，负责市场与客户需求变化信息的收集	□	□	□	□	□	□	□
信息诠释能力								
*IIA*1	贵公司经常邀请外部的技术专家来企业进行专题研讨	□	□	□	□	□	□	□
*IIA*2	贵公司经常邀请行业资深的市场分析人员到企业进行专题研讨	□	□	□	□	□	□	□
*IIA*3	贵公司的专业人员（如技术、市场人员）经常参加外部举办的各种会议/论坛/研讨会	□	□	□	□	□	□	□
创新决策能力								
*IMDA*1	贵公司将创新方案的选择建立在多个成员观点基础上	□	□	□	□	□	□	□
*IMDA*2	贵公司尽可能多角度地产生尽可能多的创新方案/对策	□	□	□	□	□	□	□
*IMDA*3	贵公司对每个创新方案都进行全方位考察，以提高决策水平	□	□	□	□	□	□	□
*IMDA*4	贵公司在多角度评估基础上选择创新方案/措施	□	□	□	□	□	□	□

实施实现能力

*IA*1	创新项目进行过程中，贵公司基于评估状况提出改善建议并及时进行调整工作	□	□	□	□	□	□	□
*IA*2	贵公司定期对创新项目（产品开发等）的资源使用状况进行评估	□	□	□	□	□	□	□
*IA*3	贵公司各个部门之间有定期会议，讨论技术与市场发展趋势以便修正与调整项目	□	□	□	□	□	□	□
*IA*4	贵公司容易从外部获取创新（如产品开发、工艺改良等）所需的资源（如资金、人才等）	□	□	□	□	□	□	□
*IA*5	贵公司管理人员经常对相关政策、法规、竞争者动态及其可能结果进行讨论，以及时响应调整	□	□	□	□	□	□	□

问卷填写完毕，对给您带来的麻烦表示歉意，再次感谢您的配合！

为了使问卷结果更可靠，烦请您再次核实问卷填答内容，以确保问卷质量；烦请再次确认题项全部填写。

感谢您的参与！